国家社会科学基金项目“张琪玉学术思想研究”
（13BTQ049）的研究成果之一

张琪玉学术思想研究

Research on Zhang Qiyu's Academic Thoughts

王崇良 著

WUHAN UNIVERSITY PRESS
武汉大学出版社

图书在版编目(CIP)数据

张琪玉学术思想研究/王崇良著.—武汉：武汉大学出版社,2021.12
数字时代图书馆学情报学研究论丛.第三辑
ISBN 978-7-307-22677-7

Ⅰ.张…　Ⅱ.王…　Ⅲ.张琪玉—图书馆学—研究　Ⅳ.G250

中国版本图书馆 CIP 数据核字(2021)第 214808 号

责任编辑:詹　蜜　　责任校对:李孟潇　　版式设计:韩闻锦

出版发行：武汉大学出版社　(430072　武昌　珞珈山)
(电子邮箱：cbs22@whu.edu.cn　网址：www.wdp.com.cn)
印刷:武汉市金港彩印有限公司
开本:720×1000　1/16　印张:24　字数:354 千字　插页:3
版次:2021 年 12 月第 1 版　2021 年 12 月第 1 次印刷
ISBN 978-7-307-22677-7　定价:76.00 元

王崇良，男，1961年6月生，湖北红安人，湖北科技学院图书馆研究馆员。武汉大学图书馆学专业毕业，文学学士。出版专著二部，主编教材一部，曾在《图书馆杂志》《图书情报知识》《图书馆》等多种刊物上发表专业论文38篇。主要学术简历：2002年，主持咸宁学院校级重点科研项目“《中国图书馆分类法》第四版研究”；2007年，主持湖北省教育厅人文社会科学研究项目“中国当代文献分类学家学术思想研究”（批准号为2007Y138）；2013年，主持国家社会科学基金项目“张琪玉学术思想研究”（批准号为13BTQ049）。研究方向：情报语言学、文献分类学、中国当代情报语言学家思想研究。

张琪玉（1930. 6～2017. 11）

序　　言

人生百味，其中甘苦只有自己知道。经过八年的不懈努力和辛勤耕耘，我的拙作《张琪玉学术思想研究》一书“终于”出版了。为什么说“终于”呢？事情的原委还要追溯到2012年。

2012年10月，湖北科技学院科研处通知所有申报2013年国家社会科学基金项目的老师必须将申报材料交给科研处。我清楚地记得，2013年1月18日，一声惊雷再次向我袭来，我女儿癌症复发(她得的是“原始神经外胚叶肿瘤”，国际罕见，最多能活5年)。无情的现实，无助的我们，只得重回武汉大学中南医院放化疗科治疗。2013年2月6日(腊月廿六)，学校科研处王科长打电话通知我，要我根据省预评专家修改建议，尽快完成课题申报资料修改工作，最迟不得超过正月初七，必须将所有课题申报资料和电子版交到科研处。逝去的往事历历在目，2013年腊月廿八，雪特大、路特滑，高速公路封路，不准通行。为了从武汉赶回咸宁家中修改课题申报资料，我侄子开了8个多小时(平时最多4小时)才将我们接到家。回到家后，我苦战三天三夜，终于将课题申报资料修改完成。可怜天下父母心，为了不耽误我女儿治疗，2013年2月13日(正月初四)我们又返回武汉大学中南医院放化疗科继续治疗。临行前，我将课题申报资料和电子版，委托我的邻居和老乡郝汉舟博士代为交给学校科研处。本来只想努力过、拼搏过，抱着试一试的心态。谁知，2013年6月10日学校科研处王科长怀着激动的心情电话通知我，说我申报的国家社会科学基金项目已获准立项。申报成功的喜悦令我兴奋，但我深知更艰巨更艰难的研究工作等待着我们开展完成。2013 年 11 月 16 日，课题组在南京政治学院上海校区军事信息管理系教研室举行了开题报告会，并亲自登门拜访了张琪玉教授。张琪玉教授抱病在家中接受了我们课题组专门采访，提出了很多宝贵的建议和意见，为我们课题研究奠定了坚实的基础，使我们受益匪浅。随后，由于我女儿病情恶化，又两次住院治疗，心情跌到人生谷底，研究工作断断续续，曾一度产生放弃结题的打算。但张琪玉教授的人生经历、治学道路、学术精神、成功典范，时刻鞭策和鼓励着我，决不能轻言放弃。还有我的爱人韩爱萍，在女儿生病期间和去世以后，承担了家庭生活所有事情和照顾女儿重任，并多次提醒我，要我振作精神完成课题研究任务。功夫不负有心人，我申报的国家社会科学基金项目已于 2019 年 4 月 23 日结项，证书号：20191259。课题项目结题以后，本人又根据 5 位匿名外审专家“鉴定意见”，历时一年多时间，对原“结题研究报告”体系结构和研究内容进行了调整和扩充。如：增加了《张琪玉情报语言学学科建设思想的图示化研究》《张琪玉主题检索语言思想研究》《张琪玉自然语言检索研究》《张琪玉索引学思想研究》以及“张琪玉学术思想研究技术路线图示”“张琪玉年表”“张琪玉采访录”“张琪玉书信资料”等内容，使其体系结构更加科学、合理，研究内容更加全面、系统。以此纪念和缅怀我国情报语言学的“开山鼻祖和奠基者”张琪玉教授。

张琪玉，男，中国当代著名的情报语言学家和图书馆学家。1930 年 6 月生于江苏省南汇县，卒于 2017 年 11 月，享年 88 岁。1954 年 7 月毕业于北京大学图书馆学系。曾就职于中央人民政府文化部社会文化事业管理局图书馆管理处、新疆维吾尔自治区图书馆、吉林省吉林市图书馆。1976 年 9 月调到武汉大学图书馆学系（后更名为图书情报学院），历任讲师、副教授、教授，图书情报现代技术教研室主任、图书馆学情报学研究所所长、《图书情报知识》杂志主编等职。1987 年 4 月调到空军政治学院图书档案系（后更名为南京政治学院上海分院军事信息管理系），任系主任、教授（1999 年 6 月被聘为技术三级），2001 年 3 月退休。曾任中国图书馆学会理事、上海市图书馆学会副理事长、中国索引学会副理事长、全国文献工作标准化技术委员会委员、国际知识组织学会会员以及第七、第八届上海市政协委员等职。

我们知道，一门学科的创立与发展，总是有其著名的代表人物，他们如泰山北斗一般，令人景仰。在中国当代情报语言学领域，张琪玉教授就是其中最杰出的理论家。他取得的学术成就和理论贡献，被称为我国情报语言学领域的“开山鼻祖和奠基者”、一代宗师和学科领军人物；他超前的独特思维研究方式被誉为“独辟蹊径”“创一家之说”；他构建的一整套情报语言学专用研究方法，被称为我国情报语言学研究的方法论；他创立的学科命名“情报语言学”，被认为是“中国人自己创建的学科”。

张琪玉教授学术思想，主要产生于1977年至2017年“成果繁荣鼎盛期”。非常具有开拓性、创造性和前瞻性，内容丰富、风格独特，应用领域广泛，影响深远。

张琪玉教授认为：“人生很短暂，一个人不能做完一切想做的事，所以只能去做最必要的、最有意义的并且能够做到的事情。”

张琪玉教授认为：他“所做的工作，犹如在植物学和动物学的基础上建立生物学”，并创制、完善了情报语言学学科建设。

张琪玉教授认为：情报语言学研究的根本目的和核心问题就是要提高情报检索效率，并选择了“如何提高检索效率”这个研究课题作为终身“伟大事业”和“中国梦”。

因此，张琪玉教授从1980年开始，就独辟蹊径，锐意创新，不断进取。并以其宽广的知识面、敏锐的观察力和学术创造力，与时俱进、终其一生，开拓情报语言学、分类检索语言、主题检索语言、自然语言检索法、索引学以及网络信息检索工具等研究领域。不管外界风吹浪打，却始终坚守在情报语言学领域中专注聚焦，耕耘不辍。践行了自己的人生诺言，实现了终生“伟大事业”和“中国梦”，形成了一个从检索效率的角度来研究各种文献检索方法的学派。这使我国情报语言学学科建设在世界“知识组织”领域占有极为重要的地位，使我国情报语言学学科建设的理论研究水平和应用研究领域迅速接近世界研究水平。

基于此，本书作者主要从“时间、核心研究领域和思想演变”三个维度透视张琪玉教授学术思想的演变过程和发展历程，通过全面完整的追踪、整理、提炼和总结，阐明他的治学道路、学术思想脉络、重要学术观点、重要学术理论成就、重要学术观点创新；大力弘扬他的学术精神、学术成就和学术思想；彰显他的理论贡献和思想成就，使其得以传承。

全书内容由三个部分组成。即：理论探索篇、专题研究篇和附录资料篇。

在“理论探索篇”部分。第一，分析研究了张琪玉学术思想产生的渊源及其机遇；第二，探讨研究了张琪玉学术思想分期及其研究特点；第三，阐明诠释了张琪玉对“检索效率”的理论贡献和重要突破；第四，研究探讨了张琪玉情报语言学专用研究方法突破和应用研究；第五，梳理探讨诠释了张琪玉对情报语言学学科建设贡献；第六，采用图示加文字说明的形式，揭示和梳理了张琪玉情报语言学学科建设思想成就。

在“专题研究篇”部分。重点研究探讨了“张琪玉文献分类学思想”“张琪玉主题检索语言思想”“张琪玉自然语言检索思想”“张琪玉索引学思想”以及“张琪玉理想情报检索语言结构模式思想”“张琪玉学术思想在知识组织发展与应用中的彰显”。

在“附录资料篇”部分。主要收录了“张琪玉年表”“张琪玉著作编年目录(1952—2017)”“张琪玉研究文章编年目录(1988—2020)”“张琪玉采访录”“张琪玉书信资料”。

本书的结构体系，遵从了张琪玉教授意愿，“从‘点’即‘研究问题方面’出发进行研究，要‘点’‘面’结合，相得益彰”。根据张琪玉教授的建议和意见，分为若干专题，站在历史的高度、学科发展的高度、客观实际的高度和使命责任的高度，对张琪玉教授学术思想进行了全面系统清晰的揭示和梳理。其中，第六章张琪玉对情报语言学学科建设的贡献(由课题组成员韩建新撰写，原文章标题为《论张琪玉对情报语言学学科建设的贡献》)，第十三章张琪玉学术思想在知识组织发展与应用中的彰显(由课题组成员包冬梅撰写)。

这本书是在国家社会科学基金项目“张琪玉学术思想研究”结题研究报告和5位匿名外审专家“鉴定意见”的基础上调整和扩充完成的。我深知自己理论水平和学识水平有限，书中难免存在许多不足，甚至错误，敬请专家学者不吝批评指正。

本课题能够结题和本书能够出版，我要感谢的人实在太多太多。第一，要感谢湖北科技学院领导和图书馆领导以及全校老师，是他们在我女儿病情期间，伸出援助之手，在全校募捐。不仅在精神上安慰我们，工作上照顾我们，而且在经济上施以援助；第二，要感谢5位匿名外审专家“鉴定意见”对我“结题研究报告”的肯定和修改建议；第三，本书在撰写过程中，引用了很多图书情报学界专家学者的文章，谨向作者致以谢忱；第四，本课题在上海开题期间以及张琪玉资料收集等方面，得到了张琪玉、包东梅、韩建新老师的大力帮助，谨向他们表示诚挚感谢；第五，本书在定稿过程中，梁平老师、熊学彬老师提出了宝贵的建议，谨向他表示衷心的感谢。

感谢曾经帮助、鼓励、支持过我的所有人！

王崇良

2020年6月于湖北科技学院科苑小区

目　　录

理论探索篇

专题研究篇

附录资料篇

理论探索篇

第 1 章　张琪玉学术思想研究概述

1.1　张琪玉关于学科建设

情报语言学最初称为“情报检索语言”，简称为“情报语言”或“检索语言”。张琪玉教授认为：情报语言学是专门研究“情报检索中‘语言保证’问题的一门学科，是情报学和图书馆学的共同分支学科。它的主要研究对象是情报检索语言，同时也研究自然语言在情报检索中的应用问题”①。

我国情报语言学学科建设，发端于 1980 年 3 月张琪玉教授撰写完成的《情报检索语言》专著以及他在武汉大学图书馆学系科技情报专业和图书馆学专业开设的“情报检索语言”课程；成熟于 1997 年 9 月张琪玉教授撰写完成的《情报语言学基础》(增订二版)专著。其学科建设是在张琪玉教授本人以及众多志同道合的图情专家学者共同努力和辛勤耕耘下，不断创新与突破的基础上创制和完善的。

众所周知，一门学科的创立与发展，总是有其著名的学科领军人物，他们所取得的学术成就与理论贡献，令人景仰。在我国情报

---

① 张琪玉. 情报语言学基础(增订 2 版)[M]. 武汉：武汉大学出版社，1997.

语言学创立、发展、完善过程中，曾先后出现了一批老、中、青相结合的情报语言学理论家。如：张琪玉、刘湘生、丘峰、侯汉清、白国应、俞君立、陈树年、马张华、曾蕾、戴维民、汪东波、卜书庆、曹树金等。张琪玉教授就是他们当中最杰出的情报语言学理论家，他被称为中国当代情报语言学的"开山鼻祖和奠基者"；他的研究被誉为"独辟蹊径""创一家之说"；他所构建的学科命名"情报语言学"，被认为是"中国人自己创建的学科"。

张琪玉教授的情报语言学学术思想，得到了图情专家学者的充分肯定和高度赞扬。如：我国著名图书馆学家范并思在《论图书馆学学科前沿的转移》一文中写道："与图书馆现代化相比，检索语言研究有更多的创新意义。图书馆现代化研究是学习西方建立起来的领域，而检索语言研究却基本属于中国人自己创立的领域。在张琪玉以前，国外还没有人能在'情报检索语言'的书名下将检索语言理论的内容讲述得如此系统而精密。"①再如：周文骏、金恩晖在《中国大百科全书》(图书馆学·情报学·档案学卷)的概括性文章《图书馆学》中指出："20 世纪 70 年代末，中国学者从情报检索角度对分类法和主题法以及代码检索语言、自然检索语言等进行综合比较研究，探索它们影响情报检索效率的规律和提高检索效率的途径，并以此建立情报语言学这一新的分支学科。"②又如，美国著名情报语言学理论家曾蕾在《关于近年来国内外情报检索语言研究方向与方法的比较研究》一文中说："继刘国钧先生的《现代西方主要图书分类法评述》一书之后，以张琪玉教授编著的《情报检索语言》教材为代表，由他本人及众多研究者所取得的成果，使我国在检索语言的研究水平方面迅速接近世界水平"③等。

张琪玉教授之所以能在情报语言学学科建设等研究领域著述宏

① 范并思. 论图书馆学学科前沿的转移[J]. 图书馆，1993(4)：1-5，33.

② 周文骏，金恩晖. 图书馆学[G]//中国大百科全书·图书馆学情报学档案学，北京：中国大百科全书出版社，1993.

③ 曾蕾. 关于近年来国内外情报检索语言研究方向与方法的比较研究[J]. 图书情报知识，1988(3)：16-19，33.

赡、成绩斐然，主要归功于三个方面：一是他具有不同寻常的精神和毅力；二是他遵循了严谨科学的研究程序和方法；三是他与疾病抗争的顽强斗志和笔不停耕的恒心与毅力。其学科建设突出成就主要表现在两个方面：一是能根据学科发展现状和科学技术(特别是计算机网络技术)发展趋势，超前对学科体系结构、发展目标、研究内容、研究方向进行超前研究；二是在学科研究领域，总是能先于他人或超前他人率先提出学科研究领域"前瞻性"研究课题(如：情报语言学学科建设、分类法主题法一体化情报检索语言、自然语言在情报检索中的应用和网络信息检索工具等)。具体说来，张琪玉教授对学科建设及相关学科领域的贡献主要表现在以下几个方面：

第一，张琪玉教授作为中国当代情报语言学的开山鼻祖和奠基者、一代宗师和学科体系建设领军人物，创制并完善了中国当代情报语言学学科体系建设，著就《情报语言学基础》(增订版)为其标志性研究成果。

第二，张琪玉教授作为"检索效率"理论的提出者、探寻者和引导者，在我国首次发现并选择了"如何提高检索效率"这个重大而又现实的研究课题，贯穿其学术研究全过程，开启了我国对具体问题研究转变为对抽象问题研究的历史先河。

第三，张琪玉教授作为我国最早关注、发现、研究、探索分类语言和主题语言一体化情报检索语言的理论工作者，长期以来，致力于两者之间辩证关系的理论探索与实践研究，极力主张两者之间相互结合，进行统一研究，构成了我国情报语言学学科体系结构的基本框架。

第四，张琪玉教授"敢想+敢干+科学分析+科学论证+网络通信技术+数据库技术"，经过十多年艰难求索和辛勤耕耘，创制了"学科-事物概念组配型检索语言"①②，简称为"学科-事物组配语言"。

① 张琪玉. 学科—事物概念组配型检索语言——关于情报检索语言的遐想与求索[J]. 图书馆杂志，1997(2)：9-12.

② 张琪玉. 探索21世纪的情报检索语言[M]∥张琪玉. 张琪玉文集(上)，北京：国家书馆出版社，2014：369-372.

第五，张琪玉教授在充分考量自然语言检索性能的基础上，发现了自然语言检索的致命弱点就是缺少“控制”，而配备“后控制词表”则是提高检索效率的主要方法。在此基础上，提出了在“文献检索过程中，如果要达到较高的检索效率，控制是永远需要的”①重要学术理论。

第六，张琪玉教授运用自己独创的“结构功能分析法”原理和方法，在我国首次构建了“文献主题构成因素及层次结构”模型图，并用图示法将文献主题按照学科和事物两个中心层层展开，发现了文献主题的层次遵循着具体性递增，而必要性递减的次序，创立了中国当代“文献主题结构”理论②。

第七，张琪玉教授通过理论实践活动和科学研究工作，在我国首次发现了“‘分类表词表编制规则→文献标引规则→文献检索规则’是一种演变过程”③，它们之间在其检索原理、检索方法和检索规则方面具有高度一致性。

第八，张琪玉教授是我国最早关注、发现、研究、探索“情报检索计算机化”的理论工作者。他的核心观点就是情报检索计算机化是图书馆学情报学工作现代化的重要标志，它与情报语言学学科发展关系密切，是情报检索语言走向自动化的必然发展方向④。

第九，张琪玉教授是我国最早关注、研究、探索索引学的理论工作者，提出了“现代的索引就是数据库，现代的索引工作者就是数据库建造者”⑤的重要论断。并号召人们将中国索引事业发展的重点放在数据库建设方面，以此支撑因特网事业的发展。

第十，张琪玉教授是我国成系列研究“网络信息检索工具”的

① 张琪玉．论后控制词表[J]．图书情报工作，1994(1)：1-4.

② 张琪玉．文献主题的构成因素及层次[J]．图书情报知识，1985(1)：39-41.

③ 张琪玉．情报语言漫笔(H)[J]．图书馆理论与实践，2003(2)：36-38.

④ 张琪玉．情报语言学基础(增订版)[M]．武汉：武汉大学出版社，1997.

⑤ 张琪玉．情报语言学的若干研究心得和收获——张琪玉学术思想自述[J]．图书情报工作，2009(20)：5-9，29.

理论工作者，在21世纪初期，曾发表了《网络信息检索工具增强关键词检索功能的措施》《网络信息检索工具发展的方向与提升竞争力的途径》《网络信息检索用语言的发展趋势》等多篇文章，提出了诸多方法和措施提高其检索效率，并在观念上改变了所有研究者都认为是采用自然语言的主观臆断，引领了我国网络环境下“网络信息检索工具”研究热潮。

第十一，张琪玉教授创造性地发现和构建了一整套情报语言学专用研究方法①，集核心研究方法、重要研究方法和一般研究方法于一体，容理论探索和应用研究功能于一身，通过自身的感悟和凝练，使之成为我国情报语言学领域的方法论。

1.2 张琪玉重要学术观点

张琪玉教授学术功底扎实、知识面宽广、思维敏捷、才思过人，特别善于理论突破和理论创新。他在情报语言学创制、完善和延伸拓展研究过程中，提出了很多重要学术观点，对于我国情报语言学理论探索和应用研究产生了重大而深远的影响。如：

第一，我国“情报检索语言理论研究工作必须开辟新路。首先，要改变研究方向；其次，要扩大研究范围；再次，要改进研究方法；最后，要研究中国特殊问题。”②

第二，“情报语言学研究的根本目的和核心问题，是提高情报检索效率。”③

第三，情报语言学是“研究情报检索中语言保证问题的一门学科，其主要研究对象是情报检索语言，同时也研究自然语言在情报

① 张琪玉.情报语言学的若干研究心得和收获——张琪玉学术思想自述[J].图书情报工作，2009(20)：5-9，29.

② 张琪玉.论情报检索语言的研究、创制与普及[J].图书情报知识，1983(4)：10-15.

③ 张琪玉.我的情报语言学研究[J].图书馆杂志，2014(9)：4-7.

检索中的应用问题。”①

第四，情报检索语言的主要功能是：“①对文献的情报内容(及某些外表特征)加以标引；②对内容相同及相关的情报加以集中或揭示其相关性；③对大量情报加以系统化或组织化；④便于将标引用语和检索用语进行相符性比较。”②

第五，“情报检索语言是影响情报检索效率的主要因素。”③

第六，“建立情报检索系统的目的，是要获得较好的检索效果。”④

第七，“检索效率的高低是情报检索系统质量的标志。”⑤

第八，“检索效率主要是由情报检索语言的功能产生的。”⑥

第九，“情报检索语言的国家特点、时代特点和自然语言特点是客观存在的，并非某些创制者的主观因素所致。”⑦

第十，“分类法主题法一体化检索语言是当前情报检索语言发展的一个重要方向。”⑧

第十一，“理想情报检索语言应是学科-事物概念组配型检索语言。”⑨⑩

---

① 张琪玉．情报语言学基础(增订版)[M]．武汉：武汉大学出版社，1997.

② 张琪玉．论情报检索语言的研究、创制与普及[J]．图书情报知识，1983(4)：10-15.

③ 张琪玉．我的情报语言学研究[J]．图书馆杂志，2014(9)：4-7.

④ 张琪玉．检索语言讲座(二)第二讲 检索效率及其影响因素[J]．情报理论与实践．1995(2)：51-53.

⑤ 张琪玉．检索语言讲座(二)第二讲 检索效率及其影响因素[J]．情报理论与实践．1995(2)：51-53.

⑥ 韩淑举．学为人师 行为世范——访南京政治学院上海分院军事信息管理系教授张琪玉先生[J]．山东图书馆学刊，2010(5)：1-8.

⑦ 张琪玉．情报检索语言的国家特点、时代特点和自然语言特点[J]．图书馆理论与实践，1989(4)：9，8.

⑧ 张琪玉．情报语言学基础(增订版)[M]．武汉：武汉大学出版社，1997.

⑨ 张琪玉．学科-事物概念组配型检索语言——关于情报检索语言的遐想与求索[J]．图书馆杂志，1997(2)：9-12.

⑩ 张琪玉．探索21世纪的情报检索语言[M]//张琪玉．张琪玉文集(上)．北京：国家书馆出版社，2014：369-372.

第十二，“寻找更佳结合模式是情报检索语言创新的主流。”①

第十三，要想“较彻底地解决‘集中与分散’矛盾的办法，可能是组配分类法，并且要与标识单元检索方式配合使用。”②③

第十四，“任何一部有质量的体系分类法，在其创制过程和使用过程中，都是遵循着许多准则和惯例的。”④⑤

第十五，“在文献检索过程中，如果要达到较高的检索效率，则控制是永远需要的。”⑥

第十六，“弄清楚文献主题的构成因素及层次，是情报检索方面的基础研究课题之一。”⑦

第十七，“现代的索引就是数据库，现代的索引工作者就是数据库建设者。”⑧

第十八，“把分类表和词表改造成自然语言与人工语言的对应表，是情报检索语言走向自动化的必由之路。”⑨

第十九，“自然语言的未来与情报检索语言的未来在某种意义上可以说是同一个问题，将是自然语言的情报检索语言化或情报检索语言的自然语言化。”⑩

---

① 张琪玉. 寻找更佳结合模式是情报检索语言创新的主流[J]. 图书馆杂志，2005(2)：16-18.

② 张琪玉. 体系分类法中“集中与分散”的矛盾[J]. 图书馆杂志，1982(1)：14-16.

③ 张琪玉. 体系分类法中的交替法[J]. 图书情报知识，1982(2)：34-39.

④ 张琪玉. 体系分类法的准则和惯例[J]. 晋图学刊，1992(4)：3-9.

⑤ 张琪玉. 体系分类法的准则和惯例(续)[J]. 晋图学刊，1993(1)：14-19，56.

⑥ 张琪玉. 论后控制词表[J]. 图书情报工作，1994(1)：1-4.

⑦ 张琪玉. 文献主题的构成因素及层次[J]. 图书情报知识，1985(1)：39-41.

⑧ 张琪玉. 现代的索引就是数据库[J]. 图书馆杂志，2001(12)：6-7.

⑨ 张琪玉. 自然语言与人工语言对应转换——情报检索语言走向自动化之路[J]. 中国图书馆学报，1996(1)：37-40.

⑩ 张欣毅，张京生. 走向自然语言与情报检索语言结合之路——与我国著名情报语言学家张琪玉教授的通信访谈[J]. 图书馆理论与实践，2001(2)：3-5.

第二十，“因特网大众分类法是一种独创的分类法。”①

第二十一，“网络信息检索不能唯一地使用自然语言，也必须使用人工语言。”②

1.3 张琪玉学术精神

张琪玉教授为人谦逊，学问精深，思想超前。有着强烈的事业心和学术责任感。在其数十年的学术研究生涯中，始终将个人兴趣与我国情报语言学学术研究、教书育人、学科建设、事业发展等紧密结合起来；始终活跃在我国情报语言学学科研究前沿，致力于学术理论创新、研究方法创新和研究内容创新；始终以自己的人格魅力和学术感召力为引力，共同发展、繁荣我国情报语言学事业，取得了辉煌的学术成就和理论贡献，形成了自己独特的学术精神。而他的学术精神，不仅是图书馆情报界学习的榜样，而且还是学术界学习的楷模。具体说来，在张琪玉教授身上，有五种学术精神，我们必须发扬光大。即：

1.3.1 独辟蹊径，专注聚焦

独辟蹊径，是张琪玉教授学术研究成功的开始，是其学术思想产生的源泉和动力；专注聚焦，是张琪玉教授学术研究的秉性和作风。几十年如一日，他在蹊径中不断耕耘，在耕耘中专注聚焦，通过自身的感悟和卓尔不群的学识，使之成为中国当代情报语言学的“开山鼻祖和奠基者”，开创中国当代情报语言学理论研究的新天

① 张琪玉. 因特网大众分类法 —— 一种独创的分类法[J]. 江西图书馆学刊，2005(1)：4，10.

② 张琪玉. 网络信息检索用语言的发展趋势[J]. 图书馆杂志，2001(3)：5-7.

地。这种独辟蹊径，专注聚焦的学术精神，特别值得图书情报学界业内同行发扬光大。

1.3.2　与时俱进，开拓创新

与时俱进，是张琪玉教授学术研究的本质和特征；开拓创新，是张琪玉教授学术研究的座右铭。他研究的重点，始终放在情报语言学理论的创新、研究内容的创新和研究方法的创新等主要方面。这种与时俱进、开拓创新、攻坚克难的学术精神，特别值得图书情报学界业内同行发扬光大。

1.3.3　理论突破，穷究真理

理论突破，是张琪玉教授学术研究的核心表现；穷究真理，是张琪玉教授学术研究的独特个性。纵观张琪玉教授学术道路和研究历程，我们不难发现，他在情报语言学等多个相关学科领域都有重要理论突破，如：创制“学科-事物概念组配型检索语言”①②、提出“后控制”理论及其结构模式③等。在穷究真理中，从不人云亦云，而是理性思考问题。如：“自然语言与人工语言”孰优孰劣之争，提出自然语言与人工语言辩证思维发展方向④。这种理论突破，穷究真理的学术精神，特别值得图书情报学界业内同行继承和发扬光大。

---

① 张琪玉. 学科-事物概念组配型检索语言——关于情报检索语言的遐想与求索[J]. 图书馆杂志，1997(2)：9-12.

② 张琪玉. 探索 21 世纪的情报检索语言[M]//张琪玉. 张琪玉文集(上). 北京：国家书馆出版社，2014：369-372.

③ 张琪玉. 论后控制词表[J]. 图书情报工作，1994(1)：1-4.

④ 张欣毅，张京生. 走向自然语言与情报检索语言结合之路——与我国著名情报语言学家张琪玉教授的通信访谈[J]. 图书馆理论与实践，2001(2)：3-5.

1.3.4 独立思考，严谨治学

独立思考，是张琪玉教授学术研究的秉性；严谨治学，是张琪玉教授学术研究的制胜法宝。张琪玉教授学术研究很少受国内外流行观点的影响和制约，而是根据自己的认知和理解，独立思考；特别善于发现问题、深入思考问题、创造性地解决问题，并严谨治学，潜心研究，专情学术、终生不悔。这种独立思考，严谨治学的学术精神，特别值得图书情报学界业内同行继承和发扬光大。

1.3.5 为人师表，提携后学

为人师表，是张琪玉教授学术研究的人格魅力；提携后学，是张琪玉教授学术研究的薪火相传。张琪玉教授有着强烈的事业心与学术责任感以及独立的人格魅力。他淡泊名利，视学术研究为生命和最高人生境界，处处为人师表，提携后学，并薪火相传。这种高尚的道德情操和精神境界，特别值得图书情报学界业内同行继承并发扬光大。

1.4 图情专家学者学术研究

张琪玉教授以自身学术魅力为引力，以自身学术造诣为感召力，带领和引导国内众多志同道合的图书情报学界专家学者，从20世纪80年代就形成了以张琪玉教授为核心的情报语言学学术共同体，并发展延续至今。他们和张琪玉教授一起共同促进、发展、繁荣了中国当代情报语言学事业。

1.4.1 图情专家学者重要著作

据笔者统计，截至2014年，我国图书情报专家学者出版了质量较高、影响较大的著作有 22 部。他们分别是：

1980 年刘国钧出版了《现代西方主要图书分类法评述》；1981 年白国应出版了《图书分类学》；1983 年北京大学图书馆学系《图书分类》编写组出版了《图书分类》；1985 年钱起霖出版了《汉语主题词表标引手册》；1985 年刘湘生出版了《主题法的理论与标引》；1988 年丘峰出版了《情报检索与主题词表》；1991 年侯汉清出版了《主题法导论》；1991 年《中国图书馆图书分类法》编委会出版了《中国图书馆图书分类法中国图书资料分类法第三版使用手册》；1993 年侯汉清出版了《当代分类法主题法索引法研究》；1994 年戴维民出版了《情报检索语言综论》；1996 年曾蕾出版了《联机环境中的情报检索语言》；1999 年马张华、侯汉清出版了《文献分类法主题法导论》；2000 年曹树金、罗春荣出版了《信息组织的分类法与主题法》；2001 年俞君立、陈树年出版了《文献分类学》；2001 年马张华出版了《信息组织》；2002 年黄如花出版了《网络信息的检索与利用》；2003 年黄如花出版了《网络信息组织：模式与评价》；2007 年司莉出版了《KOS 在网络信息组织中的应用与发展》；2008 年戴维民出版了《语义网信息组织技术与方法》；2010 年曹树金出版了《情报检索语言与信息组织探微》；2011 年司莉出版了《信息组织原理与方法》；2014 年卜书庆出版了《知识组织系统构建与知识服务研究》等。

1.4.2　图情专家学者重要论文

据笔者统计，截至 2017 年，我国图书情报专家学者发表了质量较高、影响较大的论文有 61 篇。他们分别是：

1980 年白国应发表了《论分类法与主题法的关系》；1980 年侯汉清发表了《分类法与主题法结合的成功尝试——分面叙词表》；1982 年丘峰发表了《关于提高检索效率的途径与措施》；1982 年陈树年发表了《关于〈汉语主题词表〉的两个问题——范畴索引及主题词排列》；1983 年刘湘生发表了《主题法与分类法的相互关系》；

1983年侯汉清发表了《也谈分类法和主题法的异同》；1983年王知津发表了《受控标引与非控标引评述》；1983年邓珞华发表了《用关系矩阵显示概念之间的关系——试将关系矩阵应用于情报分析与检索语言中》；1984年曹树金发表了《试论综合性叙词表与专业性叙词表的并存和兼容问题》；1984年俞兵发表了《模糊情报检索语言及其实现》；1985年丘峰发表了《关于编制词族的若干问题》和《情报检索语言的组织与展示》；1985年张欣毅发表了《分面分析和检索语言》；1985年隋少梅发表了《试论引文索引的情报功能》；1986年戴维民发表了《论情报检索语言的文献保证原则》；1986年汪东波发表了《规范语言与自然语言情报检索研究》；1986年封庆阳发表了《试论分类主题一体化的现实道路——关于〈中图法〉的类目与〈汉语主题词表〉的叙词对应规范问题的探讨》；1986年叶千军发表了《情报检索语言中的分面分析理论与实践》和《文献主题规律和分面理论及其应用研究》；1986年邓顺国发表了《分类法主题法一体化问题的探讨以及〈中国图书馆图书分类法〉类目与〈汉语主题词表〉主题词对应试验》；1986年康娜发表了《浅议情报检索语言的结构与功能》；1987年刘湘生发表了《分类主题一体化是我国情报检索语言的发展方向》；1987年刘湘生、邓顺国发表了《〈中国分类主题词表〉编制的理论与实例分析》；1987年侯汉清发表了《分类主题一体化词表的进展》；1987年戴维民发表了《情报检索语言的组配及其句法语义控制》和《我国分类主题一体化研究进展(综述)》；1988年戴维民发表了《论我国情报检索语言研究道路》和《情报检索语言句法结构简论》；1987年曹树金发表了《关于情报检索语言检索效率的思考》；1987年邱五芳发表了《试论情报语言学的研究方法》；1988年陈树年发表了《论分类主题一体化》；1988年曹树金发表了《文献主题分析与标引的核心技巧和规则研究》；1988年胡小菁发表了《情报检索语言的语言学研究层次》；1988年商树青、周源发表了《情报语言学研究中的逻辑方法初探》；1988年钟家瑞发表了《论文献检索中的受控语言与自然语言》；1988年罗春荣发表了《主题检索语言的术语学基础》；1988年马玉群发表了《语言学与情报检索语言》；1988 年李国秋发表了《情报检索语言中的过程研究——从检索行为看检索语言中的心理学问题》；1989 年戴维民、侯汉清发表了《叙词表传统模式的突破——〈教育分面叙词表〉的编制理论与技术》；1993 年戴维民发表了《索引的历史发展与未来趋向》；1993 年曾蕾发表了《索引工作自动化：计算机辅助标引及索引编制》；1994 年侯汉青、赵燕群、戴维民发表了《汉语主题词表编制的新模式和新技术——〈教育主题词表〉编制技术概述》；1994 年曾蕾发表了《联网环境中情报检索语言的发展趋势与中国未来情报检索语言的研究与发展路向》；1995 年白国应发表了《中国文献分类学研究的方向、重点及热点》和《走向 21 世纪的中国文献分类学》；1998 年侯汉清发表了《建立以〈中国分类主题词表〉为核心的检索语言兼容体系》；1998 年白国应发表了《论文献分类法的系统特征》；2001 年马张华发表了《分类搜索引擎类目体系研究》；2005 年戴维民发表了《从情报检索语言到本体——信息组织的新变革》；2005 年卜书庆、汪东波发表了《网络时代〈中国分类主题词表〉的发展与应用》；2005 年侯汉清、薛春香发表了《用于中文信息自动分类的〈中图法〉知识库的构建》；2006 年马张华发表了《基于控制词集的中文信息动态自动聚类研究》和《论中文信息动态自动聚类的特点和方法体系》；2009 年秦长江、侯汉清发表了《知识图谱——信息管理与知识管理的新领域》；2011 年卜书庆等发表了《分类主题一体化的知识组织系统研发述要——兼论〈中图法〉第五版编辑维护系统》；2012 年王军、卜书庆发表了《网络环境下知识组织规范研究与设计》；2013 年薛春香、侯汉清发表了《叙词表词汇控制机制变革的探讨》；2014 年戴维民、刘轶发表了《我国网络舆情信息工作现状及对策思考》；2015 年薛春香、何琳、侯汉清发表了《基于〈中图法〉知识库的自动分类相关问题探析》；2016 年曹树金、马翠嫦发表了《信息聚合概念的构成与聚合模式研究》；2017 年曹树金、李洁娜、王志红发表了《面向网络信息资源聚合搜索的细粒度聚合单元元数据研究》等。

1.5 课题研究价值和意义

据笔者所知，在本课题立项之前，国内只有几个图情专家学者对张琪玉教授学术思想进行过研究。他们分别是：金铭写的《一个人与一门学科——张琪玉教授》①、王松林写的《记在学术研究领域不断开拓进取的张琪玉教授》②、卢明世写的《我所了解的张琪玉》③、曹树金、罗春荣、汪东波写的《开创情报语言学的新天地——论张琪玉教授对情报语言学的新贡献》④、田书格写的《一部经典之作的由来——评张琪玉教授的〈情报语言学基础〉》⑤、夏有根、颜务林、王静儿写的《我国情报语言学的开拓与发展之路——〈张琪玉情报语言学文集〉简介》⑥、曹树金、姚瑶写的《中国当代索引学的精髓——张琪玉教授的索引学思想研究》⑦、陈湘写的《浅析张琪玉的"检索效率"理论》⑧、白国应写的《张琪玉文献分类思想的发展——从文献分类法到情报检索语言》⑨以及张琪玉

① 金铭. 一个人与一门学科——记张琪玉教授[J]. 黑龙江图书馆，1988(1)：54-58.

② 王松林. 记在学术研究领域不断开拓进取的张琪玉教授[J]. 图书馆工作与研究，1991(4)：23-27.

③ 卢明世. 我所了解的张琪玉[J]. 图书馆建设，1995(4)：78-79.

④ 曹树金，罗春荣，汪东波. 开创情报语言学的新天地——论张琪玉教授对情报语言学的新贡献[J]. 中国图书馆学报，1999(5)：72-77.

⑤ 田书格. 一部经典之作的由来——评张琪玉教授的《情报语言学基础》[J]. 图书情报工作，2000(9)：92-93.

⑥ 夏有根，颜务林，王静儿. 我国情报语言学的开拓与发展之路——《张琪玉情报语言学文集》简介[J]. 图书情报工作，2001(11)：90-92.

⑦ 曹树金，姚瑶. 中国当代索引学的精髓——张琪玉教授的索引学思想研究[J]. 图书馆论坛，2009(6)：189-193.

⑧ 陈湘. 浅析张琪玉的"检索效率"理论[J]. 情报探索，2009(5)：76-77.

⑨ 白国应，张琪玉文献分类思想的发展——从文献分类法到情报检索语言[J]. 重庆图情研究，2009(1)：1-7.

教授写的《情报语言学的若干研究心得和收获——张琪玉学术思想自述》①。

因此，我们对于一门学科领军人物的治学道路和学术思想进行全面而又系统地深入研究，可以清晰地展示学科发展脉络，思想理论体系精髓，使其学术思想得以传承，能够加强情报学研究中基础研究的地位。具体说来，其学术价值和应用价值主要表现在以下几个方面：

第一，本研究成果以张琪玉教授创制和完善情报语言学学科体系为学术研究主线，拓展延伸研究自然语言检索、索引学和网络信息检索工具为学术发展轨迹，遵循学术主线和动态演化规律，综合运用梳理、分析、提炼、归纳和评论等方式，采用文献研究、结构功能分析、比较研究、理论联系实际和统计分析等方法，彰显其学术思想成就和理论贡献。

第二，本研究成果对作为张琪玉教授学术思想有机组成部分的研究方法、学术成就和治学精神进行了较为详细的阐述和诠释，并对他的学术成果和工作成果在现实中的作用和贡献也有相应涉及，对于我们继承和弘扬张琪玉教授的学术精神、发展情报语言学以及教学研究具有重要的学术价值和应用价值。

第三，本研究成果通过对张琪玉教授研究成果的全面搜集、系统整理与精心爬梳，摸清了张琪玉教授学术思想产生的渊源及机遇、学术思想分期及其研究特点以及情报语言学学科建设思想成就。不仅为我们深入研究情报语言学、文献分类学等提供了理论基础；而且还为图书馆学、情报学、文献分类学以及其他学科知识体系构建与创立提供参考和借鉴；同时还为提高科研人员、高校师生检索效率与能力，都有重要的实践指导意义。

第四，本研究成果从时间、核心研究领域以及思想演变三个维度透视了张琪玉教授在情报语言学等相关研究领域与时俱进的学术

① 张琪玉. 情报语言学的若干研究心得和收获——张琪玉学术思想自述[J]. 图书情报工作，2009(20)：5-9，29.

思想的演变过程，见微知著地反映了情报检索语言这一理论与实践融合的研究领域的发展历程、学术共同体的形成方式，昭示了随着信息环境变迁，情报检索语言这一研究领域理论与应用结合的趋势。较好地体现出理论与实际相结合的研究特色，研究结果与结论对于我们深化相关内容的认识及动态发展较具借鉴和指导意义，并为学科学术思想史的研究与挖掘提供了借鉴。

第五，本研究成果以一门学科领域的领军人物的学术思想为研究对象，对张琪玉教授的学术观点、治学道路、学术思想脉络、学术理论成就、学术观点创新等方面进行了全面完整的追踪、整理、提炼和总结。研究对象和内容主要聚焦于张琪玉教授创立的情报语言学理论体系，以详尽的资料和文献收集整理为基础，清晰地展示情报语言学的学科创新、发展的路径和脉络以及相关学术思想体系的形成和完善，暨是研究对象本人(张琪玉教授)的学术思想的总结，更重要的是对相关学科领域的一个较好的归纳性研究，为学科的进一步发展和创新起到一定的承前启后作用。

第六，本研究成果借助于参加被研究人(张琪玉教授)学术思想研讨会、与被研究人(张琪玉教授)面谈、深入研读被研究人(张琪玉教授)的学术报告和大量学术论文以及参考同行发表相关论文基础上进行，具有得天独厚的条件和基础，特别是面聆问教于被研究人(张琪玉教授)时被告之最能代表、最能反映自己学术思想精髓的文稿有哪些，增加了研究成果及其研究结论的真实可靠性，全面系统地揭示、整理出了被研究人(张琪玉教授)的学术思想以及学术思想理论体系的精髓，并与该学科领域最新的理论与实践相结合。不仅有利于夯实情报学理论研究基础，扩大学术影响；而且对图书情报领域的教学、科研和实践具有指导意义；同时对于其他领域的知识组织和检索实践也具有重要的参考价值；特别是被研究人张琪玉教授的学术经历和学术精神对于广大青年学子和科研工作者可以产生良好的示范效应，应该得到传承和发扬光大。

1.6　研究思路和研究方法

1.6.1　研究思路

本课题研究，是以中国当代情报语言学的开山鼻祖和奠基者、一代宗师和学科领军人物张琪玉教授的学术思想为研究对象，通过对张琪玉教授研究成果的全面搜集、系统整理与精心爬梳，借助于参加被研究人学术思想研讨会、与被研究人面谈、深入研读被研究人的学术报告和大量学术论文以及参考同行发表相关论文基础上展开。并从时间、核心研究领域和思想演变三个维度对张琪玉教授的治学道路、学术思想、学术观点、学术思想脉络、学术理论成就、学术观点创新及其相关学科领域等方面进行了全面完整的追踪、整理、提炼和总结。采用梳理、分析、提炼、归纳和评论等方式，利用文献分析法、结构功能分析法、比较研究法、归纳法和演绎法等情报语言学研究方法，系统研究整理出了被研究人张琪玉教授学术思想。详见图1-1张琪玉学术思想研究技术路线图示。

1.6.2　研究方法

本课题研究方法与上述图情专家学者的研究角度、切入点和创新之处不同，主要从文本研究出发，立足于张琪玉教授著作和学术论文以及参考同行发表相关论文，结合其理论探索和应用研究实际情况，分析其内在学术思想和学术价值，提炼其思想内涵和重要价值。具体说来，在研究层面主要采用下列研究方法：

第一，忠实(遵从)作者原创之意，采用“梳理+综合分析与研究+提炼思想+评价”方式，对张琪玉教授学术思想进行梳理、总结与评价。

第二，从时间、核心研究领域和思想演变三个维度透视张琪玉

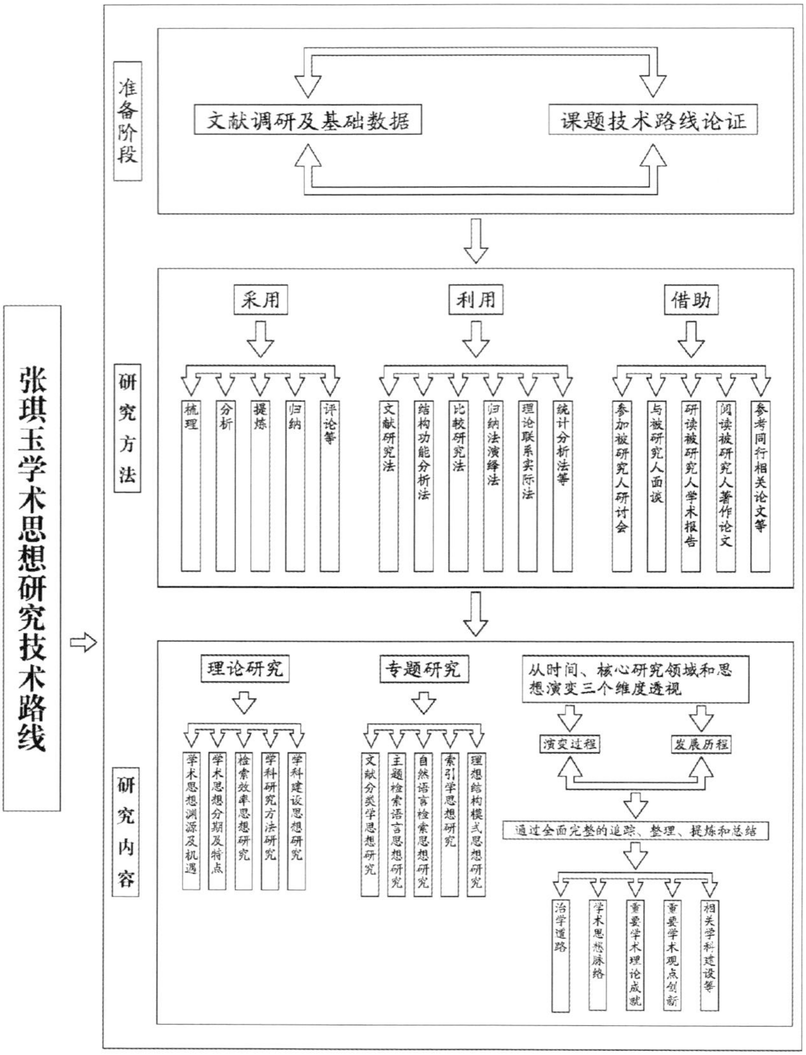

图 1-1　张琪玉学术思想研究技术路线图示

教授情报语言学及其相关研究领域与时俱进的学术思想的演变过程，研究对象和内容主要聚焦于情报语言学学科体系建设思想。

第三，在研究视角上，既重点研究张琪玉教授学术思想，又归纳总结其研究方法，并将其独创的一整套情报语言学专用研究方法作为他的学术思想的一个有机整体来看待。

第四，在研究资料上，既高度重视张琪玉教授本人撰写的专著和学术论文，又密切关注同行专家学者最新理论研究成果，力争使我们对他的学术思想研究的评价更加全面客观。

第五，亲自登门拜访张琪玉教授本人，并通过面谈、问询、研读等多种方式方法，深入了解张琪玉教授学术思想形成背景资料。

第六，充分利用和借鉴张琪玉教授的结构功能分析法、比较研究法、归纳法和演绎法等情报语言学专用研究方法，力争使我们对其学术思想研究有所突破和超越。

1.7　所做研究工作

1.7.1　举办开题报告会

2013年11月16日，课题组在南京政治学院上海校区军事信息管理系教研室举行了开题报告会。项目主持人王崇良研究馆员，第一对项目研究意义、基本思路、研究内容、研究方法、研究成果等方面进行了扼要介绍；第二就课题写作专题、人员分工以及论文写作要求和课题研究中应注意的问题进行了详细的阐述和说明；第三，项目主持人特别强调，张琪玉教授是中国当代情报语言学的“开山鼻祖和奠基者”、学科领军人物，我们对其学术思想进行研究与探索，要站在历史的高度、学科发展的高度、客观实际的高度以及使命责任的高度，力争使他的学术思想、学术成就和学术精神得到继承和发扬。

1.7.2　登门拜访张琪玉教授

2013年11月17日上午，课题组成员亲自登门拜访张琪玉教授。张琪玉教授抱病在家中接待了我们课题组专访，提出了许多宝贵的意见和建议。其中，最主要、最关键之处，是要我们课题组从“点”即“研究问题方面”出发进行研究，要“点”“面”结合，相得益彰。根据张琪玉教授的意见和建议，课题组在原有研究内容的基础上，增加了多个专题，如：《张琪玉情报语言学学科建设思想的图示化研究》《论张琪玉对情报语言学学科建设的贡献》《张琪玉学术思想在知识组织发展与应用中的彰显》《张琪玉理想情报检索语言结构模式思想研究》《张琪玉“检索效率”思想研究》《张琪玉文献分类学思想研究》《张琪玉主题检索语言思想研究》《张琪玉自然语言检索研究》《张琪玉情报语言学研究方法的理论探索及其应用研究》等。

1.7.3 资料收集工作

课题组通过购买、文献打印、文献传递、中国知网数据库、读秀学术搜索数据库、重庆维普数据库以及张琪玉教授赠予的自己编辑的《张琪玉情报语言学著作目录》(电子版)等方式，获取了大量张琪玉教授撰写的专著资料和论文资料，为课题研究工作奠定了坚实的基础，提供了资料保障。

1.7.4 参加研讨会

2014 年 6 月 21 日，“张琪玉情报语言学思想研讨会”在上海成功举办。会议由解放军南京政治学院主办、南京政治学院上海校区军事信息管理系承办。这是一场专门研究和探索张琪玉教授学术思想和学术理论成就的盛会，来自海内外的著名学者、军内外图书情报机构的领导、高等院校专家教授、张琪玉教授的学生和国家社会科学基金一般项目本课题组部分成员等共计 50 多位来宾出席了会议。在大会上，85 岁高龄的张琪玉教授作了主旨发言，就自己终其一生研究的《我的情报语言学研究》学术观点、治学道路、思想脉络及其学术理论成就进行了总结汇报，并殷切期望各位专家学者将情报语言学研究继续推向前进，发扬光大。美国著名情报语言学理论家曾蕾教授作了《超越时空的思想智慧和理念——有感于张琪玉教授创建情报语言学学科领域之巨大意义》专题报告。与会代表还从不同的角度、不同的视野对张琪玉教授创立的情报语言学进行了充分肯定和高度赞扬。2016年6月，国家图书馆出版社出版了《张琪玉情报语言学思想研讨会论文集》，课题组成员有四篇文章收入其中。这次在上海成功举办的“张琪玉情报语言学思想研讨会”，对于我们课题组来说，获益匪浅，受益终生。它不仅开阔了我们的研究视野和研究思路；而且还使我们获得了宝贵的张琪玉情报语言学最新研究资料；最重要、最关键的是亲聆了张琪玉教授本人以及各位专家、学者的发言，极具启发性。

第2章　张琪玉学术思想渊源及其机遇

客观世界中任何事物之间，都存在着一定的因果关系。要想在某一学科领域有所发现，有所发明，有所开拓，有所创造，关键是要把握三点：一是要对这个学科领域具有浓厚的兴趣爱好以及对选定事业的执着追求；二是要对这个学科领域进行知识储备和知识积累，把握机遇；三是要对这个学科领域理论研究工作有重要突破。

2.1　张琪玉学术思想产生的渊源

张琪玉教授学术思想产生的渊源，主要取决于当初他个人的兴趣爱好、人生抉择和对选定事业的执着追求。

张琪玉教授最初选择图书馆学专业作为自己的人生职业，主要基于六个原因①②：一是他家境一般，从小志向远大，非常喜欢图书。二是他亲自参加过图书馆管理工作，对图书馆工作有些了解和喜欢。三是他读过苏联《苏联图书馆事业概观》这本书，并且非常喜欢图书馆工作这个职业。是这本书影响了张琪玉教授一生，也是他为什么坚定选择了图书馆学专业的直接原因。四是他为了既定人

① 韩淑举．学为人师 行为世范——访南京政治学院上海分院军事信息管理系教授张琪玉先生[J]．山东图书馆学刊，2010(5)：1-8.

② 张琪玉．张琪玉自传[J]．晋图学刊，1993(2)：17-19.

生目标，放弃读中央税务学校。五是执着追求，锲而不舍，当人生再次面临选择时，他义无反顾地选择图书馆学专业(他在报名单上填报了北京大学“图书馆学系”“哲学系”两个志愿，并特别说明，如果我成绩及格，希望分配在图书馆学系)。1951 年张琪玉教授考取北京大学图书馆学系，天遂人愿，心相事成，从此就与图书馆事业结下了不解之缘，一辈子没有脱离图书馆学这个领域；六是他在北京大学图书馆学系读书时，师从刘国钧先生，对刘国钧先生讲授的“图书分类”课程情有独钟，自此以后，就喜欢上了这门知识，并且一直保持着这一兴趣。

北京大学是张琪玉教授学术生涯走向成功的原始点。在那里，他得到了学术的熏陶、专业知识的系统学习、恩师的言传身教。这为他能成为一名情报语言学专家创造了条件，并奠定坚实的理论基础。

2.2　张琪玉学术思想产生的机遇

张琪玉教授指出：“机遇的本质就是有机会参与创造性工作，关键是要珍惜机遇，在成功之路上没有机遇是不可思议的。”①纵观张琪玉教授的人生经历和治学道路历程，我们不难发现，他之所以能在情报语言学领域取得巨大的成功，是因为他抓住了自己人生中几次极为重要的机遇：

2.2.1　调到武汉大学图书情报学院工作

张琪玉教授在吉林省吉林市图书馆工作期间，他在新疆工作时的同事徐晏早同志把他推荐给了当时任武汉大学图书馆学系主任黄宗忠，并于 1976 年 8 月调到武汉大学图书馆学系工作。张琪玉教

① 张琪玉. 钟情事业就是走向成功之路[M]//俞君立，等. 中国当代图书馆界名人成功之路，武汉：武汉大学出版社，1996：283-295.

授在武汉大学任教将近有 11 年时间，这是他学术生涯的第一个黄金时期。武汉大学作为中国情报检索语言教学和研究的发祥之地，有着良好的学术氛围、学术机会、学术资源和学术环境，使得张琪玉教授有机会有能力在情报语言学领域开拓创新，施展才华，取得成功与突破。如：在我国高校首次开设“情报检索语言”课程、首次招收情报检索语言方向的研究生、多次参与《中国图书馆图书分类法》编制起草和综合定稿工作、主持编制《中国图书馆图书分类法(第 2 版)索引》、在中央广播电视大学主讲“情报语言学基础”课程以及创办《图书情报知识》学术期刊等，这些难得的学术经历、重要平台和工作实践，是张琪玉教授学术思想产生的最重要机遇。

2.2.2 时势造人，锐意创新，建议开设“情报检索语言”新课程

成功与机遇总是给有准备、有实力的人，这是千古不变的硬道理。20 世纪 60 年代，我国情报事业刚刚兴起，张琪玉教授在吉林图书馆工作时，接触了一些情报学方面的知识，尤其是关于情报检索方面的知识。1978 年我国在北京召开了首届“全国科学大会”，邓小平同志提出著名论断“科学技术是生产力”，排除影响我国科学技术发展的政治因素和政治障碍，为我国“制定科教兴国战略和人才强国战略”目标任务奠定了坚实的理论基础，带来了科学的春天。武汉大学图书馆学系领导响应党中央的号召，为更好地适应我国图书情报现代化的客观需要、课程建设的客观需要和人才培养的客观需要，经研究决定在图书馆学系原有课程基础上，增设一批新课程。张琪玉教授主动请缨，建议开设“情报检索语言”新课程，并由他自己撰写教材并主讲①。

张琪玉教授的建议，被当时武汉大学图书馆学系领导班子所采纳，这是张琪玉教授学术思想产生的关键机遇。

---

① 张琪玉. 在武汉大学开创情报语言学教学和研究的回忆[J]. 图书馆论坛，2006(6)：292-293，303.

2.2.3　因病赢得时间，抓住机遇，专心致志撰写《情报检索语言》教材

1979 年下半年，张琪玉教授因肾结石在医院住院治疗，后又查出乙型肝炎，根据医生诊断意见，在家休养半年。对于常人来说，这是人生的苦难与折磨，选择保“命”原则，放弃事业和追求。张琪玉教授则不然，他选择与疾病顽强抗争，以积极、乐观向上的平常心态正确面对疾病，沉下心来，静心写作，张琪玉教授用了半年多时间完成情报检索语言教材写作任务。1980 年下学期，张琪玉教授为武汉大学图书馆学系科技情报和图书馆学两个专业的本科生学生上课，开启了在国内高校图书馆学系开设《情报检索语言》课程的先例。

《情报检索语言》一书，经过张琪玉教授两次修改和补充，1983 年列入“高等学校文科教材系列”正式出版。该书为张琪玉教授的成名作，学习过该书的全日制本科生、函授生、电大生、自学考试学生以及研究生班的学生不少于 25000 人①。

《情报检索语言》教材的撰写，课程的开设，是他走上学术道路，成为一代宗师和学科领军人物的难得机遇。

2.2.4　独辟蹊径，创一家之说

《情报检索语言》专著出版后，好评如潮，备受推崇，得到了图书情报学界专家、学者的充分肯定和高度赞扬。他的研究被誉为“独辟蹊径、创一家之说”“中国人自己创建的学科”。基于此，张琪玉教授在《钟情事业就是走向成功之路》文章中很谦虚地道出了其中秘密。“我确认情报检索语言是为在情报检索中求得较好的检索效果而创制的人工语言，它作为情报检索系统的一个组成要素，

---

① 张琪玉. 张琪玉与情报语言学学科建设[M]//张琪玉. 张琪玉情报语言学文集. 北京：北京图书馆出版社，1999：1-9.

在情报检索中起语言保证作用。我们研究它不是为了别的，唯一目的就是为了对它进行改进和正确使用，以提高情报检索效率。”①

因此，张琪玉教授在这种核心理念引导下，于20个世纪80年代初期，他在《论情报检索语言的研究、创制与普及》文章中，创造性地提出了“四要”重要学术思想。即为：第一，要改变研究方向，重点研究如何提高情报检索语言的检索效率；第二，要扩大研究范围，应把自然语言检索法一同研究；第三，要改进研究方法，主要从宏观和微观两个层次分析解剖其结构与功能的关系；第四，要吸取国外的研究成果，应把重点放在对中国情报检索语言特殊问题研究方面②。

围绕“四要”学术研究思路轨迹，张琪玉教授避开“三性”争论“怪圈”，提出“语言工具”观点，不断进行理论创新和理论突破，拓展延伸学科研究领域，并且一直动态地、前瞻性地研究和探索“检索效率”的有效改进途径和适应性问题，以其卓尔不群的扎实学术功底、敏锐的观察力和学术创造力，终其一生，创制和完善了中国特色情报语言学理论体系，使其理论研究水平和应用研究领域迅速接近世界研究水平。

独辟蹊径，创一家之说的理想和信念以及恒心与毅力，是张琪玉教授学术思想产生的成功机遇。

总之，张琪玉教授有着不同凡响的人生经历和治学道路历程。他曾在国家文化机关、公共图书馆事业单位工作20多年后，又将其工作性质转换为在高等院校从事图书馆学教书育人新岗位，并在临近花甲之年，再次由高等院校调到中国人民解放军军事院校从事图书档案教学工作。这种跨行业、跨学科、跨专业的工作调动，并在其所钟爱的学科研究领域取得辉煌学术成就，张琪玉教授很可能是我国第一人。究其成功原因，我们不难看出：信念坚定是其人生

① 张琪玉. 钟情事业就是走向成功之路[M]//俞君立，等. 中国当代图书馆界名人成功之路，武汉：武汉大学出版社，1996：283-295.

② 张琪玉. 论情报检索语言的研究、创制与普及[J]. 图书情报知识，1983(4)：10-15.

执着追求；抓住机遇是其人生重要转折；挑战自我是其人生奋斗目标；独辟蹊径是其人生成功标志；开拓创新是其人生事业辉煌。他的成功事例，已在我国广大青年学子和科研工作者中产生了良好的示范效应，成其为学习的榜样和楷模。

第3章　张琪玉学术思想分期及其研究特点

1952年9月，张琪玉教授在北京大学《沙滩年青人》国庆特刊墙报上发表了第一篇文章《当文化的花朵开遍祖国的时候——我热爱祖国图书馆事业》。在文章中，张琪玉教授展望了我国图书馆事业美好的发展前景和光明未来；抒发了自己热爱图书馆事业的崇高理想和坚定信念；许下了自己人生三个诺言：一是如果人民让我去做图书馆馆员工作，我就要让我周围的人们都来看书；二是如果人民让我去担任组织图书馆网的工作，我将要与同志们一起，建立更多的图书馆和阅览室，使住在乡村和边疆的人民都能得到书本；三是如果人民要我去当图书馆教育工作者，我将努力进行图书馆学领域的科学研究工作，使图书馆学理论不断发展①。

2017年2月，张琪玉教授在与疾病顽强抗争中，撰写了由《图书馆杂志》编辑部组稿的"特别策划"栏目，自己人生最后一篇文章《〈图书馆杂志〉越办越好》。在文章中，张琪玉教授总结、分析和梳理了《图书馆杂志》从1982年创刊到2017年期间的办刊特色、栏目特色、稿源特色、编辑风格特色以及与时俱进的投稿、录稿、编稿、发稿网络化。他还特别分析、研究和考证了《图书馆杂志》近

① 张琪玉．当文化的花朵开遍祖国的时候——我热爱祖国图书馆事业［J］．沙滩年青人，1952.

几年来栏目的稿源特色。张琪玉教授认为，丰富的稿源奠定了办好《图书馆杂志》坚实的基础。它不仅是《图书馆杂志》成为国内图书馆学专业刊物中最具影响力、最注重学术价值、最有品牌效应、最受欢迎的根本原因，而且也是《图书馆杂志》始终处于同业刊物领先水平的重要因素①。并殷切期望《图书馆杂志》越办越好，为我国图书馆学界的学术交流和工作研究不断作出新的更大的贡献。

张琪玉教授是我国图书情报学界学术研究的常青树，活到老、学到老、研究到老的杰出代表人物之一。在其长达 65 年的理论研究和实践探索过程中，终其一生，执着耕耘，取得了辉煌的学术成就，践行了自己的人生诺言，实现了自己终生的“伟大事业”以及自己的“中国梦”。我们纵观张琪玉教授学术研究历程和治学道路，其学术研究分期特点非常明显。总体上可以分为两个时期：第一个时期为 1952 年至 1976 年。这一时期，张琪玉教授就职于中央人民政府文化部图书馆管理处、新疆维吾尔自治区图书馆、吉林省吉林市图书馆等单位，主要从事国家各级图书馆事业管理和《图书馆工作》杂志编辑工作、吉林市图书馆行政和业务管理工作以及情报检索服务工作。第二个时期为 1977 年至 2017 年。这一时期，张琪玉教授就职于武汉大学图书情报学院（现为信息管理学院）和空军政治学院图书档案系（现为南京政治学院上海校区军事信息管理系）等单位，主要从事教学和科研工作。

3.1　张琪玉学术研究知识储备积累期（1952—1976）

1952—1976 年为张琪玉教授学术研究的第一个时期，即为知识储备积累期。在这一时期内，张琪玉教授因形势或需要调动工作单位。曾先后就职于中央人民政府文化部图书馆管理处、新疆维吾尔

① 张琪玉.《图书馆杂志》越办越好[J]. 图书馆杂志，2017(2)：1-3.

尔自治区图书馆、吉林省吉林市图书馆等多家单位。其学术研究表现出随工作单位变动研究重点转移特点。但有一点，张琪玉教授不忘初心，牢记使命，始终高度关注苏联图书馆事业所取得的最新理论研究成果，并将其重要学术文章、重要理论成果翻译介绍给图书情报学界业内同行。与此同时，张琪玉教授还从同内图书馆事业发展和图书馆业务工作开展以及图书情报工作等诸多方面进行探索与研究，翻译发表了大量理论研究文章(由于特殊历史原因，1966 年 6 月至 1970 年 10 月期间，张琪玉教授没有发表研究文章)。特别值得说明的是，从 1962 年 6 月至 1976 年 9 月期间，张琪玉教授一直在吉林市图书馆的“吉林市科技文献服务室”从事情报检索服务工作，较早接触到了“情报检索”“检索效率”等学科概念，特别重视和高度关注有关讨论各种情报检索语言性能方面的文章，他看到了一片广阔的学术研究新天地和新领域，并高度重视、处处留心，专门进行有关知识的储备与积累，为日后构建和创制情报检索语言学科体系发挥了重要作用。

3.1.1 张琪玉知识储备积累期学术研究的重点

3.1.1.1 译介苏联相关理论和思想

张琪玉教授高度关注苏联图书馆事业发展，翻译介绍苏联图书馆事业研究的最新理论成果和列宁图书馆学思想，并创造了多个“第一”，如：1954 年，第一个将恩·姆·梅捷庚所著的《区图书馆工作计划》译成中文①；1954 年，第一个将兹·恩·安巴祖勉著的《苏联图书馆目录的作用和性质》译成中文②；1955 年，第一个在

① 恩·姆·梅捷庚. 区图书馆工作计划[M]. 张琪玉，译. 北京：中央人民政府文化部社会文化事业管理局，1954.

② 兹·恩·安巴祖. 苏联图书馆目录的作用和性质[M]//张琪玉，李枫，译. 北京图书馆. 图书馆目录(上册)，北京：中华书局，1957.

《图书馆工作》杂志上介绍《苏联图书馆分类法草案》①；1963年，第一个将叶·瓦西里也娃-切博搭辽娃所著的《书目工作自动化》译成中文，使之成为国内最早关注图书馆书目工作自动化的学者之一②；1963年，第一个全面、系统地研究列宁图书馆学思想，并将其编成《列宁与图书馆(文献目录)》③；1964年，第一个在国内向业内同行翻译介绍了《科学引文索引》④；1965年，第一个将И. К. 朱尤斯，А. Ю. 坎茨列里斯所著的《苏联地区性科技情报所的咨询服务工作》译成中文⑤；1965年，第一个将А. И. 米哈依洛夫所著的《科学情报工作与图书馆工作的关系》译成中文⑥；1966年，第一个将Е. Н. 莫罗佐娃所著的《科学技术图书馆在情报工作中的作用》译成中文⑦；1966年，第一个将Г. П. 福诺托夫所著的《图书馆与情报机构的相互关系》译成中文⑧；1966年，第一个将Р. С. 吉良列夫斯基，А. И. 切尔耐所著的《新型文献索引》译成中文⑨；1971—1973年，第一个将《苏联图书馆图书分类法》分10个

① 杰斯林科. 论苏联图书分类法草案[J]. 张琪玉，译. 图书馆工作，1955(1)：30.

② 叶·瓦西里也娃-切博搭辽娃. 书目工作自动化[M]. 张琪玉，译. 1963.

③ 张琪玉. 列宁与图书馆(文献目录)[M]. 吉林市图书馆油印本，1973.

④ Н. В. Крылова. 美国出版的《科学引文索引》[J]. 张琪玉，译. 综合科技动态情报工作，1964(5)：14-16.

⑤ И. К. 朱尤斯，А. Ю. 坎茨列里斯. 苏联地区性科技情报所的咨询服务工作[J]. 张琪玉，译. 综合科技动态情报工作，1964.

⑥ А. И. 米哈依洛夫. 科学情报工作与图书馆工作的关系[J]. 张琪玉，译. 综合科技动态情报工作，1965.

⑦ Е. Н. 莫罗佐娃. 科学技术图书馆在情报工作中的作用[J]. 张琪玉，译. 综合科技动态情报工作，1966(4)：16-17.

⑧ Г. П. 福诺托夫. 图书馆与情报机构的相互关系[J]. 张琪玉，译. 综合科技动态情报工作，1966(4)：12-15.

⑨ Р. С. 吉良列夫斯基，А. И. 切尔耐. 新型文献索引[J]. 张琪玉，译. 综合科技动态情报工作，1966(5)：21-24.

部分译成中文①②③④⑤⑥⑦⑧⑨⑩。

3.1.1.2 对我国图书情报工作的研究与探索

根据我国图书馆事业发展现状和客观实际情况，结合实际工作需要，围绕我国图书情报工作有关问题，进行探索与研究：

1956年，第一个设计“县图书馆馆舍的建筑标准”⑪；1957年，第一个倡议在乌鲁木齐市地区组织汉文图书“集中编目”，并提出工作实施方案⑫；1964年，撰写《文献检索和国际十进分类法（提

① 苏联图书馆图书分类法：基本大类和部分二级类目[M]//张琪玉，译. 武汉大学图书馆学系研究室. 国外图书情报文摘（三），1983：1-5.

② 苏联图书馆图书分类法：地区复分表[M]//张琪玉，译. 武汉大学图书馆学系研究室. 国外图书情报文摘（三），1983：93-120.

③ 苏联图书馆图书分类法：Ж/О技术、技术科学（说明：4. 技术各类间划分界限的主要问题）[M]//张琪玉，译. 武汉大学图书馆学系研究室. 国外图书情报文摘（三），1983：28-31.

④ 苏联图书馆图书分类法：Ж/О技术、技术科学（基本类目）[M]//张琪玉，译. 武汉大学图书馆学系研究室. 国外图书情报文摘（三），1983：6-18.

⑤ 苏联图书馆图书分类法：М9摄影电影技术（详表）[M]//张琪玉，译. 武汉大学图书馆学系研究室. 国外图书情报文摘（三），1983：32-37.

⑥ 苏联图书馆图书分类法：Ч73图书馆事业、图书馆学（详表）[M]//张琪玉，译. 武汉大学图书馆学系研究室. 国外图书情报文摘（三），1983：43-75.

⑦ 苏联图书馆图书分类法：Ч75目录学（详表）[M]//张琪玉，译. 武汉大学图书馆学系研究室. 国外图书情报文摘（三），1983：75-79.

⑧ 苏联图书馆图书分类法：Ч23科学情报工作（详表）[M]//张琪玉，译. 武汉大学图书馆学系研究室. 国外图书情报文摘（三），1983：38-43.

⑨ 苏联图书馆图书分类法：Ж/О技术、技术科学（专用复分表）[M]//张琪玉，译. 武汉大学图书馆学系研究室. 国外图书情报文摘（三），1983：18-27.

⑩ 苏联图书馆图书分类法：Я综合性图书（详表）[M]//张琪玉，译. 武汉大学图书馆学系研究室. 国外图书情报文摘（三），1983：80-92.

⑪ 张琪玉. 县图书馆馆舍（标准设计）[J]. 新疆维吾尔自治区图书馆油印本. 1956.

⑫ 张琪玉. 什么是“集中编目”？我们能做这项工作吗？[J]. 乌鲁木齐市图书馆通讯，1957（2-3）：12-14，9.

纲)》，内容包括：文献检索问题、检索工具和检索方法、国际十进分类法介绍、文献分类方法(UDC使用法)、文献整理方法、建立检索系统的工作组织和学习问题①；1964年，撰写《目录的特征——谈谈充分发挥书目检索工具的作用》文章②；1964年，撰写《情报服务与文献检索(提纲)》③；1972年，全面阐述《关于全国图书统一编号的建议》(附：给郎杰、胡耀辉同志的信)④。

3.1.2　张琪玉知识储备积累期学术研究的特点

第一，对苏联图书馆相关理论思想和经验的关注。张琪玉教授高度关注苏联图书馆事业所取得的最新理论研究成果，将其翻译介绍给业内同行。如："书目工作自动化""科学情报工作与图书馆工作的关系""图书馆与情报机构的相互关系"等方面。高度关注苏联编制全国统一图书分类法所取得的成功经验、编制经过和具体做法，并系统翻译《苏联图书馆图书分类法》各大类详表，为我国成功编制全国统一图书分类法《中国图书馆图书分类法》，提供编制理论和编制技术方法支持。从"列宁怎样利用图书馆""列宁的图书馆事业思想""列宁怎样利用图书目录""列宁的目录学思想"四个方面全面系统地研究列宁图书馆学思想，并将其编成《列宁与图书馆(文献目录)》著作。

第二，结合图书馆业务工作需要，开展专题研究工作。如："县图书馆馆舍的建筑标准""倡议在乌鲁木齐市地区组织汉文图书的'集中编目'""全国图书统一编号的建议"等方面。

第三，高度关注情报检索方法的理论探索，撰写多份提纲。

① 张琪玉. 文献检索和国际十进分类法(提纲)[J]. 吉林市科学技术委员会情报研究室油印本，1964：1-19.

② 张琪玉. 目录的特征——谈谈充分发挥书目检索工具的作用[J]. 图书馆，1964(4)：48-49.

③ 张琪玉. 情报服务与文献检索(提纲)[J]. 存手稿，1964.

④ 张琪玉. 关于全国图书统一编号的建议(附：给郎杰、胡耀辉同志的信)[J]. 存手稿，1972.

如：“文献检索和国际十进分类法(提纲)”和“情报服务与文献检索(提纲)”等。

3.2 张琪玉学术研究成果繁荣鼎盛期(1977—2017)

1977—2017年为张琪玉教授学术研究的第二个时期，即为成果繁荣鼎盛期。张琪玉教授曾就职于武汉大学图书情报学院(现为信息管理学院)和空军政治学院图书档案系(现为南京政治学院上海校区军事信息管理系)等单位。这一时期，张琪玉教授学术研究涉及多个学科专业领域，如：情报语言学、分类检索语言、主题检索语言、自然语言在情报检索中的应用、索引学和网络信息检索工具等领域。它不仅是张琪玉教授学术思想奠基期和成名期，而且也是张琪玉教授学术思想发展期和成熟期。在此期间，张琪玉教授不仅创立了情报语言学学科，使其成为中国当代情报语言学的“开山鼻祖和奠基者”，一代宗师和学科领军人物；而且他还是“检索效率”理论的提出者、探寻者和引导者；同时他还亲自创制“学科-事物概念组配型检索语言”，提出“后控制”理论及其结构模式等。这一时期，张琪玉教授学术思想极具开拓性、创造性和前瞻性，内容丰富、风格独特，应用领域非常广泛，影响重大而深远。

张琪玉教授关于学术研究有一个基本观点：认为“做学问，要有个专业范围，在专业范围内力求深而广。”①正是基于这一学术观点，他在长达40年专业学术研究生涯中，逐步形成了自己独特的学术研究风格和学术研究特点。

---

① 张琪玉. 情报语言的若干研究心得和收获——张琪玉学术思想自述[J]. 图书情报工作，2009(20)：5-9，29.

3.2.1.1　注重研究的“深度和广度”

张琪玉教授对于研究深度和广度的重视，主要表现在三个方面：一是在学科领域研究方面力求深而广。如前所述，张琪玉教授研究了情报语言学、分类检索语言、主题检索语言、自然语言在情报检索中的应用、索引学和网络信息检索工具等学科领域；二是在专业范围内力求深而广。如张琪玉教授在研究情报语言学方面，研究了学科概念、学科起源、研究领域、研究方法、当前主要研究课题、“相关学科、与索引学的关系、与术语学的关系、与知识分类理论的关系、与情报检索计算机的关系”①等；三是在研究问题方面力求深而广。如张琪玉教授在研究自然语言检索控制措施方面，研究了自然语言接口用对应词表②、自动抽词词典③④、自动赋词赋号用对应表⑤、自动分类用对应表⑥、后控制词表⑦、词素词表等。张琪玉教授要么亲自研究；要么指明研究方向，提供研究思路，引领其他专家、学者进一步共同研究探讨。从而带来学科的繁荣，事业的兴旺发达，使我国在情报检索语言的理论研究探索和应用研究领域方面迅速接近世界研究水平。

3.2.1.2　注重研究的“阶段性”

我们纵观张琪玉教授学术研究过程和治学道路历程，不难发现他的学术研究都是分阶段进行的。也就是说，张琪玉教授在某一段

---

① 张琪玉. 情报语言学[G]//中国科学技术情报学会和中国国防科技信息学会. 中国情报学百科全书. 北京：中国大百科全书出版社，2010.

② 张琪玉. 情报语言漫笔(H)自然语言接口的对应词表[J]. 图书馆理论与实践，2003(2)：36-37.

③ 张琪玉. 缺乏抽词词典是自动抽词标引难以普及的主要原因[J]. 图书与情报，1998(2)：36，80.

④ 张琪玉. 自动抽词与自动分词[J]. 图书馆杂志，2002(3)：13-14.

⑤ 张琪玉. 积极为自然语言与情报检索语言的结合创制条件——建议大量编制自然语言词表(上)[J]. 图书馆杂志，1999(9)：7-9.

⑥ 张琪玉. 积极为自然语言与情报检索语言的结合创制条件——建议大量编制自然语言词表(下)[J]. 图书馆杂志，1999(10)：8-10.

⑦ 张琪玉. 论后控制词表[J]. 图书情报工作，1994(1)：1-4.

时期内将研究重点、研究重心几乎都放在某一学科专业领域研究方面。如：1983年至1997年，研究重点为：创制、发展、完善情报语言学学科体系①②③以及创制“学科-事物概念组配型检索语言”④⑤；1992年至2005年期间，研究重点为：自然语言应用于情报检索的主要方式⑥、自然语言影响检索效率的主要因素及其对策⑦、自然语言检索效果应用评价⑧、自然语言检索主要控制措施以及自然语言检索发展前途的独特见解⑨等；1983年至1997年期间，研究重点为：语词标识的功能与局限（主题法性能）⑩、文献主题结构规律⑪、文献主题标引原理和方法⑫⑬、叙词表分面化改

① 张琪玉．情报检索语言［M］．武汉：武汉大学出版社，1983.

② 张琪玉．情报语言学基础［M］．武汉：武汉大学出版社，1987.

③ 张琪玉．情报语言学基础［M］．增订二版．武汉：武汉大学出版社，1997.

④ 张琪玉．学科-事物概念组配型检索语言——关于情报检索语言的遐想与求索［J］．图书馆杂志，1997(2)：9-12.

⑤ 张琪玉．探索21世纪的情报检索语言［J］．北京大学学报：信息管理系建系五十周年专刊，1997：93-96.

⑥ 张琪玉．检索语言讲座（九）第九讲自然语言在情报检索中的应用［J］．情报理论与实践，1996(3)：63-64，60.

⑦ 张琪玉．自然语言检索中各种因素对检索效率的影响［J］．情报理论与实践，1997(5)：257-259.

⑧ 张琪玉．关于自然语言检索问题［J］．图书馆论坛，2004(6)：211-213，145.

⑨ 张欣毅，张京生．走向自然语言与情报检索语言结合之路——与我国著名情报语言学家张琪玉教授的通讯访谈［J］．图书馆理论与实践，2001(2)：3-5.

⑩ 张琪玉．情报检索语言中语词标识的功能与局限——关于主题法性能的几点分析［J］．湖北高校图书馆，1985(1)：62-71.

⑪ 张琪玉．文献主题的构成因素及层次［J］．图书情报知识，1985(1)：39-41.

⑫ 张琪玉．主题标引的原理和方法（一）［J］．图书馆学刊，1996(1)：26-28.

⑬ 张琪玉．主题标引的原理和方法（二）［J］．图书馆学刊，1996(2)：30-35.

造①、分类法主题法一体化自动标引系统②等；2000年至2005年期间，研究重点为：因特网大众分类法③④⑤⑥、网络信息检索工具开发与改进⑦⑧、网络信息检索用语言的发展趋势⑨等；1991年至2009年期间，研究重点为：索引学学科概念、索引学研究对象、索引学研究任务⑩、文献索引计算机编制法⑪、图书内容索引编制法⑫、工具书索引编制法⑬、索引的两大基本类型⑭、索引项⑮、

① 张琪玉. 叙词表的分面化改造[J]. 图书馆论坛，1997(6)：30-31.

② 张琪玉. 分类法主题法一体化自动标引系统的基本原理和方法[J]. 图书馆论坛，1995(6)：3-4，57.

③ 张琪玉. 情报语言漫笔(C)因特网上的大众分类法[J]. 图书馆理论与实践，2002(3)：42-43.

④ 张琪玉. 因特网大众分类法的本质属性[J]. 图书馆杂志，2002(11)：21-22.

⑤ 张琪玉. 因特网大众分类法若干问题的探讨[J]. 图书馆论坛，2005(6)：214-217.

⑥ 张琪玉. 因特网大众分类法—— 一种独创的分类法[J]. 江西图书馆学刊，2005(1)：4，10.

⑦ 张琪玉. 关于我国网络信息检索工具开发与改进的思考[J]. 图书馆杂志，2000：207-223.

⑧ 张琪玉. 网络信息检索工具增强关键词检索功能的措施[J]. 图书馆杂志，2001(1)：7-10.

⑨ 张琪玉. 网络信息检索用语言的发展趋势[J]. 图书馆杂志，2001(3)：5-7，22.

⑩ 张琪玉. 关于索引学研究和索引工作开展的设想与建议[J]. 江苏图书馆学报，1993(1)：3-7.

⑪ 张琪玉. 推广文献索引计算机编制法是促进我国索引事业发展的一项重要措施[J]. 图书与情报，1996(4)：33-36.

⑫ 张琪玉. 图书内容索引编制法——写作和编辑参考手册[M]. 北京：化学工业出版社，2006.

⑬ 张琪玉. 工具书功能索引——关于编制“工具书之工具书”的设想[J]. 图书馆杂志，1992(2)：22-25.

⑭ 张琪玉. 论索引的两大基本类型[J]. 图书馆理论与实践，2006(5)：28-29.

⑮ 张琪玉. 论索引项[J]. 图书馆杂志，1994(5)：9-11.

数据库就是现代的索引①、中国索引事业的格局与问题②等。

3.2.1.3 注重研究的“系统性”

张琪玉教授学术研究，我们不论是从宏观上看还是从微观上看，他都是站在“知识组织发掘利用”的高度，深入探索和研究“检索效率”这个根本目的和核心问题，而不是就某一方面问题进行孤立研究。其理论研究成果有着明显的系统性、完整性和连贯性，逐步形成了“情报语言学总论系列”“分类检索语言系列”“主题检索语言系列”“自然语言在情报检索中的应用系列”“索引学系列”“网络信息检索工具系列”等6大理论成果系列。

3.2.1.4 注重研究的“突破性”

1983年6月，武汉大学出版社公开出版了张琪玉教授成名之作——教育部规划的“高等学校文科教材”《情报检索语言》；1987年11月，武汉大学出版社又出版了他的中央广播电视大学图书馆学专业教材《情报语言学基础》；1997年9月，武汉大学出版社再次出版了他的高等学校文科教材《情报语言学基础》(增订二版)。从“情报检索语言”到“情报语言学”学科命名的变化，我们就可以窥见张琪玉教授学术研究的“突破性”。但他从不自满，从未停止探索之路。而是经过十多年的艰难求索，在20世纪90年代末期，北京大学信息管理系建系50周年之际，创制了“学科-事物概念组配型检索语言”，简称为“学科-事物组配语言”，更加彰显了张琪玉教授理论创新性和理论突破性。

详见：第12章 张琪玉理想结构模式思想研究。

3.2.1.5 注重研究的“结论性”

张琪玉教授在其学科建设创制过程中，专门构建了一整套情报

---

① 张琪玉. 现代的索引就是数据库[J]. 图书馆杂志，2001(12)：6-7.

② 张琪玉. 中国索引事业：当前格局与问题[J]. 图书馆杂志，2006(1)：3-5，13.

语言学专用研究方法，并通过如结构功能分析法、比较研究法、调查整理法以及归纳法和演绎法等研究方法，得出了一系列关于情报语言学“终结性”“规律性”“辩证性”研究结论。

(1)关于情报检索语言“终结性”研究结论

20 世纪 80 年代以前，在我国图书馆学界，由于众所周知的客观历史原因，“左倾”思潮的严重影响和束缚。对于情报检索语言是否具有“国家特点、时代特点和自然语言特点”产生过较大分歧，并对《中国图书馆图书分类法》编制产生过重大影响。20 世纪 90 年代末期，张琪玉教授在《情报检索语言的国家特点、时代特点和自然语言特点》文章中对此问题做过专门探索和分析研究。张琪玉教授发现，这里所说的国家特点、时代特点，“不能简单地理解为阶级性和思想性，它实际上是指分类表列类和选词的详略、排列次序的先后、名词术语的采用”等诸多方面问题。在此基础上，张琪玉教授特别指出，“情报检索语言的国家特点、时代特点和自然语言特点是客观存在的，并非某些创制者主观因素所致”①。自此以后，在我国图书馆学界再也没有就此问题讨论过。他的权威性研究结论，释疑了人们自中华人民共和国成立以来近 40 年对它纠结、困惑和不休争论。

(2)关于分类检索语言“规律性”研究结论

张琪玉教授曾多次参与《中国图书馆分类法》的编制起草和综合定稿工作。通过其理论实践活动和科学研究工作，于 21 世纪初期，发现了“分类表词表编制规则”“文献标引规则”和“文献检索规则”之间是一种演变过程，其原理、方法和规则具有高度一致性。即：“文献检索规则的制定必须遵循文献标引规则，文献标引规则的制定必须遵循分类表词表编制规则。换句话说就是：分类表词表编制规则(特别是其类目内容范围划分规则)决定着文献检索规则和文献标引规则，而文献检索规则和文献标引规则都是由分类表词表编制规则决定的。也就是说，文献检索规则的还原是文献标引规

① 张琪玉. 情报检索语言的国家特点、时代特点和自然语言特点[J]. 图书馆理论与实践，1989(4).

则，而文献标引规则的还原则是分类表词表编制规则。”①

(3)关于“辩证性”研究结论

我们从张琪玉教授所撰写的学术研究成果中，不难发现他以动态发展的眼光来辩证思维问题。对“分类语言和主题语言”以及“自然语言与情报检索语言”进行了辩证统一研究。

关于分类语言和主题语言“辩证性”研究。分类语言和主题语言是两种不同类型的情报检索语言，在文献检索实践中，各自发挥着不同的功能和作用。如何使其相互兼容与转换，功能和作用互补。同时满足人们既能从学科分类途径查找文献，又能从主题概念途径查找文献，达到提高检索效率之目的，成为重大现实研究课题。

张琪玉教授是我国最早关注、发现、研究探索分类语言和主题语言一体化情报检索语言的理论工作者。长期以来，致力于两者之间辩证关系理论与实践探索研究，极力主张两者之间相互结合，进行统一研究。张琪玉教授本人正是在这种辩证思维方式的启发下，首先重点研究了“组配分类法”。张琪玉教授发现：“依据‘概念划分与概括’原理构成的体系分类法和依据‘概念分析与综合’原理构成的组配分类法，它们在形成专指概念类目上并无区别，具有‘异曲同工’‘殊途同归’的一致性”②；其次重点研究了叙词表分面化改造。张琪玉教授发现叙词表分面化改造实质就是将传统叙词表的“范畴表”和“词族表”改成分面分类表③；同时重点研究了分类法主题法一体化自动标引系统。20 世纪 90 年代中期，张琪玉教授在《分类法主题法一体化自动标引系统的基本原理和方法》文章中，以《中国图书馆分类法》为例，根据分类语言和主题语言之间存在的辩证关系，在我国首次提出了将《中国图书馆分类法》改造为“分

① 张琪玉. 情报语言漫笔(H)“分类表词表编制规则→文献标引规则→文献检索规则”是一种演变过程[J]. 图书馆理论与实践，2003(2)：37.

② 张琪玉. 情报语言学基础[M]. 增订二版. 武汉：武汉大学出版社，1997.

③ 张琪玉. 叙词表的分面化改造[J]. 图书馆论坛，1997(6)：30-31.

类号-词对应表”和“词-分类号对应表”的具体实施方案①。他的这一创新思维和创新理念，为《中国图书馆分类法》成为我国分类法主题法一体化情报检索语言作出了重要的历史贡献。特别值得说明的是，《中国图书馆图书分类法》编辑委员会，根据张琪玉教授的分类语言与主题语言辩证统一学术思想，于 1994 年 6 月成功编制出版了《中国分类主题词表》②，充分印证了他的学术思想的辩证性和实践性。

关于自然语言与情报检索语言“辩证性”研究。自然语言同情报检索语言一样，也是一种语言工具。在我国 20 世纪 90 年代，曾展开了一场关于自然语言和人工语言孰优孰劣之争。以张琪玉教授为代表的辩证思维学派从中获得启迪，提出了自然语言与情报检索语言辩证思维发展方向。张琪玉教授认为：“自然语言的未来与情报检索语言的未来在某种意义上可以说是同一个问题。一方面，自然语言不可能全面取代情报检索语言，淘汰情报检索语言，它必将继续发展；另一方面，在计算机检索条件下，自然语言与生俱来有许多重要的优点，它必然会得到进一步发展”③；“网络信息检索不能唯一地使用自然语言，也必须使用人工语言”④；它们“必然会朝着从两者的初步结合到完全融合方向发展。”⑤张琪玉教授在这种辩证思维方式启迪下，做了大量的理论探索和应用研究工作，并取得突破性成就。如：建议大量编制自然语言词表以实现其自然语

① 张琪玉. 分类法主题法一体化自动标引系统的基本原理和方法[J]. 图书馆论坛，1995(6)：3-4，57.

② 《中国图书馆图书分类法》编辑委员会. 中国分类主题词表[M]. 北京：华艺出版社，1994.

③ 张欣毅，张京生. 走向自然语言与情报检索语言结合之路——与我国著名情报语言学家张琪玉教授的通讯访谈[J]. 图书馆理论与实践，2001(2)：3-5.

④ 张琪玉. 网络信息检索用语言的发展趋势[J]. 图书馆杂志，2001(3)：5-7，22.

⑤ 张琪玉. 情报语言学的若干研究心得和收获——张琪玉学术思想自述[J]. 图书情报工作，2009(20)：5-9，29.

言与情报检索语言的结合①②；提出加强自然语言与人工语言对应转换以实现情报检索语言走向自动化③；建议编制自然语言接口对应词表，将自然语言转换成人工语言(情报检索语言)④；提出为自然语言检索系统配备后控制词表，以提高自然语言检索效率⑤等。在张琪玉教授的不懈努力和艰难求索下，他还创制了“理想情报检索语言结构模式”并找到核心实现方法：“分面分析+概念代码+概念对应转换+数据库技术”,⑥“用户可十分方便地进行标引和检索，区别不出是自然语言还是人工语言”。⑦

3.2.1.6 注重研究的“前瞻性”

我们纵观张琪玉教授学术研究理论成就，具有两个显著特点：一是能根据学科发展现状和科学技术(特别是计算机网络技术)发展趋势，超前对学科发展目标、研究方向进行精准预测；二是在学科研究领域，总是能先于他人或超前他人率先提出学科研究领域“前瞻性”研究课题。主要涉及：情报语言学领域、分类检索语言领域、主题检索语言领域、自然语言在情报检索中的应用领域、索引学领域和网络信息检索工具领域等。

关于情报检索计算机化“前瞻性”研究。情报检索计算机化是图书馆学情报学工作现代化的重要标志，它与情报语言学学科发展

① 张琪玉. 积极为自然语言与情报检索语言的结合创造条件——建议大量编制自然语言词表(上)[J]. 图书馆杂志，1999(9)：7-9.

② 张琪玉. 积极为自然语言与情报检索语言的结合创造条件——建议大量编制自然语言词表(下)[J]. 图书馆杂志，1999(10)：8-10.

③ 张琪玉. 自然语言与人工语言的对应转换——情报检索语言走向自动化之路[J]. 中国图书馆学报，1996(1)：37-41.

④ 张琪玉. 情报语言漫笔(H)自然语言接口的对应词表[J]. 图书馆理论与实践，2003(2)：36-37.

⑤ 张琪玉. 论后控制词表[J]. 图书情报工作，1994(1)：1-4.

⑥ 张琪玉. 学科—事物概念组配型检索语言——关于情报检索语言的遐想与求索[J]. 图书馆杂志，1997(2)：9-12.

⑦ 张琪玉. 探索21世纪的情报检索语言[J]. 北京大学学报：信息管理系建系五十周年专刊，1997：93-96.

关系密切，是情报检索语言走向自动化的必然发展方向。因此，20 世纪 60 年代初期，张琪玉教授第一个将苏联《书目工作自动化》① 著作译成中文，并将其理论介绍给图书馆学界业内同行，成为国内最早关注图书馆书目工作自动化的学者之一。20 世纪 90 年代末期，他在《情报语言学基础》（增订二版）一书中，增加了第十三章“情报检索计算机化与情报语言学的发展”，专门探索和诠释了情报检索计算机化对情报语言学发展产生的巨大变化和深刻影响。张琪玉教授认为：20 世纪 50 年代开始的情报检索计算机化，“促进了情报检索语言的创新和改造，使词表、分类表向机编化和机读化方向发展，使文献标引和索引编制走向自动化，使自然语言检索得以实现，使多种语言的结合使用成为可能，使检索方法有了很大的进步。”②从某种程度上说，张琪玉教授的理论性创新成果，有很大一部分是来源于他对情报检索计算机化的灵感、启示。如：学科-事物概念组配型检索语言③④、后控制理论⑤等。在情报检索计算机化日益发展的今天，他的理论性创新成果已经得到证实，并成为现实。

关于分类检索语言“前瞻性”研究。21 世纪初期，张琪玉教授在《对未来分类法的憧憬》文章中，对理想分类法的结构模式进行了阐述和诠释，提出了自己心目中憧憬的结构模式，即“学科检索与事物检索的更密切结合；人工语言与自然语言的融合；线性显示与网状显示的结合；族性检索与特性的灵活调节；简单易用与功能丰富能兼备；低成本与高效益能兼备；自动化和网络化；既能不断

① 叶·瓦西里也娃-切博塔辽娃. 书目工作自动化［M］. 张琪玉，译，1963.

② 张琪玉. 情报语言学基础［M］. 增订二版. 武汉：武汉大学出版社，1997.

③ 张琪玉. 学科-事物概念组配型检索语言——关于情报检索语言的遐想与求索［J］. 图书馆杂志，1997(2)：9-12.

④ 张琪玉. 探索 21 世纪的情报检索语言［J］. 北京大学学报：信息管理系建系五十周年专刊，1997：93-96.

⑤ 张琪玉. 论后控制词表［J］. 图书情报工作，1994(1)：1-4.

改进，又能回避重新标引；适应性、兼容性、民族化和国际化；与术语学密切结合”①等。张琪玉教授的创新理念和思想，在《中国分类主题词表》②《中国图书馆分类法》(第5版)③等情报检索语言编制过程中绝大部分被采纳，并在其电子版与网络版中得以充分体现。

关于主题检索语言“前瞻性”研究。20世纪80年代中期，张琪玉教授在《文献主题的构成因素及层次》文章中，运用结构功能分析法的原理和方法，从“文献主题标引和检索”两个方面，揭示文献主题层次规律和主题变化规律，在我国首次构建了“文献主题构成因素及其层次结构”模型图，并用图示法将文献主题按照学科和事物两个中心层层展开，发现文献主题的层次遵循着具体性递增，而必要性递减的次序，创立了“文献主题结构”理论。据此发现，张琪玉教授认为，在分类表词表编制以及文献标引实践中，可视具体需要的专指度加以简化或减少对某些层次的表达。他还特别强调：“现代情报检索语言的重要理论——分面组配理论，以及应用此理论的组配分类法和组配主题法，就是根据概念的分析与综合原理，在对文献主题的构成因素及其层次结构进行分析研究的基础上形成和创造出来的。”④

关于自然语言在情报检索中应用“前瞻性”研究。20世纪80年代初期，张琪玉教授在《论情报检索语言的研究、创制与普及》文章中就高度重视“自然语言检索”问题，在我国率先提出应把对自然语言检索法的研究也包括进去⑤。20世纪90年代，在我国图书

① 张琪玉. 情报语言漫笔(G)对未来分类法的憧憬[J]. 图书馆理论与实践，2003(1)：39.

② 《中国图书馆图书分类法》编辑委员会. 中国分类主题词表[M]. 北京：华艺出版社，1994.

③ 国家图书馆《中国图书馆分类法》编辑委员会. 中国图书馆分类法(第5版)[M]. 北京：国家图书馆出版社，2010.

④ 张琪玉. 文献主题的构成因素及层次[J]. 图书情报知识，1985(1)：39-41.

⑤ 张琪玉. 论情报检索语言的研究、创制与普及[J]. 图书情报知识，1983(4)：10-15.

情报学界，人们围绕自然语言和人工语言孰优孰劣问题产生过巨大争议。张琪玉教授在充分考量自然语言检索性能的基础上，发现了自然语言的致命弱点就是缺少控制。他在接受吴建中通讯访谈《情报检索语言的发展趋势——关于图书馆未来的对话之九》①文章中阐述和诠释了其中的根本原因。并在《论后控制词表》文章中，提出在"文献检索过程中，如果要达到较高的检索效率，控制是永远需要的"②重要学术观点。与此同时，他还分析研究了"后控制词表的控制机理、控制程度、编制特点"等诸多方面问题以及各种"编制方法"在控制程度上的差别，并用多种检索实例告诉我们如何利用后控制词表来进行文献检索的方法和措施。在此基础上，提供了"分类词表+字顺/轮排表" 后控制词表理想结构模式③。张琪玉教授提出的后控制理论在其知识组织领域产生了重大社会影响和广泛应用前景，被各大搜索引擎，如：百度、谷歌、天网、雅虎易搜等网站所采用，并具体应用到"网络信息资源组织"(事物+主题)等诸多方面。

详见：第13章"张琪玉学术思想在知识组织发展与应用中的彰显"中的"13.1.2后控制机制在实践中的应用与发展"部分。

关于网络信息检索工具"前瞻性"研究。在张琪玉教授看来，"所谓网络信息检索工具，它是指一种对分散、无序的网络信息资源进行有效控制的工具，并为用户提供检索功能，指向相关网站或其中的相关资源"④。

21世纪初期，张琪玉教授在专业杂志上连续发表了《网络信息检索工具增强关键词检索功能的措施》⑤《网络信息检索工具的热

① 吴建中，张琪玉. 情报检索语言的发展趋势——关于图书馆未来的对话之九[J]. 图书馆杂志，1996(4)：29-32.

② 张琪玉. 论后控制词表[J]. 图书情报工作，1994(1)：1-4.

③ 张琪玉. 论后控制词表[J]. 图书情报工作，1994(1)：1-4.

④ 张琪玉. 网络信息检索工具的类型[M]//张琪玉. 张琪玉文集(下). 北京：国家图书馆出版社，2014：207-210.

⑤ 张琪玉. 网络信息检索工具增强关键词检索功能的措施[J]. 图书馆杂志，2001(1)：7-10.

门类目》①《网络信息检索工具的竞争力要素——网络信息检索工具发展的方向与提高竞争力的途径(连载一)》②《网络信息检索工具开发的方针和策略——网络信息检索工具发展的方向与提高竞争力的途径(连载二)》③《网络信息检索工具的分类体系——网络信息检索工具发展的方向与提高竞争力的途径(连载三)》④《网络信息检索用语言的发展趋势》⑤6 篇文章，重点探索了网络环境下提高网络信息检索工具检索效率的诸多方法和措施。这 6 篇文章，截至 2018 年 6 月，据笔者通过“中国知网”统计，总共被引用 141 次，其中《网络信息检索工具增强关键词检索功能的措施》被引用 50 次。张琪玉教授关于网络信息检索工具“前瞻性”研究，已取得重大阶段性研究成效。首先，在观念上改变了所有研究者都认为是采用自然语言的主观臆断；其次，要想提高网络信息检索工具的检索性能，获得较高的检索效率，必须编制“关键词-概念-分类体系对应表”⑥；同时，网络信息检索不能唯一地使用自然语言，也必须使用人工语言。目前较合理的模式是人工语言与自然语言并用，兼取两者的优点。⑦

---

① 张琪玉. 网络信息检索工具的热门类目[J]. 图书馆杂志，2002(8)：28-29.

② 张琪玉. 网络信息检索工具的竞争力要素——网络信息检索工具发展的方向与提高竞争力的途径(连载一)[J]. 江苏图书馆学报，2002(2)：3-5.

③ 张琪玉. 网络信息检索工具开发的方针和策略——网络信息检索工具发展的方向与提高竞争力的途径(连载二)[J]. 江苏图书馆学报，2002(3)：9-11.

④ 张琪玉. 网络信息检索工具的分类体系——网络信息检索工具发展的方向与提高竞争力的途径(连载三)[J]. 江苏图书馆学报，2002(4)：7-11.

⑤ 张琪玉. 网络信息检索用语言的发展趋势[J]. 图书馆杂志，2001(3)：5-7，22.

⑥ 张琪玉. 关于我国网络信息检索工具开发与改进的思考[J]. 图书馆杂志，2000：207-223.

⑦ 张琪玉. 网络信息检索用语言的发展趋势[J]. 图书馆杂志，2001(3)：5-7.

关于索引学“前瞻性”研究。20世纪60年代初、中期，张琪玉教授就关注过索引和索引工作。一是专门研究探索“组配索引法”的编制方法①；二是将苏联《新型文献索引》②理论文章译成中文。20世纪80年代中期，张琪玉教授主持编制《中国图书馆图书分类法(第二版)索引》③。据此成果，1985年荣获“国家科学技术进步奖”一等奖。从20世纪90年代初期开始，张琪玉教授就将其研究重点延伸至索引学领域，高度关注索引学研究工作，并把索引学看成是情报语言学的一个重要应用领域展开系统研究工作，出版专著《张琪玉索引学文集》④。他的创新思维和核心理念就是中国索引事业以及索引工作必须现代化，必须计算机化。正是基于此，他提出了“现代的索引就是数据库，现代的索引工作者就是数据库建造者”⑤的著名论断。并号召人们将中国索引事业发展的重点放在数据库建设方面，以此支撑因特网事业的发展。使其成为人们查找和获取信息资源的重要方式和主要途径。他高瞻远瞩的创新理念，开辟了我国数据库建设事业发展与繁荣的新时代、新征程。

---

① 张琪玉. 目录的特征——谈谈充分发挥书目检索工具的作用[J]. 图书馆，1964(4)：48-49.

② P. C. 吉良列夫斯基，A. И. 切尔耐. 新型文献索引[J]. 张琪玉，译. 综合科技动态情报工作，1966(5)：21-24.

③ 中国图书馆图书分类法编辑委员会，武汉大学图书馆学系. 中国图书馆图书分类法(第二版)索引[M]. 北京：书目文献出版社，1984.

④ 张琪玉. 张琪玉索引学文集[M]. 北京：国家图书馆出版社，2009.

⑤ 张琪玉. 现代的索引就是数据库[J]. 图书馆杂志，2001(12)：6-7.

第 4 章　张琪玉“检索效率”思想研究

张琪玉教授从 20 世纪 80 年代初期开始，就以“自己的思想、自己的路径、自己的语言、自己的方法”，从提高情报检索系统“检索效率”的角度，选择了“如何提高检索效率”这个重大而又现实的研究课题，开创性地研究和探讨了情报检索语言“检索效率”，形成了一个从检索效率的角度来研究各种文献检索方法的学派，对我国文献检索的理论和实践，产生了重大而深远的影响。因此，“检索效率”成为我国 20 世纪 80 年代图书馆学内最活跃、最有影响力、最具创造性和开拓性的理论研究前沿，开启了图书情报学界从对具体问题研究转变为对抽象问题研究的历史先河。

所谓检索效率，张琪玉教授认为“是概括表示情报检索系统质量的概念。”①主要是指检全率、检准率、检索速度、检索方便性以及检索成本与效益，其中主要指检全率和检准率。张琪玉教授非常重视对情报检索系统“检索效率”的研究与探索，视“检索效率”为生命、终生“伟大事业”和自己的“中国梦”，最主要、最直接的原因是张琪玉教授认为“检索效率尚不够令人满意，而且要提高它有相当难度。”②

① 张琪玉. 检索语言讲座(二)第 2 讲. 检索效率及其影响因素[J]. 情报理论与实践，1995(2)：51-53.

② 张琪玉. 自序[M]//张琪玉. 张琪玉文集(上). 北京：国家图书馆出版社，2014：1-2.

4.1 张琪玉“检索效率”思想产生的理论背景

20世纪80年代以前，我国图书情报学界对于情报检索语言的理论研究工作陷入困境与迷茫，找不到理论突破点和创新点。正是在这种困境与迷茫中，张琪玉教授高瞻远瞩、独具慧眼，以其敏锐观察力和学术创造力，在我国首次提出“检索效率”研究课题，分析探究造成理论困境与迷茫的根本原因。故此，笔者认为，张琪玉“检索效率”思想产生的理论背景，主要是基于以下两个原因：

4.1.1 我国对图书分类法基本理论研究存在严重缺陷，陷入“三性”争论怪圈

众所周知，20世纪80年代以前，由于客观历史原因和社会因素影响，图书情报学界的专家和学者，对于我国图书分类法基本理论研究，始终停留在“三性原则”“五大部类”“大类序列”等研究方面。“往往是用对旧分类法的批判来代替对新分类理论的探讨；用对分类法思想体系方面问题的讨论，来代替分类技术与方法的研究。”①

张琪玉教授第一个跳出当时毫无结果的“三性”(思想性、科学性、实用性及其相互关系)争论怪圈，并从提高情报检索效率角度，根据情报检索语言的本质属性和特征，系统研究和阐述情报检索语言的基本理论，带来情报检索语言研究根本性变化，取得情报检索语言研究历史性突破。张琪玉教授认为：“文献分类法与意识形态无关，它是检索系统的语言工具，它的编制和改进是技术问

① 侯汉清. 分类法的发展趋势简论[J]. 情报科学，1981(1)：58-63，30.

题，所以它的研究不适合使用社会科学理论。”①人们都承认，语言是没有阶级性的，因此阶级性就不再是图书分类法基本理论的本质属性，从而把人们的注意力和研究重心转向“检索效率”，回避了当时我国图书馆学界关于图书分类法基本理论研究毫无结果的“三性”争论怪圈。

张琪玉教授关于我国图书分类法基本理论研究工作的重要发现、开拓性突破，不仅指明了研究方向，而且还具有时代影响力。20世纪80年代末期，张琪玉教授在《情报检索语言的国家特点、时代特点和自然语言特点》一文中，进一步研究和探讨了情报检索语言的国家特点、时代特点和自然语言特点②。

首先，张琪玉教授阐明和诠释了“国家特点、时代特点和自然语言特点”的表现形式。在他看来，这里所说的国家特点、时代特点，不同于一般情况下我们所理解的阶级性和思想性，而是指分类表列类和选词的详略、排列次序的先后、名词术语的采用等方面问题；其次，他重点分析和研究了情报检索语言必然具有“国家特点、时代特点和自然语言特点”的根本原因。并从情报检索语言的“标引对象”“使用者的检索要求”“创制一种综合性的或社会科学的分类表或词表”等诸多方面，分析探究其根本原因，创造性地发现了编制者都要深深打上所处国家和时代的烙印，都会突出采用“本国本时代”优先原则。在此基础上，张琪玉教授得出“情报检索语言的国家特点、时代特点和自然语言特点是客观存在的，并非某些创制者主观所致”“对带有国家痕迹和时代痕迹的外国的和本国过去时代的分类表、词表的苛求，是违反历史唯物主义的”两个结论③。并进一步指出：它们虽然很难适应本国当代标引文献的需要，但它们仍具有一定的参考价值，有利于检索效率的

① 张琪玉. 我的情报语言学研究[J]. 图书馆杂志，2014(9)：4-7.

② 张琪玉. 情报检索语言的国家特点、时代特点和自然语言特点[J]. 图书馆理论与实践，1989(4)：8，9.

③ 张琪玉. 情报检索语言的国家特点、时代特点和自然语言特点[J]. 图书馆理论与实践，1989(4)：8，9.

提高。

张琪玉教授关于情报检索语言“国家特点、时代特点和自然语言特点”的重要学术观点，不仅从理论上纠正了图书情报学界专家和学者的片面理解和模糊认识，而且在实践中对于情报检索语言创制、改进以及检索效率提高极具指导性和前瞻性。

4.1.2 情报检索理论研究工作者对“检索效率”研究目的不明确，研究思路不清晰

20世纪80年代初期，曾蕾在《我国三十二年来检索语言文献的初步调查与简略分析》一文中，调查分析了1949年至1981年32年间图书馆学界专家、学者发表的关于情报检索语言文章694篇①，并用图示列表方式显示。曾蕾发现，专门从检索效率角度对情报检索语言进行分析研究的文章只有几篇，主要表现在少数文章作者在研究过程中曾论及或涉及“检索效率”，可以说根本没有图书馆学界专家、学者较为明确地提出过或研究过关于“情报检索语言的检索效率”学科概念的研究文章。

曾蕾的调查、整理和分析研究，引起了张琪玉教授的高度关注，使他意识到我国在过去很长一段时期内，情报检索理论研究工作者对“检索效率”研究目的不明确，研究思路不清晰。他们把注意力或研究重点基本上都放在研究体系分类法的思想性，而没有将注意力或研究重点放在研究文献检索的“语言工具”②方面。

因此，张琪玉教授在《论情报检索语言的研究、创制与普及》一文中，专门研究和重点阐述了“语言工具”职能。他认为：“情报检索语言的职能，是在各种情报检索系统中起‘语言保证’作

① 曾蕾. 我国三十二年来检索语言文献的初步调查与简略分析[J]. 图书情报知识，1982(2)：29-33.

② 张琪玉. 论情报检索语言的研究、创制与普及[J]. 图书情报知识，1983(4)：10-15.

用，使标引人员对文献情报内容的表达（标引用语）和检索人员对相同内容的情报需要的表达（检索用语）取得一致……达到较佳的检索效果。”①在此基础上，张琪玉教授在我国首次提出了“情报检索语言理论研究工作必须开辟新路”②重要学术观点，并进一步明确指出：“要改变研究方向，把研究的重点转移到如何提高情报检索语言的检索效率方面来。”③基于此，张琪玉教授还从情报检索语言编制质量的角度，如：“它的选词或列类是否符合文献主题的实际情况和情报检索的实际需要”“它的标识是否能达到较高的专指度”“是否能在它的词汇中排除同义现象、多义现象、同形异义现象和词义含糊现象”“是否能全面地、正确地、恰如其分地显示概念之间的关系”“是否具有不断进行现代化改造的可能性”等 12 个方面，探明和诠释了属于情报检索语言本身的而又与检索效率有直接或间接影响的诸多因素。也就是说，张琪玉教授从一个崭新的、全方位的角度，带领和引导图书情报学界专家、学者从事情报检索语言理论研究工作和实践研究工作。在一定程度上，加快了学科体系的构建和创制，开创了一个全新的研究时代。

4.2 张琪玉“检索效率”思想的核心观点

张琪玉教授在“检索效率”理论形成和发展过程中，提出一系列关于“检索效率”方面的核心观点，创造性地构建了情报语言学的学科知识体系，为我国情报语言学学科的发展，检索效率的提高奠定了坚实的理论基础。

① 张琪玉. 论情报检索语言的研究、创制与普及[J]. 图书情报知识，1983(4)：10-15.

② 张琪玉. 论情报检索语言的研究、创制与普及[J]. 图书情报知识，1983(4)：10-15.

③ 张琪玉. 论情报检索语言的研究、创制与普及[J]. 图书情报知识，1983(4)：10-15.

4.2.1 提高检索效率是情报语言学研究的根本目的和核心问题

20世纪80年代初期，张琪玉教授在构建和创制情报语言学学科知识体系时，就将"检索效率"定位为情报语言学研究的根本目的和核心问题。他独辟蹊径，借鉴他人在"植物学"和"动物学"的基础上建立"生物学"的成功经验和做法，他自己也在研究"分类检索语言"和"主题检索语言"的基础上，从情报检索语言本质属性出发，将两者融为一体，进行统一研究，并从根本上改变传统的、"各自为政"的研究方法，构建和创制"情报检索语言"。通过其理论探索和科学研究，张琪玉教授发现了各种情报检索语言影响情报检索效率的规律，围绕如何提高"检索效率"这个根本目的和核心问题，进行系列探讨和深入持续研究取得突破性研究成果。

21世纪初期，张琪玉教授在《中国情报学百科全书》中，对"情报语言学"高度概括和总结，并明确指出："对它们进行统一研究，可以找出它们最本质的东西，以及它们在结构和功能上的相同或相异之处，概括出它们影响检索效率的共同规律，以及有效地改进和创新的途径。"①张琪玉教授的独辟蹊径和情报语言学研究目标定位，不仅在理论研究方面为我国情报检索语言指明研究方向和研究思路，而且在研究视野方面将图书情报学界专家、学者的关注重点、研究重心、创新思维转向"检索效率"研究，为学科的构建、创新和发展作出不可磨灭的卓越贡献。

4.2.2 检索效率的高低是情报检索系统质量的标志

20世纪90年代中期，张琪玉教授在《检索语言讲座(二)第2讲 检索效率及其影响因素》一文中对检索效率及影响因素进行系统

① 张琪玉. 情报语言学[G]//中国科学技术情报学会和中国国防科技信息学会. 中国情报学百科全书. 北京：中国大百科全书出版社，2010：218.

阐述和专门研究①。不仅阐明了检索效率概念，而且还用“图示和公式”直观表示出检全率、检准率、漏检率、误检率四个概念及其相互关系，同时从“情报检索语言对检全率的影响”“情报检索语言对检准率的影响”“情报检索语言对检索速度的影响”“情报检索语言对检索方便性的影响”“情报检索语言对检索成本效益比的影响”五个方面探明影响检索效率的诸多因素。

张琪玉教授在全面分析研究各种情报检索语言的性能后，找出影响情报检索效率的主要因素。他认为：各种情报检索语言在“编制过程、文献标引过程、情报检索过程”三个阶段对检索效率都会产生影响，情报检索语言的编制质量对于“检索效率”的影响是先期性的、不可逆转的②。

张琪玉教授首次提出“检索效率的高低是情报检索系统质量的标志”③观点，充分体现“以效率为核心”的理论效率观。正如陈湘在《浅析张琪玉的“检索效率”理论》一文中所说：“检索效率”它不仅是我们衡量一种情报检索语言性能的主要标准，也是我们对用户检索效果满意程度的主要评价，决定着一种情报检索系统的资源能否得到充分有效地开发与利用以及用户能否获得良好的信息服务④。

张琪玉教授对情报检索语言的系统阐述和专门探究，不仅在理论上探明情报检索系统质量影响检索效率的诸多因素，而且从实践方面为我国“创制更多新型的、结构更完善、性能更好、质量更高”⑤的情报检索语言提供理论依据。

---

① 张琪玉. 检索语言讲座(二)第二讲 检索效率及其影响因素[J]. 情报理论与实践，1995(2)：51-53.

② 张琪玉. 我的情报语言学研究[J]. 图书馆杂志，2014(9)：4-7.

③ 张琪玉. 检索语言讲座(二)第二讲 检索效率及其影响因素[J]. 情报理论与实践，1995(2)：51-53.

④ 陈湘. 浅析张琪玉的“检索效率”理论[J]. 情报探索，2009(5)：76-77.

⑤ 张琪玉. 论情报检索语言的研究、创制与普及[J]. 图书情报知识，1983(4)：10-15.

4.2.3 检索效率由其功能产生

20 世纪 80 年代以来，张琪玉教授为从本质上弄清楚“检索效率”是由情报检索语言什么功能产生以及它们的“功能与局限”和孰优孰劣等诸多方面问题，他运用自己独创的“比较研究”和“结构功能分析”的原理和方法，经过多年不懈努力和艰辛求索，取得突破性进展，找到最终答案，得出“检索效率主要是由情报检索语言的功能产生的”①重要结论。

张琪玉教授主要从两个方面做了大量的前期研究工作：一是运用“比较研究”的原理和方法，比较分析各种类型情报检索语言的性能，概括出它们本质属性以及它们之间的联系与区别，如：“组配分类法与体系分类法”“标题法与体系分类法”“单元词法与标题法、组配分类法”“叙词法与单元词法、标题法、组配分类法、体系分类法”“自然语言与情报检索语言”②等。二是运用“结构功能分析”的原理和方法，从宏观层面和微观层面分析结构与功能之间的重要关系，坚信“没有无结构的功能，也没有无功能的结构。”③研究发现：一种情报检索语言是否能较充分地发挥其功能，“实际取决于它的宏观结构是由哪些种微观结构构成的，以及每一种微观结构的编制质量。”④张琪玉教授特别指出：“产生检索功能的是情报检索语言的微观结构。”⑤在此基础上，张琪玉教授提出了“寻找

① 韩淑举. 学为人师 行为世范——访南京政治学院上海分院军事信息管理系教授张琪玉先生[J]. 山东图书馆学刊，2010(5)：1-8.

② 张琪玉. 情报语言学基础[M]. 增订二版. 武汉：武汉大学出版社，1997.

③ 张琪玉. 钟情事业就是走向成功之路[M]//俞君立，等. 中国当代图书馆界名人成功之路，武汉：武汉大学出版社，1996：283-295.

④ 张琪玉. 情报语言学基础[M]. 增订二版. 武汉：武汉大学出版社，1997.

⑤ 张琪玉. 寻找更佳结合模式是情报检索语言创新的主流[J]. 图书馆杂志，2005(2)：16-18.

更佳结合模式是情报检索语言创新的主流”①重要学术观点。

4.3 张琪玉“检索效率”理论的重大突破

张琪玉教授既是“检索效率”理论的提出者，又是“检索效率”理论的探寻者和引导者。在长达30多年的研究历程中，他始终关注着情报检索语言和自然语言检索的“检索效率”问题，并取得重大突破，引起我国图书情报学界的高度重视，成为图书情报学界关注的焦点问题之一。

4.3.1 情报检索语言“检索效率”的重大突破

20世纪90年代末期，张琪玉教授通过对情报检索语言本质属性、性能以及各种宏观结构和微观结构及应用等诸多方面问题的分析研究，摸清现今各种情报检索语言之间存在的主要矛盾，创制“学科-事物概念组配型检索语言”，简称为“学科-事物组配语言”。

张琪玉教授在《学科-事物概念组配型检索语言——关于情报检索语言的遐想与求索》和《探索21世纪的情报检索语言》两篇文章中，专门研究了“学科-事物组配语言”的本质属性、性能及其实现方法②③，并图示法显示“学科-事物组配语言”的“标识系统”“标引过程”“检索过程”流程和操作界面。在母校北京大学信息管理系建系50周年之际，以此作为献给母校的一份厚礼。张琪玉教授认为：“学科-事物组配语言”最大特点，“它由学科分类系统面和事物分类系统面构成，两个面可以互相组配。当按学科聚类时，借助

① 张琪玉. 寻找更佳结合模式是情报检索语言创新的主流[J]. 图书馆杂志，2005(2)：16-18.

② 张琪玉. 学科-事物概念组配型检索语言——关于情报检索语言的遐想与求索[J]. 图书馆杂志，1997(2)：9-12.

③ 张琪玉. 探索21世纪的情报检索语言[J]. 北京大学学报，1997：93-96.

于事物及其部分面进行系统复分；当按事物聚类时，借助于学科及其问题面进行系统复分。”①②它的功能和作用很多，可以最大限度提高检索语言的检索效率。在此基础上，张琪玉教授进一步指出“学科-事物组配语言”的本质特征。主要表现为：分类法与主题法彻底一体化，用户可以十分方便地进行情报检索，“用户用不着区分是自然语言还是人工语言，而是方便有效地使用不断增补概念和可更换的代表词进行情报检索，充分发挥情报检索语言对知识组织的功能”。最后，张琪玉教授明确指出“学科-事物组配语言”的原理和实现方法，即“分面分析+概念代码+概念对应转换+数据库技术”。

张琪玉教授创制的“学科-事物组配语言”，正是人们渴望和期盼的一种情报检索语言，充分考虑和反映当今人们的检索愿望和检索需求③，在中国当代情报语言学发展史上是一种理论创新，在提高情报检索语言“检索效率”理论方面是重大理论突破。

4.3.2　自然语言“检索效率”的重大突破

20 世纪 80 年代初期，张琪玉教授在创制情报检索语言时，就关注过自然语言检索问题。曾提出过“后控制词表”概念，只是没有进行专门研究，呼吁后来研究者们在研究情报检索语言的同时，应注意对自然语言检索的研究④。

20 世纪 90 年代初期，张琪玉教授针对人们围绕自然语言和人

---

①　张琪玉. 学科-事物概念组配型检索语言——关于情报检索语言的遐想与求索[J]. 图书馆杂志，1997(2)：9-12.

②　张琪玉. 探索 21 世纪的情报检索语言[J]. 北京大学学报，1997：93-96.

③　王崇良，韩爱萍，陈红勤等. 张琪玉理想情报检索语言结构模式思想研究[M]//南京政治学院军事信息管理系. 张琪玉情报语言学思想研讨会论文集，北京：国家图书馆出版社，2016：60-67.

④　张琪玉. 论情报检索语言的研究、创制与普及[J]. 图书情报知识，1983(4)：10-15.

工语言孰优孰劣产生的较大争议，将研究重点转向自然语言检索研究。他在充分考量自然语言检索性能的基础上，提出“在文献检索过程中，如果要达到较高的检索效率，控制是永远需要的”①重要学术观点。并在《论后控制词表》一文中，通过对后控制词表的控制机理、控制程度、编制方法以及编制特点考量的基础上，提出“文献检索系统”四种模式：“一是‘标引控制+检索控制’；二是‘标引控制+检索不控制’；三是‘标引不控制+检索控制’；四是‘标引不控制+检索不控制’”。特别指出：“标引不控制+检索控制”就是一种后控制模式，专属自然语言检索法②。

张琪玉教授还进一步指出：后控制词表专用于文献检索而不用于文献实际标引，故其分类体系的改变十分灵活，用户可进行较大范围的调整和变动，对检索系统都不会引起重新标引③。据此原理，他提供一种较理想的后控制词表结构模式，即“分类词表+字顺/轮排表”模式。

张琪玉教授提出的“后控制”理论及其结构模式，有效地提高了自然语言检索效率，克服了自然语言检索中的漏检和误检问题。各大搜索引擎，如：百度、谷歌、天网、雅虎易搜等网站，都以自然语言检索作为网络信息资源检索的主流。他们接受了张琪玉教授提出的“后控制”理论及其结构模式思想，并具体应用到搜索引擎的“相关检索”“检索提问”和无处不在的“友谊链接”等方面。从某种程度上说，张琪玉教授的“后控制”理论及其结构模式思想，正在日益发挥它的巨大功能和作用，帮助亿万人们在浩如烟海的网络信息资源的海洋中，快捷、方便、高效地搜索和获取网络信息资源。它是我国自然语言检索领域一次革命性的飞跃。

总之，“检索效率”思想是张琪玉教授学术思想的精髓。围绕如何提高“检索效率”这个根本目的和核心问题，张琪玉教授一直动态地、前瞻性地研究和探讨“检索效率”的有效改进途径和适应

① 张琪玉. 论后控制词表[J]. 图书情报工作，1994(1)：1-4.

② 张琪玉. 论后控制词表[J]. 图书情报工作，1994(1)：1-4.

③ 张琪玉. 论后控制词表[J]. 图书情报工作，1994(1)：1-4.

性问题。在他的研究进程中，主要研究情报检索语言的“检索效率”和自然语言的“检索效率”，同时还将研究领域延伸至网络信息资源“检索效率”等方面。他的思想智慧和理念，正如他的开门大弟子曾蕾在《超越时空的思想智慧和理念——有感于张琪玉教授创建情报语言学学科领域之巨大意义》一文中所说，“张老师的思想和学术著作是难以用任何文章来表达和总结的，他的学风和精神也是难以用文字来描述的，他的思想智慧和理念是超越时空的。”①

① 曾蕾. 超越时空的思想智慧和理念——有感于张琪玉教授创建情报语言学学科领域之巨大意义[J]. 图书馆杂志，2014(9)：8-13.

第5章　张琪玉情报语言学研究方法研究

“方法”一词，起源于希腊文“沿着”和“道路”，其原意为“沿着正确的道路运动”。从字面上理解，就是有关方法的学说和理论……从更深层次理解，就是有关方法的区分、评价、开发以及规律性的知识体系①。张琪玉情报语言学研究方法是指张琪玉教授在构建、创制和完善情报语言学学科体系过程中，专门用于这一特定学科领域理论研究和实践探索的一整套专用研究方法。主要包括：结构功能分析法、比较研究法、归纳法和演绎法、理想语言设计法、现用语言改进法、原理或方法的移植法、调查整理法、数学方法和统计方法、实验方法等研究方法。

从20世纪80年代初期开始，张琪玉教授就对情报语言学研究情有独钟，经过30多年的辛勤耕耘和不懈努力，写出了几百篇文章和多部专著。研究内容包括：“情报语言学的研究对象、研究内容、学科性质、研究方法、理论基础、学科起源、发展沿革、相关学科以及与索引学的关系、与术语学的关系、与知识分类理论的关系、与情报检索计算机化的关系”②等方面。他“独辟蹊径”“创一

① 王崇德. 图书情报学方法论[M]. 北京：科学技术文献出版社，1988.

② 张琪玉. 情报语言学[G]//中国科学技术情报学会和中国国防科技信息学会. 中国情报学百科全书. 北京：中国大百科全书出版社，2010.

家之说”，以自己卓尔不群的扎实学术功底、宽广的知识面、敏锐的观察和发现能力以及学术创造能力“建构起具有中国特色的情报语言学理论体系，并在众多的实践应用领域取得了可观的成就。”①成为中国当代情报语言学的“开山鼻祖和奠基者”。张琪玉教授学术研究的成功与辉煌，正好印证了马克思关于科学研究的一句经典名言：“在科学上没有平坦的大道，只有不畏艰险沿着陡峭山路攀登的人，才有希望达到光辉的顶点。”②

因此，文章作者从理论探索及其主要应用研究两个方面对其情报语言学专用研究方法进行研究，重点研究“结构功能分析法”“比较研究法”以及“归纳法和演绎法”。至于其他研究方法，有的本人已进行专题研究，为避免重复，不再进行深入研究。以便人们从研究方法的角度，加深对他研究方法的理解和运用，从而对我们今后的学术研究工作有所启迪。

5.1　张琪玉研究方法的理论探索

张琪玉教授情报语言学理论的产生同其研究方法的理论探索紧密相连，密不可分，相互促进，共同发展，相得益彰。一方面，张琪玉教授情报语言学理论产生得益于他的研究方法；另一方面，张琪玉教授情报语言学研究方法丰富和完善了他的理论体系。在张琪玉教授学术研究过程中，他发现和构建的情报语言学一整套专用研究方法(特别是“结构功能分析法”)，就像一把游刃有余的双刃剑。张琪玉教授利用其“结构功能分析法”的原理和方法，构建和创制了《情报语言学》学科知识体系；同时，他利用结构与功能之间关

① 张欣毅，张京生. 走向自然语言与情报检索语言结合之路——与我国著名情报语言学家张琪玉教授的通讯访谈[J]. 图书馆理论与实践，2001(2)：3-5.

② 马克思. 中共中央马克思恩格斯列宁斯大林著作编译局译《资本论》(根据作者修订的法文版第 1 卷翻译)[M]. 北京：中国社会科学出版社，1983.

系，发现了情报检索语言宏观结构和微观结构与功能之间存在内在规律性，并采用多种方法进行统一、综合研究，解决了我国情报语言学学科建设过程中一系列重大而又亟待解决的课题，取得了突破性研究进展和成就。

5.1.1 结构功能分析法的基本原理及作用

结构功能分析法，是张琪玉教授发现和构建的情报语言学一整套专用研究方法中的核心方法。其根本目的和核心问题就是“找出各种情报检索语言在结构和功能上的相同或相异之处，概括出它们影响检索效率的共同规律，以及有效地改进和创新的途径。”①从而提高情报检索效率。

张琪玉教授认为，人类创造的任何事情都是为了满足某种需要或达到某种目的为前提，它们必须具备某些功能。任何事情的功能都是由它的结构产生的。没有无结构的功能，也没有无功能的结构。事物的功能大小和多少决定于事物的结构状况。情报检索语言也是这样②。

在此基础上，张琪玉教授明确指出：“情报检索语言功能的完善，都是通过其结构的增加和改进来达到目的的，所以，从宏观和微观两个层次分析解剖其结构与功能的关系，弄清某种结构产生什么功能，某种功能是由哪些结构产生的，产生同一种功能的不同结构的孰优孰劣，以及某种结构的适用范围和条件等，是极重要的一种研究方法。”③并将其命名为“结构功能分析法”。

张琪玉教授还进一步指出：“一种情报检索语言是否能较充分地发挥四项基本功能，主要取决于它的微观结构……并不是任何几

① 张琪玉. 情报语言学[G]//中国科学技术情报学会和中国国防科技信息学会. 中国情报学百科全书. 北京：中国大百科全书出版社，2010.

② 张琪玉. 钟情事业就是走向成功之路[M]//俞君立，等. 中国当代图书馆界名人成功之路，武汉：武汉大学出版社，1996：283-295.

③ 张琪玉. 情报语言学基础[M]. 增订二版. 武汉：武汉大学出版社，1997.

种微观结构，只要把它们拼合起来，就能成为一种性能优良的情报检索语言的。而一种情报检索语言到底可采用哪些种微观结构作为它的构成因素，应依据哪些微观结构是否符合特定的需要以及是否能很好地互相配合来决定。但是，由于一些微观结构具有相同的功用，并且各有长处和短处；同时，这种类型的情报检索语言所采用的某种微观结构原理，往往也可以应用于那种类型的情报检索语言，这样，就为情报检索语言的创制者留下了选择和创造的余地，留下了相当多的设计自由。情报检索语言创制者的设计思想和设计水平不同，是造成各种语言构成方法上差异的重要原因。这也说明，情报检索语言是可以自由设计，它的宏观结构和微观结构是可以不断创新，而逐步接近最佳功能的。”①

张琪玉教授关于情报语语言学结构功能分析法的精辟诠释和高度概括总结分析，是他学术研究轨迹的真实研究历程，取得了举世瞩目的学术成就，被认为是“中国人自己创建的学科”。因此，他将自己在情报语言学领域所取得的一切成就都归功于结构功能分析法。

5.1.2 比较研究法的基本原理及作用

比较研究法，是张琪玉教授发现和构建的情报语言学一整套专用研究方法中使用很广泛的一种重要方法。就是“将两种或多种情报检索语言进行比较，或将产生同一种功能的不同结构、方法进行比较，或将情报检索语言与自然语言进行比较，看出它们的异中之同或同中之异，看出它们各自的长处和短处。”②

20 世纪 90 年代中期，张琪玉教授还在《情报检索语言原理的一致和方法的差异》一文中对于比较研究法的原理及作用进行了深

① 张琪玉. 情报检索语言方法综述[J]. 图书情报知识，1984(2)：7-13，55.

② 张琪玉. 情报语言学基础[M]. 增订二版. 武汉：武汉大学出版社，1997.

入探讨与研究，有着独特的认知和诠释。张琪玉教授明确指出：由于各种类型的情报检索语言都是在寻求更佳的检索效果中创制出来的，所以，它们的基本原理是一致的；但它们在表达各种概念及其相互关系时和在解决对它们提出的那些共同要求时所采用的方法不同，因而形成了不同的类型和语种。这是研究情报检索语言应有的一个基本观点。以这一观点作指导，对各种类型的情报检索语言作统一研究，有助于我们理解情报检索语言的本质及各种情报检索语言之间的联系与区别。有助于掌握研究情报检索语言的一种重要方法——比较研究法，就是“异中见同，同中见异”“既见树木，也见森林”。并从宏观和微观两个方面，翔实、具体探明了各种情报检索语言在原理上的一致，使不系统的认识上升为系统的理论①。据此观点，张琪玉教授概括出了“情报检索语言”这个学科概念，并促使情报语言学的形成。

在此基础上，张琪玉教授还以“构造概念标识和显示概念关系的方法”为例进行佐证，翔实、具体探明了各种情报检索语言在方法上的差异性。张琪玉教授还特别指出：到目前为止，可以说没有两种原理相同的方法在性能上是完全相同的。弄清不同方法之间的差异，比之弄清不同方法之间在原理和作用上的一致性，是更为深入的研究和更加深刻的认识。由此可见，采用比较研究的方法研究各种情报检索语言在方法上的差异性，是对情报检索语言结构与功能关系的更深入的认识，是情报检索语言结构的改进、完善和创新的重要依据②。

张琪玉教授关于情报语言学比较研究法的独特认知和深入探讨与研究，不仅在理论上探明了各种情报检索语言的本质属性和特征，而且还为情报语言学的发展以及改进、完善和创新，开创了一片新天地。

① 张琪玉．情报检索语言原理的一致和方法的差异[J]．图书馆建设，1994(6)：11-13.

② 张琪玉．情报检索语言原理的一致和方法的差异[J]．图书馆建设，1994(6)：11-13.

5.1.3　归纳法和演绎法的基本原理及作用

归纳法和演绎法，是张琪玉教授发现和构建的情报语言学一整套专用研究方法中极为重要的一种方法。

所谓归纳法，是指从个别到一般的一种推理思维方法。它能帮助我们从经验事实中，概括出事物普遍特征的一般原理。如张琪玉教授根据"叙词的轮排能产生多向成族和多途径检索的效果，组配分类号的轮排能产生多向成族和多途径检索的效果，关键词的轮排能产生多向成族和多途径检索的效果，而推出'标识的轮排都能产生多向成族和多途径检索的效果'的结论"。①

所谓演绎法，是指从一般到个别的一种推理思维方法。就是用已知的一般原理考察某一特殊对象，推论出有关这个对象的结论。它能帮助我们从较大的范围，逐步缩小到所需要的特定范围。如张琪玉教授根据"标识的轮排都能产生多向成簇和多途径检索的效果，标题词的倒置加正装标题见倒置标题的参照相当于标识的轮排，而推出'标题词的倒置加正装标题见倒置标题的参照也能产生多向成族和多途径检索的效果'的结论。"②

归纳法和演绎法这两种推理思维方法，既相互区别，又相互对立；既相互联系，又相互补充。它们"互为条件，互相渗透，并在一定条件下互相转化。归纳出来的结论，成为演绎的前提，归纳转化为演绎。以一般原理为指导，通过大量材料的归纳得出一般结论，演绎又转化为归纳。归纳和演绎是相互补充，交替进行的。归纳后旋即进行演绎，使归纳的认识成果得到扩大和加深，演绎后随之进行归纳，用对实际材料的归纳来验证和丰富演绎出来的结论"。③

① 张琪玉. 情报语言学基础[M]. 增订二版. 武汉：武汉大学出版社，1997.

② 张琪玉. 情报语言学基础[M]. 增订二版. 武汉：武汉大学出版社，1997.

③ 王崇德. 图书情报学方法论[M]. 北京：科学技术文献出版社，1988.

张琪玉教授利用归纳法和演绎法或同时使用这两种推理思维方法，以自己卓越的才能和深厚的学术功底，从错综复杂的情报检索语言诸多问题研究中，归纳和演绎出众多的研究结论，促使情报语言学学科理论的形成和发展。

5.2　张琪玉研究方法的主要应用

20世纪80年代以来，张琪玉教授利用其发现和构建的一整套专用研究方法(如：结构功能分析法、比较研究法以及归纳法和演绎法等)。一方面在基础理论研究层面上，突破了“三性”的桎梏以及争论的怪圈，并从提高情报检索效率的角度，不断进行理论创新和理论突破；另一方面在应用研究层面上，张琪玉教授几十年笔耕不辍，保持信心，与时俱进，对情报检索语言诸多方面问题进行了深层次探讨与穷究，解决了一系列重大而又亟待解决的具体理论问题。

5.2.1　结构功能分析法应用研究

结构功能分析法，不仅是张琪玉教授情报语言学研究方法的基础和精髓，而且也是张琪玉教授研究情报语言学最为有效的核心方法。他除了在《情报检索语言》①《情报语言学基础》②《情报检索语言大纲》③④《论情报检索语言的研究、创制与普及》⑤等专著和论

① 张琪玉. 情报检索语言[M]. 武汉：武汉大学出版社，1983.

② 张琪玉. 情报语言学基础[M]. 增订二版. 武汉：武汉大学出版社，1997.

③ 张琪玉. 情报检索语言大纲[J]. 图书馆学刊，1981(3)：54-66，45.

④ 张琪玉. 情报检索语言大纲(续完)[J]. 图书馆学刊，1981(4)：8-20，50.

⑤ 张琪玉. 论情报检索语言的研究、创制与普及[J]. 图书情报知识，1983(4)：10-15.

文中在阐明其基本方法时普遍使用外，还进行了专门探讨和研究。

20 世纪 80 年代中期，张琪玉教授在《情报检索语言方法综述》①一文中，运用结构功能分析法的原理和方法，专门针对不同情报检索语言的构造方式，提出了情报检索语言为实现四项基本功能的具体方法。张琪玉教授明确指出：一是各种情报检索语言为发挥“对文献的情报内容(及某些外表特征)加以标引”这一功能，可采用标识的构造、标识的规范化处理和标识的专指度控制三种方法；二是各种情报检索语言为发挥“对内容相同及相关的情报加以集中或揭示其相关性”这项功能，可采用等级结构显示法、参照系统显示法、轮排聚类显示法、范畴聚类显示法、概念关系图示法以及类目注释法和交替类目法等多种方法；三是各种情报检索语言为发挥“对大量情报加以系统化或组织化”这项功能，可采用分类排列法、字顺排列法以及分类与字顺结合的排列法等方法；四是各种情报检索语言为发挥“便于将标引用语和检索用语进行相符性比较”这项功能，有两种途径：如果从整体上进行相符性比较，可采用分类表、词表及其使用规则来加以严格控制，保证标引用语和检索用语的形式都标准化。如果从局部上进行相符性比较，可采用层次结构标识(包括分段式标识、组配式标识和加权检索法)等方法。从而为我国情报检索语言的改进、完善和创新提供了理论与实践基础。

20 世纪 90 年代末期，张琪玉教授在《情报检索语言中聚类的原则和方法》②一文中，紧紧围绕各种情报检索语言“聚类”功能，深层次探讨了聚类原则、聚类核心、聚类依据、聚类方法、聚类质量、聚类方向、聚类惯例以及聚类的概念逻辑基础和知识分类基础等方面问题；同时还深层次探讨了“聚类中的模糊性和不稳定性”“分类法和主题法在聚类上差异”以及“先组式语言和后组式语言在

① 张琪玉. 情报检索语言方法综述[J]. 图书情报知识，1984(2)：7-13，55.

② 张琪玉. 情报检索语言中聚类的原理和方法[J]. 北京图书馆馆刊，1997(1)：18-25.

聚类上差异”等诸多方面问题。在此基础上，张琪玉教授明确指出：聚类的目的，是使情报检索语言具有“对内容相同及相关的情报加以集中或揭示其相关性”这项功能；聚类的方法，是指各种情报检索语言所采用的显示概念之间关系的一切方法；聚类的原理，在于通过一定形式揭示情报检索语言所表达的文献主题之间的相同性、相似性和相关性；聚类的结果，是构成文献主题概念的链、体系和网络。

20 世纪 80 年代中期，张琪玉教授在《文献主题的构成因素及层次》①一文中，运用结构功能分析法原理和方法，并用图示法将文献主题按照学科和事物两个中心层层展开。图中右方是以事物为中心的文献主题的构成因素及层次结构，共有六个层次；图中左方是以学科为中心的文献主题的构成因素及层次结构，共有三个层次。围绕文献主题标引和检索，深层次探讨文献主题的构成因素及层次问题。张琪玉教授特别指出：文献主题就是概括文献中关于某一事物的情报内容的概念，文献标识则是文献主题的书面表达形式。绝大多数文献主题是由多个主题因素构成的，各个主题因素在文献中都按其描述功能处于一定的位置，从而形成一个具体性递增的层次结构。每一个主题因素在文献检索中都起着一定的作用，但其重要性又是各不相同的。因此，弄清楚文献主题的构成因素及层次，是情报检索方面的基础研究课题之一。在此基础上，张琪玉教授还进一步指出：现代情报检索语言的重要理论——分面组配理论，以及应用此理论的组配分类法和组配主题法，就是根据概念的分析与综合原理，在对文献主题的构成因素及层次结构进行分析研究的基础上形成和创造出来的。

5.2.2 比较研究法应用研究

人们常说，“有比较才有鉴别”。张琪玉教授除了在《情报检索

① 张琪玉. 文献主题的构成因素及层次[J]. 图书情报知识，1985(1)：39-41.

语言》①《情报语言学基础》②等专著中对各种类型情报检索语言性能(如：组配分类法与体系分类法比较；标题法与体系分类法比较；单元词法与标题法、组配分类法比较；叙词法与单元词法、标题法、组配分类法、体系分类法比较；自然语言与情报检索语言比较等)进行比较分析，探究它们“异中之同或同中之异”以及“各自的长处和短处”外；还就各种专门问题，也进行了比较探究。

20 世纪 90 年代初期，张琪玉教授在《试论隐含主题》③一文中，运用比较研究法的原理和方法，将“隐含主题”与人们较为熟悉的“显见主题”进行深层次比较分析，发现了“隐含主题”与“显见主题”的内在关联性。张琪玉教授明确指出：隐含主题是指文献中未用显而易见的方式表达出来，需要认真进行深入分析才能找出的主题或主题因素。具有五个重要特征：一是隐含主题只是显见主题的更确切的表述，而不是另一个主题；二是隐含主题与显见主题是不同需要者对同一情报内容的两种不同视角；三是隐含主题是显见主题的上位概念或下位概念；四是隐含主题是显见主题的衍生主题；五是隐含主题是显见主题的相关主题。在此基础上，张琪玉教授还专门深层次探讨了隐含主题的分析标引方法，得出了“隐含主题与显见主题具有相对性”和“参照系统注释的完备性影响隐含主题分析”两个研究结论。

20 世纪 90 年代初期，张琪玉教授在《自然语言与人工语言对应转换——情报检索语言走向自动化之路》④一文中，运用比较研究法，将自然语言与人工语言两种语言工具进行比较，并用图示法列举出 19 种文献标引模式，从“抽取主题概念”“所用语言工具”“转换方式”和“检索标识”四个方面深层次探究“自然语言词、控制词、分类号”之间的转换方式。然后将其归纳为四种类型：一是

① 张琪玉. 情报检索语言[M]. 武汉：武汉大学出版社，1983.

② 张琪玉. 情报语言学基础[M]. 增订二版. 武汉：武汉大学出版社，1997.

③ 张琪玉. 试论隐含主题[J]. 图书馆理论与实践，1993(2)：25-27.

④ 张琪玉. 自然语言与人工语言对应转换——情报检索语言走向自动化之路[J]. 中国图书馆学报，1996(1)：37-40.

“人工标引，自动检索”；二是“人机结合标引，自动检索”；三是“自动标引，略加人工辅助，自动检索”；四是“自动标引，自动检索”。在此基础上，张琪玉教授得出“把分类表和词表改造成自然语言与人工语言的对应表，是情报检索语言走向自动化的必由之路”和“情报检索语言中增加与自然语言的对应转换功能，是它走向自动化的关键”两个研究结论。

21世纪初期，张琪玉教授在《网络信息检索用语言的发展趋势》①一文中，从“网络信息检索用语言”角度，对情报检索语言和自然语言的特征进行比较，通过其理论探索和科学研究，张琪玉教授发现，在网络信息检索中，采用自然语言是其必然趋势。而在现阶段，人工语言(情报检索语言)和自然语言都起着不可取代的作用。也就是说，不能唯一地使用自然语言，也必须使用人工语言。基于此，张琪玉教授还进一步明确指出：情报检索用语言发展的大趋势是情报检索语言的自然化和自然语言的情报检索语言化，是两者的初级结合到完全融合的过程。从而得出“目前在网络信息检索工具中，人工语言与自然语言并用，兼取两者的优点，是较合理的模式”研究结论。

5.2.3 归纳法和演绎法应用研究

归纳法和演绎法，同比较研究法一样，它们都是从结构功能分析法中衍生出来的重要方法，是结构功能分析法实现的主要手段和重要措施。张琪玉教授对其应用研究，主要表现在三个方面：

5.2.3.1 归纳法和演绎法单独使用

20世纪90年代初期，张琪玉教授在《分类标记原理与方法概述》②一文中，运用归纳法的原理和方法，并从分类标记功能、分

① 张琪玉．网络信息检索用语言的发展趋势[J]．图书馆杂志，2001(3)：5-7，22.

② 张琪玉．分类标记原理与方法概述[J]．图书馆，1993(1)：12-16，44.

类标记要求以及标记符号、标记制度、标记方法、分类标记类型和分类标记某些问题等诸多方面进行归纳和概述。在此基础上，张琪玉教授提出了分类标记两个方面的猜想：一是“如何在保持系统性优点的前提下，提高其反映知识分类体系的多维性的能力，提高自由组配和部分相符性比较功能以及计算机检索系统的适应性，是其重要的发展方向”；二是“如何使系统性和自由组配性能并存，可能是分类标记研究的主攻方向”。

20 世纪 80 年代末期，张琪玉教授在《情报检索语言的国家特点、时代特点和自然语言特点》①一文中，运用归纳法的原理和方法，并从“国家特点、时代特点和自然语言特点”三个方面对各种情报检索语言的表现形式、特点及成因等诸多方面进行归纳和概述。张琪玉教授特别指出：“创制一种综合性的或社会科学的情报检索语言，它必须与该国的社会意识形态相一致，它要受到来自行政的、社会舆论的、学术界的和读者的共同影响与约束。其基础必然是与该国使用的主要自然语言相一致的”。在此基础上，张琪玉教授得出“情报检索语言的国家特点、时代特点和自然语言特点是客观存在的，并非某些创制者主观所致”“对带有国家痕迹和时代痕迹的外国的和本国过去时代的分类表、词表的苛求，是违反历史唯物主义的”和“能永久适用的分类表、词表是不存在的，不断进行修订与改进是其唯一办法”三个研究结论。

21 世纪初期，张琪玉教授在《文献标引是需要智慧的近乎艺术创造的处理过程》②一文中，运用演绎法的原理和方法，并从优秀“标引作品”的质量标准和标引人员的智慧两个方面，围绕“文献标引是需要智慧的近乎艺术创造的处理过程”这一命题进行深层次阐述。在此基础上，张琪玉教授还进一步从标引人员的知识功底和专业视野、标引方略以及标引方法和技巧等诸多方面对“艺术创造”

① 张琪玉. 情报检索语言的国家特点、时代特点和自然语言特点[J]. 图书馆理论与实践，1989(4)：8，9.

② 张琪玉. 文献标引是需要智慧的近乎艺术创造的处理过程[J]. 图书馆杂志，2004(3)：24-25.

的内涵进行明晰，得出“自动标引不能完全取代人工标引”研究结论。

5.2.3.2 归纳法和演绎法同时使用

21世纪初期，张琪玉教授在《网络信息检索工具增强关键词检索功能的措施》①一文中，主要运用归纳法和演绎法的原理和方法，从22个方面，对国外网络信息检索工具增强关键词检索功能的各种措施进行归纳和诠释。张琪玉教授明确指出：在22种增强关键词检索功能措施中，起主要作用的是布尔检索、加权检索、限制检索和按相关度排列检索结果四种措施。在此基础上，张琪玉教授还特别强调：这些措施对增强关键词检索功能起到了一定的作用，我们必须结合中国国情有选择地进行吸取。但这些措施“还不可能彻底消除关键词检索的缺陷，甚至不可能基本消除关键词检索的缺陷，因而也不可能否定网络信息的人工标引在现阶段的必要性和合理性”研究观点。

20世纪80年代初期，张琪玉教授在《体系分类法中“集中与分散”的矛盾》②一文中，运用归纳法和绎法的原理与方法，对体系分类法中“集中与分散”的矛盾问题进行深层次探究。张琪玉教授明确指出：体系分类法中“集中与分散”的矛盾问题，是其基本矛盾。优点和缺点出于同一原因，即对“概念进行层层划分、层层隶属”。在此基础上，张琪玉教授归纳了体系分类法中“一边得到集中而另一边却被分散”的8种现象，并就如何缓和体系分类法中“集中与分散”的矛盾问题提出了9种具体补救方法。从而得出要想“较彻底地解决‘集中与分散’矛盾的办法，可能是组配分类法，并且要与标识单元检索方式配合使用”研究结论。

20世纪90年代末期，张琪玉教授在《积极为自然语言与情报

① 张琪玉. 网络信息检索工具增强关键词检索功能的措施[J]. 图书馆杂志，2001(1)：7-10.

② 张琪玉. 体系分类法中“集中与分散”的矛盾[J]. 图书馆杂志，1982(1)：14-16.

检索语言的结合创造条件——建议大量编制自然语言词表》①②两篇文章中，运用归纳法和演绎法的原理与方法，对“自然语言词表”问题进行深层次探究。张琪玉教授特别指出：情报检索语言与自然语言的结合是文献标引-检索用语言发展的大趋势，而“自然语言词表”是两者结合的前提和必要条件，它在促进当代文献标引-检索用语言的进一步发展中起着关键性作用。在此基础上，张琪玉教授还就“当前所需的自然语言词表的类型”和“自然语言词表编制中的方法和技术”两个核心问题进行归纳和阐述，最后得出“自然语言词表是提高情报检索语言易用化的主要手段”和“自然语言词表是对自然语言加以控制的主要形式”两个研究结论。

5.2.3.3　归纳法和演绎法与其他方法同时使用

21 世纪初期，张琪玉教授在《因特网大众分类法—— 一种独创的分类法》③一文中，综合运用比较研究法以及归纳法和演绎法的原理和方法，并从因特网大众分类法产生的背景、结构、适用人群、使用环境、所采用方法等诸多方面进行分析与探究。张琪玉教授特别指出：因特网大众分类法并非是对传统体系分类法进行改造和完善的结果，而是一种独立设计，适应因特网特殊需要的分类法。在此基础上，张琪玉教授得出“不宜用传统分类法的准则来对它进行框范，也不宜用它的准则来框范传统分类法”研究结论。

20 世纪 90 年代中期，张琪玉教授在《主题标引过程对主题目录结构和功能的影响》④一文中，综合运用结构功能分析法以及归

① 张琪玉. 积极为自然语言与情报检索语言的结合创制条件——建议大量编制自然语言词表(上)[J]. 图书馆杂志，1999(9)：7-9.

② 张琪玉. 积极为自然语言与情报检索语言的结合创制条件——建议大量编制自然语言词表(下)[J]. 图书馆杂志，1999(10)：8-10.

③ 张琪玉. 因特网大众分类法——一种独创的分类法[J]. 江西图书馆学刊，2005(1)：4，10.

④ 张琪玉. 主题标引过程对主题目录结构和功能的影响[J]. 情报理论与实践，1994(5)：29-30，44.

纳法和演绎法的原理和方法，并从检索途径、文献聚类、词串易理解性、款目群协调性、款目群排列系统性、款目冗余和记录重要性等诸多方面分析、探究主题标引过程对主题目录结构和功能的影响。张琪玉教授特别指出："在主题标引过程中，存在着许多需要选择、决策的因素。如：标引方式的选择，主标题的确定，是否要作轮排或双重标引的决定，当词表中无专指主题词时标引方法的选择，词序的确定和组配符号的使用，参照的设置，是否要使用范畴词"等。在此基础上，张琪玉教授得出"主题标引过程也是某个主题目录实体的具体设计过程，它对主题目录结构和功能的形成产生重大影响"研究结论。

21 世纪初期，张琪玉教授在《因特网大众分类法的本质属性》①一文中，综合运用归纳法和演绎法以及原理或方法移植的原理和方法，他在充分考量传统文献分类法的基础上，归纳出因特网大众分类法的本质属性及其诸多具体体现。在他看来，因特网大众分类法的本质属性为"商业性"，而广告性、大众性和竞争性是其"商业性"的具体化，突出表现在类目的标新立异、社会热点、日常生活、通俗、时尚、有吸引力的词汇等诸多方面。究其原因，张琪玉教授认为是由于因特网大众分类法的方针任务和服务对象特殊需要所决定的。在此基础上，最后得出"借鉴文献分类法的基本原理，按照它的本质属性来对它做某些改进则是完全可能的"研究结论。

5.3 张琪玉研究方法的启迪

张琪玉教授情报语言学研究方法，不仅是其情报语言学思想的重要组成部分，而且具有明显的科学性、创造性、实践性和指导性。我们通过对其理论探索和应用研究的回顾、总结和梳理，从中

① 张琪玉. 因特网大众分类法的本质属性[J]. 图书馆杂志，2002(11)：21-22.

我们不难发现：一是张琪玉教授利用其结构功能分析法，构建和创制了情报语言学学科体系，帮助人们从宏观结构和微观结构两个层面上科学认知其理论体系的本质特性和内在规律性，把握学科发展目标和方向，引导人们正确认识情报检索语言本质属性和提高检索效率的宗旨与使命；二是张琪玉教授利用其比较研究法，找出各种情报检索语言在原理上的一致性和在方法上的差异性，并为其功能的完善、改进和创新，提供理论依据和方法支撑；三是张琪玉教授利用其归纳法和演绎法，结合学科发展过程中的重大理论问题和具体应用问题，归纳和演绎出众多的研究结论，帮助人们了解和掌握学科理论的形成与演进；四是张琪玉教授利用其理想语言设计法，并从人们的检索愿望和检索需求角度出发，创制了“学科-事物概念组配型检索语言”结构模式；五是张琪玉教授利用其现用语言改进法，他在充分考量《中国图书馆分类法》性能的基础上，就其编制技术与编制方法等方面存在的问题，提出了改造的主要方向，并被《中国图书馆分类法》编辑委员会所采纳；六是张琪玉教授利用其原理或方法的移植法，寻找出更佳情报检索语言结合模式，提高检索效率；七是张琪玉教授利用其历史演进研究法，帮助人们了解各种情报检索语言所采用的原理和方法孰优孰劣以及又是如何被扬弃的；八是张琪玉教授利用其调查整理法，发现了我国情报检索语言理论研究工作者对如何提高“检索效率”这个根本目的并不是很清晰的不争事实，带领和引导人们将研究视野、研究重点和研究方向转向这个核心问题上来。

纵观其研究方法，我们不难发现，张琪玉教授情报语言学研究方法体系的形成、心路和历程，充满着智慧、创新以及艰辛与求索。21 世纪初期，张琪玉教授在韩淑举《学为人师 行为世范——访南京政治学院上海分院军事信息管理系教授张琪玉先生》通讯访谈一文中指出：“做任何学问都一定要有有效的研究方法，否则事倍功半，难以成功。而且研究各种学问的方法不能千篇一律，每种学问都有合适的研究方法。我正是找到了合适的研究方法，或者说找到了正确的研究方向、研究路线，研究才能继续进行，几十年不辍，保持信心，取得成效。”①这是张琪玉教授对于自己多年来发现和构建的情报语言学研究方法的科学认知和经验总结，尤其值得我们深思和领悟。张琪玉教授还特别指出：“我并不是先认识了这些方法，按照这些方法去研究，而是在研究中创造了这些研究方法。也就是说，正确的观点和研究实践，是各种有效的研究方法产生的源泉。”②这也是张琪玉教授对于自己多年来发现和构建的情报语言学研究方法的理性认识和真知灼见，特别值得我们学习和借鉴。

因此，张琪玉教授情报语言学研究方法，独具匠心，自成一体。集情报语言学核心研究方法、重要研究方法和一般研究方法于一体，容理论探索和应用研究功能于一身。通过自身的感悟和凝练，创造性地发现和构建了情报语言学一整套专用研究方法，使之成为情报语言学研究领域的方法论。他的成功与突破，主要表现在三个方面：一是找到了有效的研究方法，二是找到了合适的研究方法，三是找到了正确的研究方向和研究路线。这些研究方法的成功与突破，凝聚着张琪玉教授的学术功底、学术智慧、学术敏锐观察力和学术创新能力，特别值得我们后学科研工作者学习、体味和借鉴，以激励和鞭策更多后学科研工作者理论创新和研究方法创新。

① 韩淑举. 学为人师 行为示范——访南京政治学院上海分院军事信息管理系教授张琪玉先生[J]. 山东图书馆学刊，2010(5)：1-8.

② 张琪玉. 钟情事业就是走向成功之路[M]∥俞君立，等. 中国当代图书馆界名人成功之路. 武汉：武汉大学出版社，1996：283-295.

第6章　张琪玉对情报语言学学科建设的贡献

情报语言学产生于20世纪70年代末的中国，在过去的30多年里，从最初作为大学的一门课程，到成为图书情报学的一个分支学科和重要研究领域，情报语言学取得了长足的发展。这种发展与图书馆学界的共同努力显然是分不开的，特别是张琪玉教授，作为我国情报语言学的奠基者和开拓者，为该学科的发展作出了不可磨灭的贡献。

关于学科成立的标志，美国加州大学圣巴巴拉分校国际政治经济学家科恩(Benjamin J. Cohen)教授曾有一段精辟的论述。他认为，“一门学科领域诞生的标志是知识体系得以构建从而能够对探知的相关主体进行界定。公认的标准得以采用，从而用于培训专业人才并保证专家的正确性；在大学及科研机构中有了与该学科领域相关的全职工作机会；拥有专业出版物用来传播新的观点和分析成果。简而言之，就是学者间制度化的学术网络得以生成——也就是一个有着自己的研究领域、评价标准和职业使命的专业研究团体”①。作者以为，科恩既从学术分类的角度，又从高校教学、科研功能单位的角度阐述了学科成立的标志。他的观点并非专门针对某一特定学科，也适合其他学科，并以此为出发点，对张琪玉先生

---

① 科恩. 国际政治经济学：学科思想史[M]. 杨毅，钟飞腾，译. 上海：上海人民出版社，2010：2.

为情报语言学创立和发展所作的贡献进行初步探讨。

6.1 以提高检索效率为目标构建情报语言学学科知识体系

我们知道，一门学科领域诞生的标志是该学科领域的知识体系得以构建从而能够对探知的相关主体进行界定。张琪玉先生创造性地构建了情报语言学的学科知识体系，并对相关的主体做了清晰的界定。

6.1.1 构建情报语言学学科知识体系

张琪玉先生在武汉大学工作的 11 年(1976—1987)，是其学术创造的黄金时期。他于 1980 年编著的武汉大学图书馆学系内部教材《情报检索语言》，构建了情报语言学的初步框架。随后，张琪玉先生对该书进行压缩，写成《情报检索语言大纲》在《图书馆学刊》1981 年第 3 期和第 4 期连续刊载。这份 4 万多字的大纲被认为是张琪玉先生第一次公开发表其情报语言学学术观点。①② 而张琪玉先生构建的情报语言学学科知识体系进入公开出版的教材则是在 1983 年 6 月。当时教育部将张琪玉先生的《情报检索语言》③一书选入教育部规划的“高等学校文科教材”，由武汉大学出版社出版。该书是前述张琪玉先生武汉大学内部教材以及《情报检索语言大纲》的修订升级版，它构建了如下情报语言学学科知识体系：情报检索语言基础理论，不同类型的检索语言原理、编制方法、性能、使用方法及相互借鉴提高(包括等级体系分类语言、分析-综合分类

① 张琪玉. 情报检索语言大纲[J]. 图书馆学刊，1981(3)：54-66，45.

② 张琪玉. 情报检索语言大纲(续完)[J]. 图书馆学刊，1981(4)：8-20，50.

③ 张琪玉. 情报检索语言[M]. 武汉：武汉大学出版社，1983.

语言、标题词标引语言、单元词描述语言、叙词描述语言、关键词描述语言)、文献分析与标引。此教材甫一出版，这一崭新的情报语言学学科知识体系便迅速在国内图书情报学界传播开来，产生强烈的轰动效应，赞誉与认同纷至沓来。20 世纪 90 年代末，上海社会科学院曾在社会科学在线网站 http:∥www.ssol.net.cn 发布《20 世纪中国学术名著精华目录》。该目录收录 20 世纪国内学术名著 100 种，图书馆学情报学部分收录 8 种著作，其中仅有 2 种是改革开放后出版的，1983 年版的《情报检索语言》便是其中之一，可见该书地位之高。

尽管图书情报学界对《情报检索语言》一书好评如潮，但张琪玉先生并未停止其学术探索，又于 1987 年出版了中央广播电视大学图书馆学专业教材《情报语言学基础》①，1997 年出版了高等学校文科教材《情报语言学基础》(增订版)②，鉴于研究范围和研究内容的扩展，创造性地提出了比“情报检索语言”更具覆盖性和概括性的学科名称——“情报语言学”。1997 年增订版《情报语言学基础》与 1987 年版《情报语言学基础》和 1983 年版《情报检索语言》相比，更为系统、全面、准确地反映了张琪玉先生构建的情报语言学学科知识体系，它包括：情报语言学一般问题、情报检索语言基本理论、不同类型的检索语言、分类法主题法一体化检索语言、情报检索语言基本方法、文献分析与标引问题、自然语言在情报检索中的应用、情报检索计算机化与情报语言学的发展。很显然，这个学科知识体系理论与实际紧密结合，具有强烈的与时俱进性，反映了信息环境、信息技术发展对情报语言学的影响和提出的新要求，其深度和广度均是世界级的，可以说走在了国际前列。

笔者在武汉大学读本科时，随张琪玉、曾蕾两师等学习“情报检索语言”课程，在年少懵懂的岁月里，并没有体味出张琪玉先生开创情报语言学的非凡之处，只是感到很有学问。不过随着岁月的

① 张琪玉. 情报语言学基础[M]. 武汉：武汉大学出版社，1987.

② 张琪玉. 情报语言学基础[M]. 增订版. 武汉：武汉大学出版社，1997.

流逝，个人学识的增长，我越来越感到，张琪玉先生对情报语言学学科建设的贡献很多，最大的贡献莫过于对情报语言学知识的理论化、系统化和精密化。在张琪玉先生之前，情报语言学的局部问题研究早已有之，如张琪玉先生的老师——北京大学刘国钧先生对图书分类法、主题法有深入、精到的研究，武汉大学的皮高品先生也是图书分类法的研究大家。在欧美发达国家，除了分类法之外，主题法的研究也已比较深入，如兰卡斯特(F. W. Lancaster)教授的《情报检索词汇控制》①，是高度概括主题检索语言的微观结构和功能，并将两者融为一体的权威著作。但是抓住检索用语言的本质，从一个统一的角度，用统一的方法来研究，使得“各自为政”的分类法、主题法以及自然语言检索等的研究能够在高于各自原有层次的、统一的框架内得到发展，并相互联系、相互借鉴，则是张琪玉先生的主要贡献。华东师范大学范并思教授曾经做过精辟的评述，认为：“与图书馆现代化相比，检索语言研究有更多的创新意义。图书馆现代化研究是学习西方建立起来的领域，而检索语言研究却基本属于中国人自己创立的领域。在张琪玉以前，国外还没有人能在‘情报检索语言’的书名下将检索语言理论的内容讲述得如此系统而精密。”②

笔者以为，东西方学者在学术研究中呈现出两种不同的传统。西方学者善于从细微处发现问题，他们往往从局部出发，就某个问题进行深入细致的研究，可以把局部研究得非常透彻、精致。但是较少有人会跳出局部，纵览、俯视不同的、分散的局部，用一种统一的观点、统一的方法、统一的视角将它们联系起来，形成有机的整体。而东方的学者，特别是中国学者，有着对研究领域的知识进行学科化、体系化的传统，张琪玉先生则是图情界的杰出代表，他集东西方学术研究风格于一身。如《张琪玉文集》中的著作编年目

① 兰开斯特 F. W. 情报检索词汇控制[M]. 侯汉清，等译. 上海：同济大学出版社，1992.

② 范并思. 论图书馆学学科前沿的转移[J]. 图书馆，1993(4)：1-5，33.

录充分反映了他的研究特点：既有深度又有广度，既有微观的深入透彻分析，又有宏观的抽象综合性研究。① 笔者以为，张琪玉先生在情报语言学的研究过程中，一方面欣然接受了外来的有益知识，另一方面又发挥了中国学术传统的优势，从事物的本质规律出发构建知识体系。他认为，各种检索语言都是在寻求更佳的检索效果中创制出来的，都是表达一系列概括文献情报内容的概念及其相互关系的概念标识系统，其职能是作为检索系统的语言保证，其核心问题是检索效率。所以，它们的基本原理是一致的，在情报检索语言的概念下，对它们进行综合研究，可以找出它们最本质的东西，以及它们在结构和功能上的相同或相异之处，概括出它们影响检索效率的共同规律，以及有效地改进和创新的途径。情报语言学正是在对各种类型的情报检索语言以及自然语言在情报检索中的应用问题做统一研究的过程中建立起来的。②

6.1.2　界定探知的相关主体

张琪玉先生在创立情报语言学知识体系的同时，对探知的相关研究主体作了明晰的界定。这些界定集中体现在他为《中国大百科全书·图书馆学情报学档案学》和《中国情报学百科全书》所撰写的相关词条中。“情报语言学”③提供了情报语言学的定义、研究目的、研究领域、研究方法、相关学科等界定。“情报检索语言”④提供了定义、作用、优点、构成、基本功能及实现方法、对检索效率的影响因素、对情报检索语言的共同要求、类型等界定。这些界

① 张琪玉. 张琪玉文集(下)[M]. 北京：国家图书馆出版社，2014：513-542.

② 张琪玉. 情报语言学[G]//中国科学技术情报学会和中国国防科技信息学会. 中国情报学百科全书. 北京：中国大百科全书出版社，2010：218.

③ 张琪玉. 情报语言学[G]//中国科学技术情报学会和中国国防科技信息学会. 中国情报学百科全书. 北京：中国大百科全书出版社，2010：218.

④ 张琪玉. 情报检索语言[G]//中国大百科全书·图书馆学情报学档案学. 北京：中国大百科全书出版社，1993：331-332.

定完整、清晰地勾勒出情报语言学的学科概貌。

为了满足构建情报语言学学科知识体系并界定相关主体的需要，张琪玉先生创造和规范了许多名词术语和概念的表达方式，后来被同行们接受，成为大家的共同语言和共同的表达方式。例如，为了说明“整体与部分关系”和“全面与某一方面关系”在情报语言学领域也是一种上位概念与下位概念之间的关系，他自造了“隶属关系”一词，以避免与“属种关系”一词混淆。又如，他坚持使用“分类法与主题法”“分类法主题法一体化”，而不用“分类与主题”“分类主题一体化”。他创造和规范的专业术语集中体现在《情报语言学词典》①中。该词典收录情报语言学总论、分类法、主题法、自然语言检索、索引法、文献标引和情报检索以及其他相关的名词术语2300余条，对某一意义上互相有联系的名词术语采取设立并列词条的方式，使得词义在相互联系中更易理解，并精简释义。这部词典帮助人们理清专业术语，并通过这种方式建立统一的情报语言学术语体系，从而提高学术交流效率。

6.2 以深化情报语言学研究为己任拓展研究范围、提高学术辐射力

情报语言学的发展并非是在真空中进行的，它吸收了图书情报学子学科以及其他相关学科的营养，拓展了自身的研究范围和发展空间，同时又对其他学科产生了一定的辐射作用。

情报语言学创立初期，一般认为它是图书分类学的一个学派。或者说，情报语言学的母体学科是后者。但是如果对张琪玉先生《情报检索语言》出版前后国内编写的各种图书分类学、文献分类学教材进行对比分析的话就可以发现，情报检索语言思想对其母体学科产生了巨大的影响，这些教材不同程度地采用张先生的体系、

① 张琪玉．情报语言学词典[M]．北京：北京图书馆出版社，2000.

概念、方法，对自身进行了大刀阔斧的改革，大大提升了学术水平。可以这么说，情报语言学源于图书分类学，又反哺于图书分类学，进而高于图书分类学。

张琪玉先生指出，情报语言学的相关学科有：索引学、目录学、语言学、术语学、逻辑学、知识分类理论、计算机科学等①。

张琪玉先生认为，情报语言学成果的主要应用领域就是索引和数据库的编制工作。可以认为，情报语言学研究的终极目的，就是为了索引和数据库的改进和创新。所以，它与索引学的关系极为密切，有些问题是两者共同的研究内容。基于这样的思想，他在索引学方面做了大量细致的研究，除了撰写大量学术论文（主要发表在《中国索引》上）以外，还编著了《图书内容索引编制法》②、《张琪玉索引学文集》③等相关著作，形成了丰富的张琪玉索引学思想，数据库就是现代的索引为其索引学思想精髓④。

术语学与情报语言学关系密切。张琪玉先生认为术语学对情报语言学的重要性在于：术语是指称概念的规范化符号，情报检索语言的语词（标识）则是指称文献主题概念的规范化符号，术语与情报检索语言的语词两者存在着本质的一致性。从这一角度看，术语学与情报语言学的研究对象可以说是同一事物，情报语言学所研究的是如何编制用于情报检索领域的“术语词典”——分类表、词表、代码表。他认为术语整理工作的要求与情报检索语言的选词、规范化处理和显示概念关系等的要求都是一致的。所以，术语整理工作成果是情报检索语言选词的主要来源和进行规范化处理及建立概念间关系的重要依据。情报检索语言编制中的失误，有很多是忽视对

① 张琪玉. 情报语言学[G]//中国科学技术情报学会和中国国防科技信息学会. 中国情报学百科全书. 北京：中国大百科全书出版社，2010：218.

② 张琪玉. 图书内容索引编制法[M]. 北京：化学工业出版社，2006.

③ 张琪玉. 张琪玉索引学文集[M]. 北京：国家图书馆出版社，2009.

④ 曹树金，姚瑶. 中国当代索引学的精髓——张琪玉教授的索引学思想研究[J]. 图书馆论坛，2009(6)：189-193.

术语整理工作成果的利用所造成的①。张琪玉先生有关术语学的思想在网络环境下得到了印证。

如果说情报语言学与索引学、情报语言学与术语学分别是应用、吸收的关系的话，情报语言学对档案检索则产生了强大的辐射作用。20 世纪 80 年代末以来档案检索教材、研究方向从无到有②，有些学者尝试将张琪玉先生创立的情报语言学档案化③。一些专家坦言档案检索理论研究的欠缺，不利于档案检索实践水平的提高，指出应注意吸收图书情报学的研究成果并运用于档案检索的研究。如中国人民大学档案学院冯惠玲教授等于 1990 年编著的《档案检索的原理与方法》就在这种认识的基础上参照图书馆学情报学中的情报检索教材，对档案检索做了新视野的阐述，受到广泛的欢迎④。

从上可知，张琪玉先生创立的情报语言学在档案学界已经产生了一定的辐射作用。但是引发档案检索课程和教材全新改革的，是张琪玉先生本人。1989 年，张琪玉先生编写了国内第一份具有特殊意义的《档案检索教学大纲》⑤用于空军政治学院图书档案系档案专业本科教学，又于 1993 年主编出版本科教材《档案检索》⑥。他还曾撰文阐述情报检索语言在档案检索中的应用⑦。张琪玉先生将其创立的情报语言学应用于档案检索，这种结合既尊重了档案学、档案工作本身的规律，又给档案检索学科带来新鲜血液，激发

① 张琪玉. 情报语言学的若干研究心得和收获——张琪玉学术思想自述[J]. 图书情报工作，2009(20)：5-9，29.

② 邓绍兴. 档案检索[M]. 北京：档案出版社，1988.

③ 王金夫. 档案检索语言[D]. 上海：上海市行政管理学校，1989.

④ 冯惠玲，李宪. 档案检索的原理与方法[M]. 合肥：中国科学技术出版社，1990.

⑤ 张琪玉. 档案检索教学大纲[D]. 上海：空军政治学院图书档案系，1989.

⑥ 张琪玉. 档案检索[M]. 北京：书目文献出版社，1993.

⑦ 张琪玉. 情报检索语言在档案工作领域应用的进展[J]. 文献工作研究，1991(6)：2-7.

了档案检索学科的活力，不啻为对档案检索学科的一次革新。而且张琪玉先生于武汉大学和空军政治学院先后培养的研究生中，有几位在张琪玉先生的指引下走上了档案检索的教学科研之路。

6.3　以自身学术魅力为引力形成情报语言学学术共同体

学科的建立与学术共同体密不可分，只有形成了学术共同体，学科才算真正建立起来，才能不断发展壮大，人才培养才能得到保障。

学术共同体这个概念最早是由英国哲学家波拉尼(M. Polanyi)于 1942 年在其论文《科学的自治》中提出来的。不过他提出这个概念的目的，主要是把科学家与一般的社会群体区分开来。因为他认为，全社会从事科学研究的科学家是一个具有共同信念、共同价值、共同规范的社会群体。美国科学哲学家库恩(T. Kuhn)将学术共同体与范式密切联系在一起加以考察。他认为，一个范式就是一个学术共同体的成员所共有的东西，而反过来，一个学术共同体由共有一个范式的人组成①。范式是特定的学术共同体从事某类科学活动所必须遵循的公认的“模型”，包括共有的世界观、范例、方法、仪器和标准。它不仅是科学研究的必要条件，而且是学科成熟的标志，也就是说，只有当一门学科的研究者，或者说至少是一部分研究者形成了共同的范式，该学科才会从前科学进入科学时期。由此可见，学术共同体不是单纯的一种人际关系，甚至地缘关系和研究领域关系的简单组合，而是一种在共同的科学精神和价值关怀的前提下，以一定的范式凝聚和整合起来的真正的学术组织。笔者以为，张琪玉先生的学术魅力成功地吸引了一批学者脱离科学活动的其他竞争模式，成为其学术思想的坚定拥护者，同时张琪玉先生

① 库恩. 科学革命的结构[M]. 第 4 版. 金吾伦，胡新和，译. 北京：北京大学出版社，2012：147.

的学术成就又足以无限制地为重新组成的一批实践者留下有待解决的种种问题。因此，自然而然地，以张琪玉先生为核心形成的情报语言学学术共同体很快就形成了，它并非是在民政部登记注册的社会团体或组织，而是一种“无形学院”，它的形成极大地推动了情报语言学的发展，使得情报语言学在很长一段时间内成为国内图书情报学中的显学。

我们知道，图书情报学领域中存在着3种范式，即面向信息源的S范式，面向传递过程的T范式以及面向信息用户的U范式。①以张琪玉先生为核心形成的情报语言学学术共同体遵循了T范式，并带有自身强烈的特色。

6.3.1 引领范式，造就情报语言学学术共同体

张琪玉先生在情报语言学的开拓过程中提出的追求目标、统一的术语概念、倡导的研究方法、把握的学术走向构成了情报语言学学术共同体的范式要素。

第一，张琪玉先生于20世纪70年代末80年代初“独辟蹊径”，第一个跳出所谓思想性、科学性、实用性及其相互关系“三性”争论之圈，提出要改变研究方向，把研究的重点转移到提高情报检索语言的检索效率，特别是检全率检准率方面来。指出情报检索语言是影响情报检索效率的主要因素，要建成一个高效率的检索系统，必须有高质量的情报检索语言作保证。提高检索效率是情报语言学研究的根本目的②。他创立情报语言学的目的，就是要鸟瞰全貌，从更高的层次对分类法、主题法和其他检索语言以及自然语言检索等各种检索方法进行统一研究，吸取各法之长，补己之短，并在此基础上创造出理想情报检索语言。张琪玉先生这一开拓性的研究，对我国情报语言学理论与实践起到了积极的导向和推动作用，很快

① 卢太宏．情报科学的现状与未来［M］∥情报工作和情报科学发展战略——2000年的中国研究．北京：科学技术文献出版社，1988：30-31.

② 张琪玉．情报检索语言［M］．武汉：武汉大学出版社，1983：1-3.

吸引了一大批志同道合者，在 20 世纪 80 年代就形成了以张琪玉先生为核心的情报语言学学术共同体，这个共同体发展延续至今，成为图书情报学领域中一道独特的风景线。其代表人物除张琪玉先生本人外，老一辈的有国家图书馆刘湘生、丘峰，南京农业大学侯汉清，中国科学院白国应，武汉大学俞君立，华东理工大学陈树年，北京大学马张华诸先生；中年学者有美国肯特州立大学的曾蕾，南京政治学院的戴维民，国家图书馆的汪东波、卜书庆，中山大学的曹树金，中国科技信息研究所的曾建勋、常春，深圳大学的曾新红；青年学者有武汉大学的司莉，北京大学的王军，南京理工大学的薛春香、章成志，南京农业大学何琳，国防大学的傅亮，四川大学的范炜以及南京政治学院上海校区的包冬梅等。

第二，张琪玉先生提出一整套专业术语，以满足情报语言学知识体系构建的需要；规范术语表达，为情报语言学学术共同体的学术交流提供共同的概念和术语表达，以节约交流成本，提高交流效率。前一个问题，本书第一部分已经说明，此处不再赘述。我们知道，情报检索语言强调概念与标识的一一对应，避免自然语言中的一词多义、多词一义以及词义含糊现象，以便提高检索效率。同样，张琪玉先生在情报语言学的创建过程中，非常重视情报语言学自身专业术语的规范。张琪玉先生对于专业概念的使用和表达十分严谨，主张大家使用统一的、规范的术语。他在自己的著作中指出：“目前情报检索语言的名词术语极不统一，教材和本书的用词和释义有些与其他作者的用词和释义不一致，应以教材为准。虽然并不能说教材的用词和释义是最准确的和标准的，但为了使教授者与学习者有共同语言，这样要求是必要的。”①张琪玉先生为了规范专业术语用词和释义，还于世纪之交专门编写了《情报语言学词典》，分支学科出版专门词典，这在图书情报学界可能是唯一的。以检全率和检准率为例，张琪玉先生指出检全率也叫查全率，检准率也叫查准率，但他始终坚持使用“检全率”“检准率”这两种表达。

① 张琪玉.《情报检索语言》学习辅导[R]. 武汉：湖北省高等学校图书馆工作委员会，武汉大学图书情报学院，1985：4.

随着学科的交叉发展，外来学科进入信息检索领域，它们更多地照英语字面翻译，一个 recall 有多种译法，仅笔者见过的就有呼出率、召回率、回调率和再现率，又把 precision 译作精准率、准确率和精度，以至于一个简单的基本概念竟然有很多种表达。笔者认为这种现象既不利于学术交流，增加了交流成本，也降低了专业术语的学术美感，显得不上档次。好在图情界都使用比较贴切、精当的术语表达，这与张琪玉先生的倡导是分不开的。

第三，总结一套专用研究方法，为情报语言学学术共同体所采用。张琪玉先生并非先认识方法，再按这些方法去研究，而是在研究过程中创造研究方法。他认为情报检索语言的检索效率是其功能决定的，而功能又是由其结构决定的。所以，研究情报检索语言的性能，主要就是要分析解剖其结构。结构功能分析法是研究情报检索语言最为有效的方法。张琪玉先生本人运用得最多的就是结构功能分析法，他还在此基础上总结出一整套研究情报语言学的专用方法，如历史演进研究法、比较研究法、调查整理法、归纳法和演绎法、原理或方法的移植法、理想语言设计法、现用语言改进法、数学方法和统计方法、实验方法等①。这些方法多多少少都含有结构功能分析的内容，都是从结构功能分析法中衍生出来的。情报语言学学术共同体的其他成员充分利用自身的特长，灵活运用这些研究方法，丰富并发展了情报语言学的内容。

第四，把握学科发展方向，为情报语言学学术共同体引路。张琪玉先生思想深邃，目光敏锐，在情报语言学发展的进程中，始终站在学术前列，把握情报语言学发展的方向，使情报语言学沿着正确的轨道顺利向前发展。因此，他是情报语言学学术共同体当之无愧的引路人。例如早在 20 世纪 80 年代中期，他就指出，分类法主题法一体化是发展趋势。他以及他的研究生在这方面做了大量理论探索，并将这些探索应用于《中国分类主题词表》。又如自然语言

① 张琪玉.《情报检索语言》学习辅导[R]. 武汉：湖北省高等学校图书馆工作委员会，武汉大学图书情报学院，1985：26-28.

检索问题。他认为，没有任何控制的检索用语言是不可思议的，至今还没有找到计算机自然语言的十分有效的方法。自然语言和检索语言不是你死我活的对立关系，它们各有自身的优势，今后的发展趋势是两者的结合或融合，即自然语言的情报检索语言化或情报检索语言的自然语言化。张琪玉先生的论断在目前的网络信息检索系统中得到了充分的印证。如英国社会科学专业门户(Intute)是一个免费、便捷、强劲的搜索工具，它提供了"Thesaurus engine"辅助搜索功能，对搜索入口词汇进行优化。又如 AltaVista(现已被 Yahoo！收购)的检索词自动联想功能、相关搜索功能等，已被谷歌、百度等众多搜索引擎所采纳，通过对用户自然语言检索表达做出修正性提示和建议，提高系统的用户友好性，丰富用户的搜索体验。这显然是自然语言的情报检索语言化，而且会在今后的网络检索系统中越来越普遍。

6.3.2　形成情报语言学"研究中心"，为情报语言学学术共同体提供活动平台

在张琪玉先生的带动下，情报语言学学术共同体发展迅速，核心人物带动身边的研究人员一起研究，无形之中以他们就职的单位形成了我国情报语言学的若干"研究中心"。这些"研究中心"主要包括武汉大学、国家图书馆、中国科学技术信息研究所、中科院文献情报中心、南京政治学院上海校区、南京农业大学等。以武汉大学为例，20 世纪八九十年代有张琪玉、俞君立、曾蕾、洪漪，现在有司莉、黄如花等学者；国家图书馆有刘湘生、丘峰、汪东波、卜书庆等。"研究中心"集中人才优势，集体攻关，创造了一项又一项成果，如：(1)20 世纪 80 年代前期，由张琪玉先生领衔，武汉大学多位教授集体编制的《〈中国图书馆图书分类法〉(第二版)索引》获得了国家科技进步一等奖；(2)"研究中心"研究条件优越，人才辈出，形成梯队，既利于团队合作研究，又为研究生培养提供了良好的条件。

6.3.3　精心培养人才，壮大情报语言学学术共同体

如前所述，学科的发展壮大依赖学术共同体的形成，学术共同体的一个重要任务是培养专业人才，专业人才的成长又进一步壮大学术共同体，推动学科的发展。张琪玉先生在情报语言学人才的培养方面可谓呕心沥血，成就斐然。

第一，第一个编写出情报语言学教材。如果从1980年武大内部教材《情报检索语言》算起，仅在1980—1997年，《情报检索语言》及其增补修订本《情报语言学基础》以5种版本累计印刷11次，共99900册①。1997年版的《情报语言学基础》(增订版)已经成为情报语言学学科知识的集大成者、情报语言学的标准教材，可以说至今无人能及。1987年，张琪玉先生还为电大教材《情报语言学基础》编写了《情报语言学基础问题选讲》和《情报语言学基础学习指导书》两种配套教材，也由武汉大学出版社出版。2004年，又与侯汉清教授等一起编著出版了《情报检索语言实用教程》②，该书降低了学习难度，适合目前图书馆学、信息管理等专业本科生使用。

第二，率先开展情报语言学教学。1980年9月，张琪玉先生在武汉大学正式为图书馆学专业和科技情报学专业本科班讲授情报检索语言课程。这是我国图书情报教育中首次开设情报语言学课程。这门课程为大学生们带来了新鲜的知识和新颖的观点，很受欢迎。此后他在武汉大学连续多年为多届本科生教授该课程。调任空军政治学院图书档案系后，又在中央电大主讲了情报语言学课程，再加上大专生以及进修教师，曾经完整听过他情报语言学课程的学员不计其数。此外，很多大学的图情档专业也都开设了情报检索语言课程，根据张琪玉先生的保守估计，学习过这门课程的学员不少

① 张琪玉. 张琪玉情报语言学文集[M]. 北京：北京图书馆出版社，1999：1-9.

② 张琪玉，侯汉清. 情报检索语言实用教程[M]. 武汉：武汉大学出版社，2004.

于 25000 人①。如此规模的课程教学对情报语言学的普及起到了极为重要的促进作用。

第三，率先在国内以情报检索语言为专业方向招收硕士研究生。张琪玉先生于 1979 开始招收情报检索语言方向的研究生，到 1987 年离开武汉大学，其间招收情报检索语言方向硕士研究生 19 名，3 名保送出国，实际共培养硕士研究生 16 名。② 调任空军政治学院后，又在军校率先招收情报检索语言方向的研究生，先后共培养 6 名研究生。张琪玉先生教研究生课程的方式之一是讲专题，专题力求新颖和具有深度，运用情报语言学的多种研究方法来讲授，除传授比本科水平更丰富的知识外，更使研究生在研究方法上有所领悟，培养他们的学术兴趣和进行独立研究的能力。张琪玉先生的大弟子曾蕾教授曾说：他的思想和研究方法可以说影响了整整一代情报语言学研究者。而他对知识执着的追求和对学生的精心培养又使得他的学生们受益最深。张琪玉先生培养的研究生极大地壮大了情报语言学学术共同体的队伍，例如，曾蕾教授已成为享誉国际学术界的著名学者，汪东波研究馆员是我国许多检索语言研制工作的组织者、领导者、方案设计者，曹树金教授是情报语言学坚定的教学科研专家等。

6.3.4　创办多份专业期刊，成为情报语言学学术共同体发言的重要舞台

张琪玉先生先后创办了 3 份专业刊物，分别是武汉大学的《图书情报知识》、空军政治学院的《文献工作研究》(现更名为《信息管理》)和中国索引与数据库学会的《中国索引》。创刊的初衷并非要办成情报语言学的专门期刊，但事实上，这些刊物在情报语言学的

---

① 张琪玉. 张琪玉情报语言学文集[M]. 北京：北京图书馆出版社，1999：1-9.

② 张琪玉. 在武汉大学开创情报语言学教学和研究的回忆[J]. 图书馆论坛，2006(6)：292-293，303.

发展过程中起到了极为重要的作用。仅以武汉大学的《图书情报知识》为例，特别是20世纪80年代，刊登了大量情报语言学方面的优秀论文。这些论文的作者名单中，除了张琪玉先生本人外，我们还能看到陈光祚教授、曾蕾教授等名家。

尽管国内至今尚无名为情报语言学的专门期刊，但是情报语言学的论文不乏发表之地。张琪玉先生创办的专业刊物与其他图情刊物一起，为中国情报语言学的繁荣作出了重要贡献。

总之，张琪玉先生钟情于情报语言学的研究，几十年矢志不渝，取得了丰硕的成果。他开创了情报语言学这个新学科，构建了系统、完善、精密的情报语言学学科知识体系，拓展了情报语言学的研究范围和学术辐射力，以自己的学术魅力吸引一批学者形成独具特色的情报语言学学术共同体。他既给后学留下宝贵的学术财富，开拓了让后学继续耕耘的广阔空间，同时也为后学树立了严谨治学的榜样。张琪玉先生对情报语言学学科建设作出的杰出贡献值得我们铭记。

第7章　张琪玉情报语言学学科建设思想的图示化研究

情报语言学最初称为情报检索语言，简称为“情报语言”或“检索语言”。它是专门研究“情报检索中的语言保证问题的一门学科，是情报学和图书馆学的共同分支学科。它的主要研究对象是情报检索语言，同时也研究自然语言在情报检索中的应用问题。”①在我国图书情报学界，将全面、系统研究分类法和主题词表等知识组织方法的学科称为“情报语言学”；而将单独研究分类法的学科称为“文献分类学”；并将研究情报检索中分类法和主题词表的统称为“情报检索语言”②。

情报语言学学科建设，在我国进行专门研究起步较晚，发端于1980年3月张琪玉教授撰写完成的《情报检索语言》专著以及他该年在武汉大学图书馆学系科技情报专业和图书馆学专业开设的“情报检索语言”课程；成熟于1997年9月张琪玉教授撰写完成的《情报语言学基础》（增订版）专著。情报语言学学科建设是在张琪玉教授本人以及众多志同道合的专家学者共同努力和辛勤耕耘下，攻坚克难，与时俱进，不断创新与突破的基础上创制和

① 张琪玉．情报语言学基础［M］．增订二版．武汉：武汉大学出版社，1997：1-4.

② 张琪玉．当代中国的分类法和主题词表［M］//张琪玉．张琪玉文集（上）．北京：国家图书馆出版社，2014：286-291.

完善的。其学科建设成就性标志表现为：学科体系的创制、完善和课程开设；研究队伍不断发展壮大，并在国内多个单位形成了以张琪玉教授为核心代表的情报语言学学术共同体；研究方法获得重大突破，研究领域不断拓展延伸；理论性研究成果源源不断；应用性研究领域辐射宽广。从而使我国情报语言学学科建设在世界“知识组织”领域占有非常重要的地位，使我国情报语言学学科建设的理论研究水平和应用研究领域迅速接近世界研究水平。因此，笔者用 7 幅图示加文字说明的形式，从时间、核心研究领域和重要学术贡献三个维度清晰揭示和梳理张琪玉教授情报语言学学科建设思想成就。

7.1　张琪玉情报语言学学科建设成就

张琪玉情报语言学学科建设成就，主要表现在三个方面：一是理论突破，二是研究方法突破，三是实践突破。主要产生于 1977—2017 年“成果繁荣鼎盛期”。其学科建设成就非常具有开拓性、创造性和前瞻性，内容丰富、风格独特，应用领域广泛，影响深远①。详见图 7-1 张琪玉“情报语言学学科建设”图示。

7.1.1　理论突破

从图 7-1 中我们可以清晰地看出，张琪玉情报语言学学科建设的理论突破表现在多个方面：

7.1.1.1　核心理念突破

20 世 80 年代初期，由于客观历史原因，使我国情报检索语言的理论研究工作陷入困境与迷茫，找不到理论突破点和创新点。张

① 王崇良，余朝晖. 张琪玉学术思想分期及其研究特点[J]. 图书馆，2019(6)：7-14.

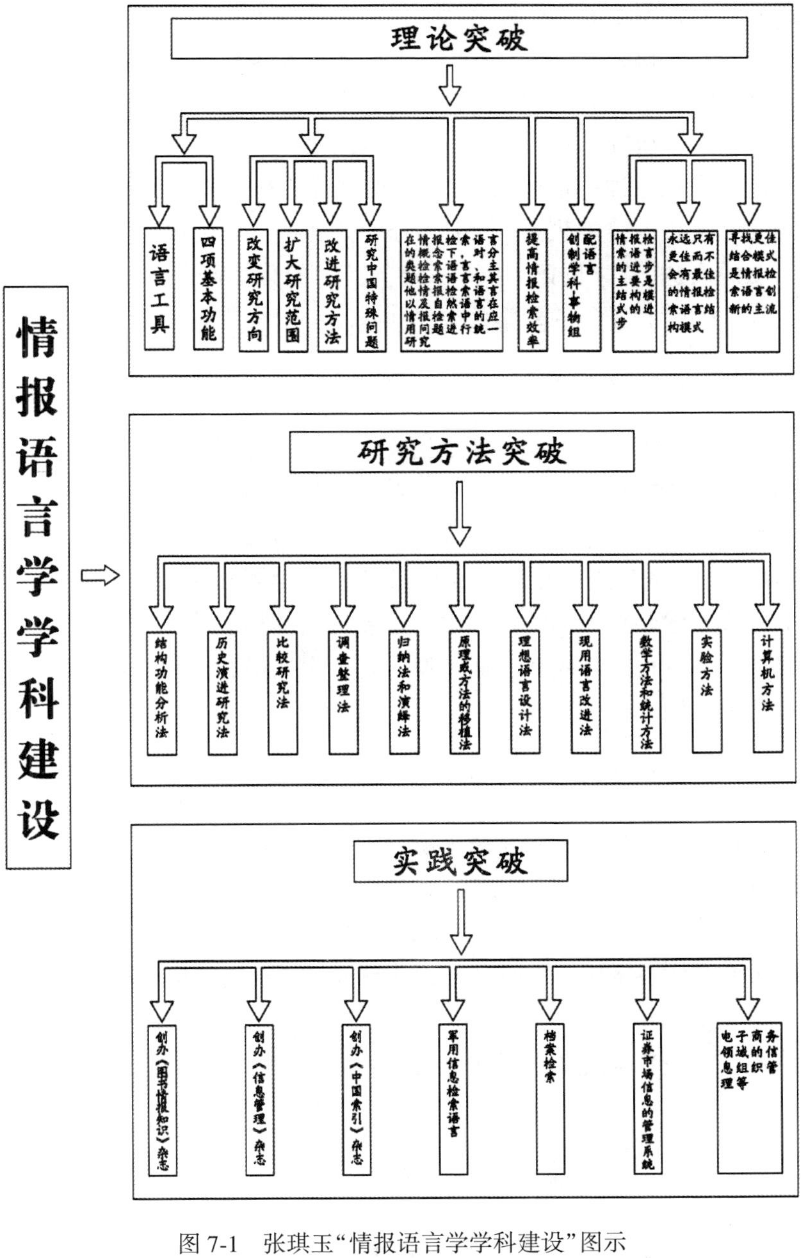

图 7-1　张琪玉“情报语言学学科建设”图示

琪玉教授第一个跳出“三性”争论“怪圈”，提出“语言工具”观点，利用其“知识储备积累期”在吉林市图书馆从事情报检索服务工作所积累的丰富图书情报工作经验，经过认真思考、反复推敲，在《论情报检索语言的研究、创制与普及》文章中，创造性地提出了情报语言学研究的核心理念。张琪玉教授认为：“情报检索语言的职能，是在各种情报检索系统中起‘语言保证’作用，使标引人员对文献情报内容的表达(标引用语)和检索人员对相同内容的情报需要的表达(检索用语)取得一致，以减少情报在存贮-检索过程中的损失，达到较佳的检索效果。”①

7.1.1.2 功能作用突破

在张琪玉教授看来，情报语言学是为了达到更好的检索效率而创制的人工检索语言。为了保障标引人员和检索人员双方思想取得一致，张琪玉教授在我国首次提出了情报检索语言的四项基本功能作用：“一是对文献的情报内容(及某些外表特征)加以标引，二是对内容相同及相关的情报加以集中或揭示其相关性，三是对大量情报加以系统化或组织化，四是便于将标引用语和检索用语进行相符性比较。”②

7.1.1.3 研究思路突破

在张琪玉教授看来，情报语言学研究要想取得实质性进展，获得成功与突破，关键之处是要解禁传统思想的束缚，摒弃固化思维研究模式，开辟新路。因此，他在充分考量我国对情报检索语言理论研究工作现状后，前瞻性地提出了情报语言学的研究思路：“一是要改变研究方向；二是要扩大研究范围；三是要改进研究方法，主要从宏观和微观两个层次分析解剖其结构与功能的关系；四是要

---

① 张琪玉. 论情报检索语言的研究、创制与普及[J]. 图书情报知识，1983(4)：10-15.

② 张琪玉. 论情报检索语言的研究、创制与普及[J]. 图书情报知识，1983(4)：10-15.

研究中国特殊问题。”①

7.1.1.4　体系构建突破

张琪玉教授是一个坚定的辩证思维型学者，在其构建情报语言学学科体系和治学道路过程中，始终坚持用动态发展眼光和辩证思维方式来进行理论突破和理论创新，正确把握学科研究对象、发展目标和研究方向。因此，他极力主张对“分类检索语言、主题检索语言和其他情报检索语言以及自然语言在情报检索中的应用问题进行统一研究，以探索它们影响检索效率的共同规律和有效的改进途径”②。被图书情报学界公认为是“中国人自己创建的学科”。

7.1.1.5　终极目标突破

情报语言学研究的终极目标，就是要提高情报“检索效率”。因此，张琪玉教授从 20 世纪 80 年代初期开始，“就将‘检索效率’定位为情报语言学研究的根本目的和核心问题。”③视其为学术研究生命线，贯穿学术研究全过程。并终其一生，执着耕耘，与时俱进，克难奋进。他不仅发现了影响情报检索语言“检索效率”的共同规律，找到了有效的改进途径；而且发现了影响自然语言“检索效率”的根本原因，找到了有效的改进途径；同时还发现了影响网络信息检索工具“检索效率”的根本原因，找到了有效的改进途径。他的执着与探索，实现了情报语言学终极目标研究重要理论突破。

7.1.1.6　语言创制突破

20 世纪 90 年代末期，张琪玉教授经过十多年的艰难求索，在我国成功创制了“学科-事物概念组配型检索语言”（简称为“学科-

① 张琪玉. 论情报检索语言的研究、创制与普及[J]. 图书情报知识，1983(4)：10-15.

② 张琪玉. 我的情报语言学研究[J]. 图书馆杂志，2014(9)：4-7.

③ 王崇良，余朝晖. 张琪玉“检索效率”思想研究[J]. 荆楚学刊，2018(2)：86-91.

事物组配语言”）。设计起因：鉴于现有情报检索语言使用时都有很大局限性，效率不够高，不够理想；设计核心理念：优缺点互补，克服局限性，提高检索效率；设计核心措施手段：对自然语言进行规范控制，采用概念代码来标引文献①；核心实现方法：“分面分析+概念代码+概念对应转换+数据库技术”②③。这种情报检索语言结构模式功能作用强大，几乎包含了检索用户对检索语言的绝大部分需求。其最大特点就是实现了分类法与主题法检索的一体化，既可满足人们从学科途径检索需求，又可满足人们从主题途径检索需求，在检索性能与功能结构方面具有世界领先水平。

7.1.1.7 研究结论突破

革命导师马克思曾说：“在科学上没有平坦的大道，只有不畏艰险沿着陡峭山路攀登的人，才有希望达到光辉的顶点。”④张琪玉教授正是这样一位“不畏艰险沿着陡峭山路攀登”的智慧型学者，他在情报语言学界独树一帜，其学术研究不仅具有很高的理论性和前瞻性，而且还有非常重要的实践性和指导性，同时其学术思想和观点还有独特的超前性和引导性。张琪玉教授通过其长期理论探索和实践研究，得出了“情报检索语言的进步主要是结构模式的进步。永远只有更佳而不会有最佳的情报检索语言结构模式。因此，寻找更佳结合模式是情报检索语言创新的主流”⑤研究结论。

---

① 王崇良，韩爱萍，陈红勤等. 张琪玉理想情报检索语言结构模式思想研究[C]//南京政治学院军事信息管理系. 张琪玉情报语言学思想研讨会论文集. 北京：国家图书馆出版社，2016：60-67.

② 张琪玉. 学科-事物概念组配型检索语言——关于情报检索语言的遐想与求索[J]. 图书馆杂志，1997(2)：9-12.

③ 张琪玉. 探索21世纪的情报检索语言[M]//张琪玉文集(上). 北京：国家图书馆出版社，2014：369-372.

④ 马克思. 中共中央马克思恩格斯列宁斯大林著作编译局译《资本论》(根据作者修订的法文版第1卷翻译)[M]. 北京：中国社会科学出版社，1983.

⑤ 张琪玉. 寻找更佳结合模式是情报检索语言创新的主流[J]. 图书馆杂志，2005(2)：16-18.

7.1.2 研究方法突破

我们知道，一门学科的创立与发展，由于自身研究对象的不同，其学科研究方法并不相同，他是一个不断变化的生长体。张琪玉教授认为："研究各种学问的方法不能千篇一律，每种学问都有合适的研究方法。我正是找到了合适的研究方法，或者说找到了正确的研究方向、研究路线，研究才能继续进行"①。他曾多次反复强调，之所以能在情报语言学领域取得较多的学术成就，除基本观点的转变、理论突破和理论创新外，最为重要的就是找到了适合于"情报语言学"这个研究对象的专用研究方法。他坚信"没有无结构的功能，也没有无功能的结构。正确的观点和研究实践，是各种有效的研究方法产生的源泉"②。因此，张琪玉教授本人在其长期理论探索和研究实践中，发现和创造了以"结构功能分析法"为核心代表的 11 种专用研究方法③，使之成为我国情报语言学研究的方法论。

7.1.3 实践突破

张琪玉教授是一个智慧型专家学者，具有深厚的学术功底、敏锐的观察力和学术创造力。被丘峰先生列为"我国情报检索语言研究领域 40 年来卓有建树的五位人物，是我国 QJY(情报检索语言)学学科建设的开拓者。"④他特别善于结合实际发现问题、思考问

① 韩淑举. 学为人师 行为世范——访南京政治学院上海分院军事信息管理系教授张琪玉先生[J]. 山东图书馆学刊，2010(5)：1-8.

② 张琪玉. 钟情事业就是走向成功之路[M]//俞君立，黄葵，罗武建. 中国当代图书馆界名人成功之路. 武汉：武汉大学出版社，1996：283-295.

③ 张琪玉. 情报语言学的若干研究心得和收获——张琪玉学术思想自述[J]. 图书情报工作，2009(20)：5-9，29.

④ 丘峰. 中国情报检索语言建设四十年(1949—1989)[J]. 图书馆学通讯，1989(2)：14-27.

题、研究问题和解决问题。其理论与方法以及独特思维方式，为我国情报语言学学科建设实践突破作出了重要贡献，主要表现在三个方面：

7.1.3.1 创办专业学术期刊、推动学术交流

张琪玉教授认为，“情报语言学成果的主要应用领域就是索引和数据库的编制工作。”①因此，他为了加强我国学术交流，提高索引工作现代化水平，推动我国索引事业发展，于2003年和葛永庆等人创办了《中国索引》学术期刊，并被聘为该刊主编。他还亲自担纲，撰写《中国索引》发刊词，并明确指出：“现代的索引就是数据库……本刊以促进我国索引学和文献数据库技术的研究，推动索引和文献数据库事业的发展，普及索引和文献数据库知识，进行索引学和文献数据库技术领域的国际交流为宗旨。”②在此基础上，张琪玉教授还亲自拟定该刊栏目，如：“索引与数据库论坛”“索引语言(情报检索语言)研究”“网络信息检索工具研究”“因特网信息资源介绍”“国外索引与文献数据库事业”“索引史话与史料”“中国索引学会之页”③等。另外，张琪玉教授还在《中国索引》杂志上专门开辟了“索引与数据库漫笔”栏目，历时9年，公开发表连载文章36篇。

7.1.3.2 情报语言学的实践和应用

纵观张琪玉教授学术轨迹和治学道路，我们不难发现，他的主要研究领域是情报语言学，并且与时俱进，围绕着如何提高“检索效率”这个根本目的和核心问题展开的，创造性地发现和探明了影响检索效率的共同规律和有效的改进途径，取得了辉煌的学术成

① 张琪玉. 情报语言学[G]//中国科学技术情报学会和中国国防科技信息学会. 中国情报学百科全书. 北京：中国大百科全书出版社，2010：218.

② 张琪玉.《中国索引》发刊词[M]//张琪玉. 张琪玉文集(下). 北京：国家图书馆出版社，2014：392.

③ 张琪玉.《中国索引》栏目[M]//张琪玉索引学文集. 北京：国家图书馆出版社，2009：243.

就。其理论贡献和学术成就在情报语言学领域得到广泛的实践和应用。如：为了解决《中图法》"集中与分散"的矛盾问题，张琪玉教授提出了"双表列类法"技术①②，被《中图法》编辑委员会所采纳，《中图法》第三版法律类③采用了"双表列类法"技术，自此以后，《中图法》第四版法律类④、《中图法》第五版法律类⑤也采用了此技术；再如：张琪玉教授提出的分类法主题法一体化理论⑥，被《中图法》编辑委员会成功研制出版了《中国分类主题词表》⑦。而他们的成功与突破，正是基于张琪玉教授所提出的理论、观点和方法；又如：张琪玉教授提出的后控制理论及其结构模式⑧，不仅广泛应用于网络信息资源和数据库资源检索，而且其"相关检索""检索提问"和"友谊链接"等检索方式，在百度、谷歌等综合网站搜索引擎中得到具体应用。

7.1.3.3　理论与方法延伸拓展应用

理论来源于实践，又用于指导实践。张琪玉教授所创立的情报语言学理论与方法，具有超强的学术生命力和宽广的学术辐射力。不仅广泛应用于情报语言学学科建设，取得重要理论突破和应用性

---

① 张琪玉. 体系分类法中"集中与分散"的矛盾[J]. 图书馆杂志，1982(1)：14-16.

② 张琪玉. 情报语言以及图书情报之杂思偶想录(2)[J]. 江西图书馆学刊，2003(4)：3-5.

③ 中国图书馆图书分类法编辑委员会. 中国图书馆图书分类法[M]. 3版. 北京：书目文献出版社，1990：57-62.

④ 中国图书馆分类法编辑委员会. 中国图书馆分类法[M]. 4版. 北京：北京图书馆出版社，1999：57-64.

⑤ 国家图书馆《中国图书馆分类法》编辑委员会. 中国图书馆分类法[M]. 5版. 北京：国家图书馆出版社，2010：55-63.

⑥ 张琪玉. 情报语言学基础[M]. 增订二版. 武汉：武汉大学出版社，1997：1-4.

⑦ 《中国图书馆图书分类法》编辑委员会. 中国分类主题词表[M]. 北京：华艺出版社，1994.

⑧ 张琪玉. 论后控制词表[J]. 图书情报工作，1994(1)：1-4.

研究成果；而且据笔者所知，其理论与方法，还延伸拓展应用到多个相关学科领域，如：军用信息检索语言①、档案检索②、证券市场信息的管理系统③、电子商务领域的信息组织管理④、《中国金融叙词表》编制⑤、临床医疗信息系统管理⑥等。他们的成功与突破，均得益于情报语言理论与方法的灵感和启迪。

7.2 张琪玉情报语言学学科体系形成、发展、完善

张琪玉情报语言学学科体系建设，主要经历了三个阶段：即形成阶段、发展阶段和完善阶段。以其3本学术专著，即：《情报检索语言》(简称为武大版)、《情报语言学基础》(简称为电大版)、《情报语言学基础》(增订二版)为其阶段性标志性研究成果。详见图7-2张琪玉“情报语言学学科体系形成、发展、完善”图示。

---

① 赵建国，周健. 军用信息检索语言易用性研究[J]. 数字图书馆论坛，2014(10)：13-16.

② 张正强. 论张琪玉教授开创的情报语言学在中国文件/档案领域中的应用[J]. 信息管理，2014(4)：29-40，60.

③ 李为. 我和情报检索语言的故事——兼述检索语言在中国资本市场的应用[C]//南京政治学院军事信息管理系. 张琪玉情报语言学思想研讨会论文集. 北京：国家图书馆出版社，2016：131-146.

④ 邓顺国，罗源. 因特网大众分类法在电子商务网站中的应用研究[C]//南京政治学院军事信息管理系. 张琪玉情报语言学思想研讨会论文集. 北京：国家图书馆出版社，2016：158-162.

⑤ 李国秋. 基于张琪玉情报语言学思想的《中国金融叙词表》编制实践[C]//南京政治学院军事信息管理系. 张琪玉情报语言学思想研讨会论文集. 北京：国家图书馆出版社，2016：147-157.

⑥ 洪漪. 情报检索语言在临床信息系统和放射医疗信息交流中的应用[C]//南京政治学院军事信息管理系. 张琪玉情报语言学思想研讨会论文集. 北京：国家图书馆出版社，2016：118-130.

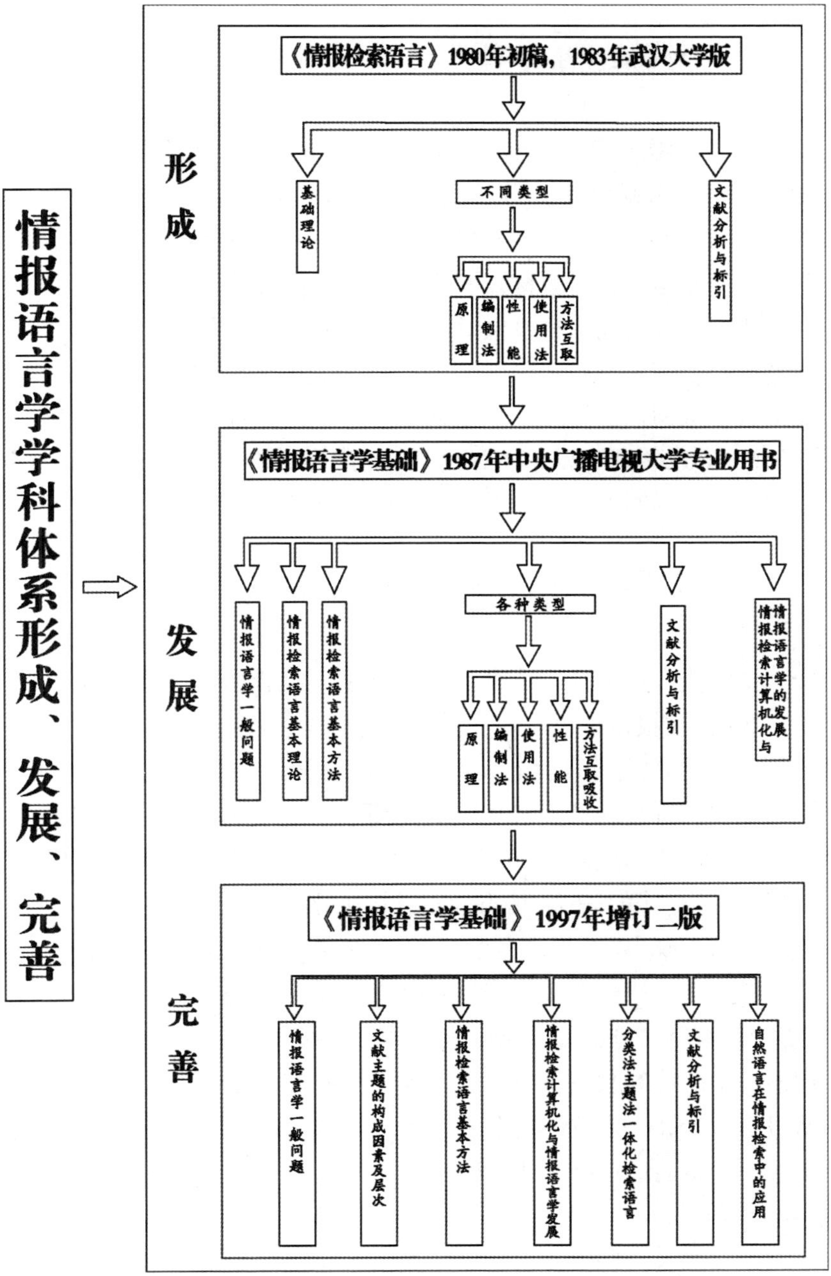

图 7-2　张琪玉“情报语言学学科体系形成、发展、完善”图示

7.2.1 形成阶段

情报检索语言学科体系形成阶段，主要是指张琪玉教授在1980年3月自编教材《情报检索语言》基础上，经过两次修改，于1983年6月由武汉大学出版社出版的《情报检索语言》(该书被教育部列入高等学校文科教材)为其标志性研究成果。该书以检索效率为中心，系统阐述了情报检索语言的基本理论；重点研究了“等级体系分类语言、分析-综合分类语言、标题词标引语言、单元词描述语言、叙词描述语言、关键词描述语言的原理、编制法、性能、使用法和方法互取以及文献分析与标引”①等方面的问题，在我国首次构建和创制了情报检索语言学科体系初步框架结构。

7.2.2 发展阶段

情报语言学学科体系发展阶段，主要是指张琪玉教授在1983年出版的《情报检索语言》(武大版)基础上，经过十多年探索，于1987年9月由武汉大学出版社出版的《情报语言学基础》(电大版)为其标志性研究成果。该书是在《情报检索语言》(武大版)基础上，增加了第一章 绪论——情报语言学一般问题、第九章 情报检索语言基本方法、第十一章 情报检索计算机化与情报语言学的发展②，并将书名更改为《情报语言学基础》。本书系统地阐述了情报语言学一般问题、情报检索语言的基本理论和基本方法；重点研究了“等级体系型、分析-综合型、标题词型、关键词型、单元词型、叙词型检索语言的原理、编制法、性能、使用法和方法互取吸取以及情报检索计算机化与情报语言学的发展”③等方面问题，逐步形成了较为完整的情报语言学学科体系。

① 张琪玉. 情报检索语言[M]. 武汉：武汉大学出版社，1983.

② 张琪玉. 情报语言学基础[M]. 武汉：武汉大学出版社，1987.

③ 张琪玉. 情报语言学基础[M]. 武汉：武汉大学出版社，1987.

7.2.3 完善阶段

情报语言学学科体系完善阶段，主要是指张琪玉教授在 1987 年出版的《情报语言学基础》(电大版)的基础上，又经历十年探索，于 1997 年 9 月由武汉大学出版社出版的《情报语言学基础》(增订二版)为其标志性研究成果。在该书中，张琪玉教授除保留原有章节外，增加了第九章 分类法主题法一体化检索语言、第十二章 自然语言在情报检索中的应用核心内容，使其体系结构更加全面、合理、完善。

7.3 分类检索语言研究

张琪玉教授从 1980 年到 2003 年期间，重点研究了文献分类学的理论与方法、《中图法》编制理论与技术方法和文献分类标准化理论等方面问题，将我国对分类检索语言的研究提高到一个崭新的高度。详见图 3 张琪玉“分类检索语言”图示。

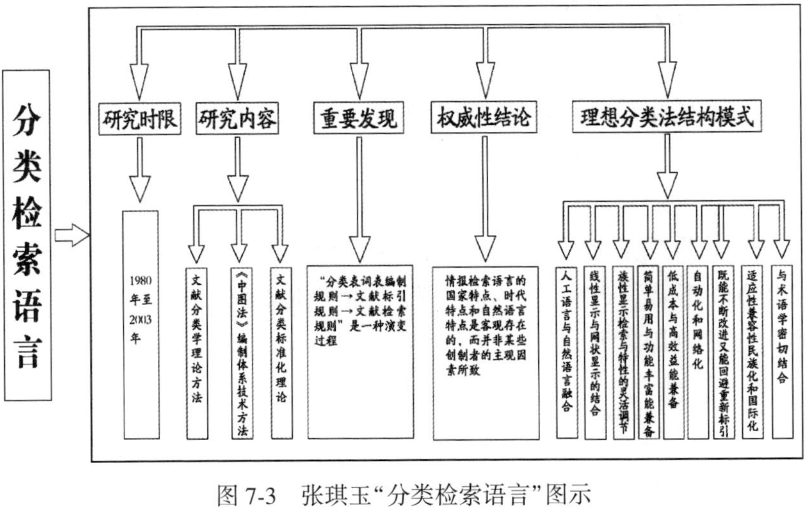

图 7-3 张琪玉“分类检索语言”图示

从图 7-3 中我们可以清晰地看出，张琪玉教授对分类检索语言研究的核心贡献主要表现在以下 3 个方面：

7.3.1 重要发现

众所周知，文献检索必须遵循文献检索原理、方法和规则。“分类表词表编制规则→文献标引规则→文献检索规则”是文献检索过程中三个重要环节，他们之间具有层层制约、层层依赖的关系。作为检索者，对这三者之间规则的理解和掌握，决定着检索结果正确与否。因此，21 世纪初期，张琪玉教授对其进行了专门探索和深入研究，在我国首次发现了他们之间是一种“演变过程”①，其检索原理、检索方法和检索规则具有相同性。

7.3.2 权威性结论

自中华人民共和国成立以来，在我国图书情报学界，人们围绕情报检索语言是否具有“国家特点、时代特点和自然语言特点”曾展开过多次讨论与专门研究，意见、分歧较大，始终没有得出结论，达成共识。20 世纪 90 年代末期，张琪玉教授独具慧眼地探讨和研究了情报检索语言的性质与特点，并在《情报检索语言的国家特点、时代特点和自然语言特点》文章中对其国家特点、时代特点和自然语言特点的“表现形式”和“产生原因”进行过系统分析和专门研究，发现了其历史原因和客观社会因素，得出了“情报检索语言的国家特点、时代特点和自然语言特点是客观存在的，并非某些创制者主观因素所致”②权威性结论。

① 张琪玉. 情报语言漫笔(H)[J]. 图书馆理论与实践，2003(2)：36-38.

② 张琪玉. 情报检索语言的国家特点、时代特点和自然语言特点[J]. 图书馆理论与实践，1989(4)：8，9.

7.3.3　理想分类法结构模式

在我国图书情报学界，《中国图书馆图书分类法》(简称《中图法》)是一部权威性文献分类法，全国 95%以上的各类型图书情报部门(单位)都是使用《中图法》来类分图书，95%以上的各大型图书馆的数据库是以《中图法》作为检索途径之一。事实上，《中图法》已经成为我国图书情报部门(单位)类分和检索文献资料最具权威性、适用性和广泛性的文献分类法。21 世纪初期，张琪玉教授由于长期参与到《中图法》各版本的编制与修订工作，积累了丰富的理论知识和工作经验，对未来分类法结构模式的探索与研究产生了浓厚兴趣，并取得实质性研究成效(详见图 7-3)，在我国首次提出了理想分类法结构模式①。

7.4　主题检索语言研究

张琪玉教授从 1983 年到 1997 年期间，重点研究了主题检索语言性能、文献主题标引原理与方法、叙词表分面化改造和分类法主题法一体化等方面问题，取得重要理论成就。详见图 7-4 张琪玉“主题检索语言”图示。

从图 7-4 中我们可以清晰地看出，张琪玉教授对主题检索语言研究的核心贡献主要表现在以下 3 个方面：

7.4.1　重要突破

20 世纪 80 年代中期，张琪玉教授在《文献主题的构成因素及层次》一文中，系统分析和专门研究了文献主题概念、文献主题层

① 张琪玉. 情报语言漫笔(G)对未来分类法的憧憬[J]. 图书馆理论与实践，2003(1)：39.

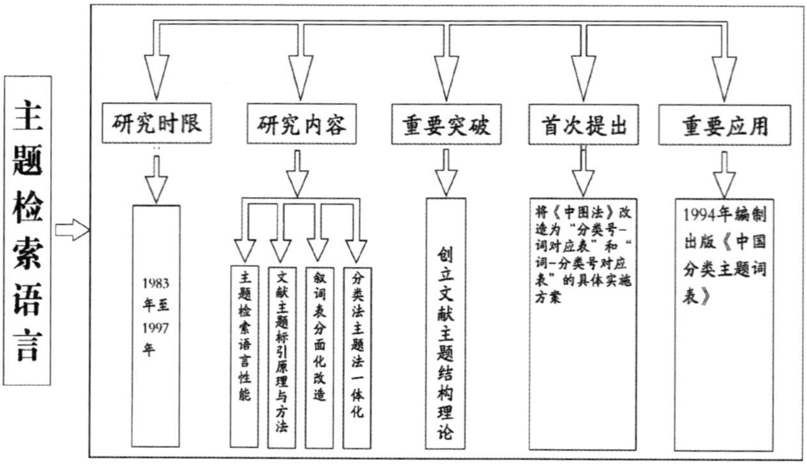

图 7-4　张琪玉“主题检索语言”图示

次规律和主题变化规律。并用图示法，从“以事物为中心”和“以学科为中心”两个方面，在我国首次建构了“文献主题构成因素及层次结构”①模型图，创立了“文献主题结构”理论。在他看来，现代情报检索语言的分面组配理论就是在其基础上产生的，它可广泛应用于我国分面组配分类法“各分面的设置及各分面次序的确定”“分类表词表编制”和“各种主题文献分类标引规则”制定等诸多方面。

7.4.2　首次提出

张琪玉教授是一位辩证思维型学者，在其治学道路和学术研究生涯中，积极倡导对分类检索语言和主题检索语言进行统一研究，始终坚信他们两者之间存在着高度的辩证统一的关系，从而实现相互之间的兼容与转换。因此，张琪玉教授在这种辩证思维方式的引导下，通过其理论探索和科学研究，于 20 世纪 90 年代中期在《分

① 张琪玉. 文献主题的构成因素及层次[J]. 图书情报知识，1985(1)：39-41.

类法主题法一体化自动标引系统的基本原理和方法》一文中，独具慧眼地阐明和诠释了“将《中图法》改造为‘分类号-词对应表’和‘词-分类号对应表’”①的构思和设想，为我国成功编制《中国分类主题词表》一体化情报检索语言作出了重要贡献。

7.4.3　重要应用

《中国分类主题词表》是在张琪玉教授关于“分类法主题法”一体化②以及“将《中图法》改造为‘分类号-词对应表’和‘词-分类号对应表’”③重要学术思想的基础上成功编制出版的一体化情报检索语言。它是在原《中国图书馆图书分类法》(以及《中国图书资料分类法》)(简称《资料表》)第 3 版和《汉语主题词表》的基础上编制而成的。全书体系结构由两个部分组成：一是采用分类号和主题词对应编排方式④，即以《中图法》(以及《资料法》)第 3 版为主体，并将《汉语主题词表》中的全部主题词置于相应类目之下，便于各种类型图书馆和情报机构(单位)的使用者对文献进行分类标引；二是采用主题词和分类号对应编排方式⑤，即以《汉语主题词表》中的字顺表为主体，增加了大量主题词串，并将《中图法》第 3 版中的全部分类号置于相应主题词或主题词串之下，便于各种类型图书馆和情报机构(单位)的使用者对文献进行主题标引。从而实现分类标引和主题标引之间的兼容互换。

① 张琪玉. 分类法主题法一体化自动标引系统的基本原理和方法[J]. 图书馆论坛，1995(6)：3-4，57.

② 张琪玉. 情报语言学基础[M]. 增订二版. 武汉：武汉大学出版社，1997：1-4.

③ 张琪玉. 分类法主题法一体化自动标引系统的基本原理和方法[J]. 图书馆论坛，1995(6)：3-4，57.

④ 《中国图书馆图书分类法》编辑委员会. 中国分类主题词表[M]. 北京：华艺出版社，1994.

⑤ 《中国图书馆图书分类法》编辑委员会. 中国分类主题词表[M]. 北京：华艺出版社，1994.

7.5 自然语言在情报检索中的应用研究

张琪玉教授从 1992 年到 2005 年期间，重点研究了自然语言检索应用方式、影响自然语言检索效率因素与对策以及自然语言检索控制措施等方面问题。其学术性研究成就，产生了一定的社会效益和广泛的应用前景。详见图 7-5 张琪玉“自然语言在情报检索中的应用”。

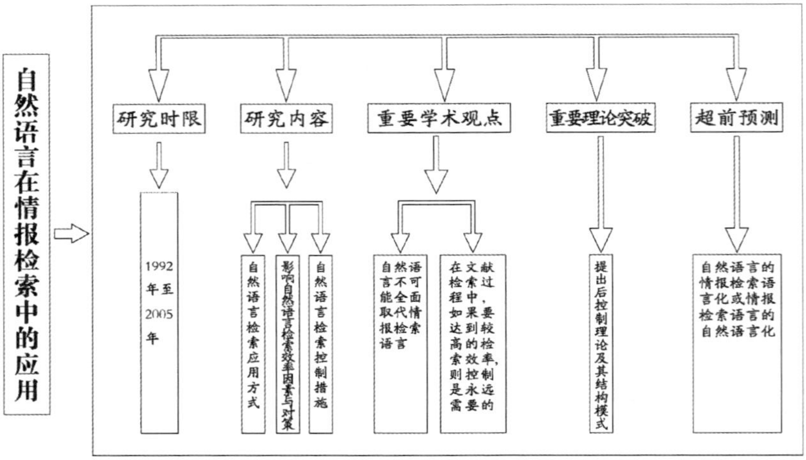

图 7-5 张琪玉“自然语言在情报检索中的应用”图示

从图 7-5 中我们可以清晰地看出，张琪玉教授对自然语言检索研究的核心贡献主要表现在以下 3 个方面：

7.5.1 重要学术观点

张琪玉教授在自然语言检索研究过程中，提出了两个重要学术观点：其一，20 世纪 90 年代，人们围绕自然语言和人工语言检索性能孰优孰劣问题产生了不同意见和较大分歧，一部分学者认为：

自然语言将淘汰情报检索语言。针对此种观点，张琪玉教授在接受吴建中通讯访谈《情报检索语言的发展趋势——关于图书馆未来的对话之九》①和张欣毅、张京生的《走向自然语言与情报检索语言结合之路——与我国著名情报语言学家张琪玉教授的通讯访谈》②两篇文章中，阐明了其中的根本原因，持否定态度，提出了“自然语言不可能全面取代情报检索语言，淘汰情报检索语言”③重要学术观点；其二，提出了在“文献检索过程中，如果要达到较高的检索效率，控制是永远需要的”④重要学术观点。

7.5.2 重要理论突破

从20世纪90年代初期开始，张琪玉教授将研究重点转移到自然语言检索领域，并从情报语言学角度重点研究了自然语言检索诸多方面问题，发现了它的致命弱点就是缺少“控制”，而配备后控制词表则是提高其检索效率的主要方法。因此，张琪玉教授通过对后控制词表的控制机理、控制程度、编制方式、编制特点、编制模式以及各种编制方法在实际控制程度上差别⑤的全面分析研究，在后控制理论及其结构模式方面取得了重要理论突破：其一，提供了“标引不控制+检索控制”后控制检索模式⑥；其二，提供了“分类词表+字顺/轮排表”的理想后控制词表结构模式⑦。

① 吴建中，张琪玉．情报检索语言的发展趋势——关于图书馆未来的对话之九[J]．图书馆杂志，1996(4)：29-32.

② 张欣毅，张京生．走向自然语言与情报检索语言结合之路——与我国著名情报语言学家张琪玉教授的通讯访谈[J]．图书馆理论与实践，2001(2)：3-5.

③ 张欣毅，张京生．走向自然语言与情报检索语言结合之路——与我国著名情报语言学家张琪玉教授的通讯访谈[J]．图书馆理论与实践，2001(2)：3-5.

④ 张琪玉．论后控制词表[J]．图书情报工作，1994(1)：1-4.

⑤ 张琪玉．论后控制词表[J]．图书情报工作，1994(1)：1-4.

⑥ 张琪玉．论后控制词表[J]．图书情报工作，1994(1)：1-4.

⑦ 张琪玉．论后控制词表[J]．图书情报工作，1994(1)：1-4.

7.5.3 超前预测

张琪玉教授在我国图书情报学界，是一位坚定的辩证思维型学者。他在撰写的学术论文和专著中，曾多次专门探讨研究了自然语言和情报检索语言的发展前途问题，始终认为他们两者之间可以并行发展、相互结合，优缺点互补。“必然会朝着从两者的初步结合到完全融合”①的方向发展。他的独特认知和超前预测，在网络信息技术高度发展的当今时代得到了充分印证，即“自然语言的情报检索语言化或情报检索语言的自然语言化。”②

7.6 索引学研究

张琪玉教授从 1991 年到 2009 年期间，重点研究了索引学、文献索引计算机编制法、图书内容索引编制法、工具书索引编制法和中国索引事业的格局与问题等方面问题。为我国索引学创立与发展作出了重要理论贡献。详见图 7-6 张琪玉“索引学”图示。

从图 7-6 中我们可以清晰地看出，张琪玉教授对索引学研究的核心贡献主要表现在 3 个方面：

7.6.1 核心理念

张琪玉教授在充分考量中国索引事业和索引工作现状与格局后，对我国索引事业的发展和索引工作的开展提出了前瞻性的研究课题：即必须在“索引项”研究上创新、必须在“索引方法”研究上

① 张琪玉. 张琪玉与情报语言学学科建设[M]//张琪玉情报语言学文集，北京：北京图书馆出版社，1999：1-9.

② 张琪玉. 情报语言学基础[M]. 增订二版. 武汉：武汉大学出版社，1997：304-308.

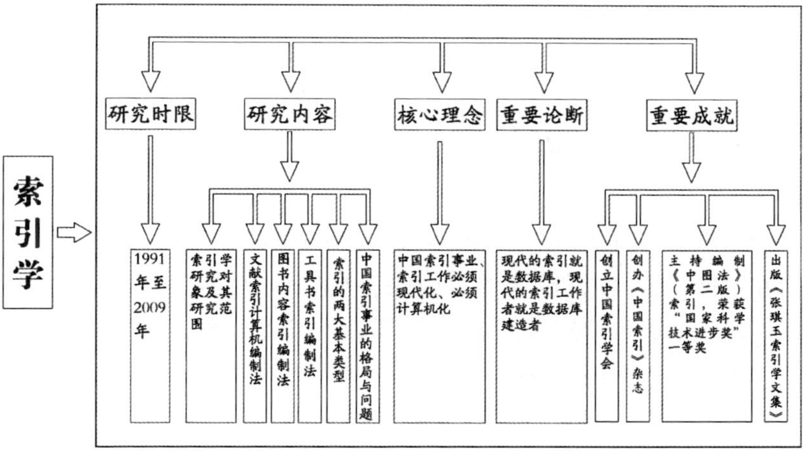

图 7-6　张琪玉“索引学”图示

创新、必须在“索引形式”研究上创新、必须在“索引选题”研究上创新、必须在“索引应用”研究上创新、必须在“索引学”研究上创新①。通过其理论探索和科学研究，张琪玉教授认为：中国索引事业和索引工作必须走向社会、必须走向大众、必须走向生活、必须走向现代化、必须走向计算机化②。

7.6.2　重要论断

21 世纪初期，张琪玉教授为了提高我国索引工作现代化水平，推动我国数据库事业发展，前瞻性地从“索引工作现代化、数据库推动了索引工作的现代化、数据库扩大了索引原理的应用、数据库对索引学发展的贡献”③等几个方面阐明了现代的索引与数据库建设之间的内在关联性。通过其理论探索和科学研究，张琪玉教授提

① 张琪玉. 中国索引事业：当前格局与问题[J]. 图书馆杂志，2006(1)：3-5，13.

② 张琪玉. 索引要走向社会[M]//张琪玉文集(下). 北京：国家图书馆出版社，2014：245-247.

③ 张琪玉. 现代的索引就是数据库[J]. 图书馆杂志，2001(12)：6-7.

出了“现代的索引就是数据库，现代的索引工作者就是数据库建造者”①的重要论断，创造性地开辟了我国数据库建设事业的新征程。

7.6.3 重要成就

张琪玉教授认为，“情报语言学研究的终极目的，就是为了索引和数据库的改进和创新。”②因此，他在研究情报语言学同时，还将其研究拓展延伸到索引学领域，取得了辉煌的学术成就和理论贡献。主要表现在四个方面：一是创立中国索引学会，二是创办《中国索引》杂志，三是主持编制《中国图书馆图书分类法 第 2 版 索引》，四是出版《张琪玉索引学文集》。

7.7 网络信息检索工具研究

张琪玉教授从 2000 年到 2005 年期间，将其研究重点拓展到网络信息检索工具领域，专门研究了“因特网大众分类法”“网络信息检索工具开发与改进”“网络信息检索用语言的发展趋势”等方面问题，取得了重要阶段性研究成效。详见图 7-7 张琪玉“网络信息检索工具”图示：

张琪玉教授认为，网络信息检索工具是对庞大的网络信息资源进行有效控制的工具。它是网络用户进行网络信息检索服务的基本形式和导航工具，借助于这种工具，网络用户可以在网络信息资源海洋中迅速、准确地在网上查找和获取自己所需要的文献信息资料③。在此基础上，他就如何提高网络信息检索工具检索效率等方

---

① 张琪玉. 现代的索引就是数据库[J]. 图书馆杂志，2001(12)：6-7.

② 张琪玉. 情报语言学[G]//中国科学技术情报学会和中国国防科技信息学会. 中国情报学百科全书，北京：中国大百科全书出版社，2010：218.

③ 张琪玉. 关于我国网络信息检索工具开发与改进的思考[M]//张琪玉文集(下). 北京：国家图书馆出版社，2014：141-149.

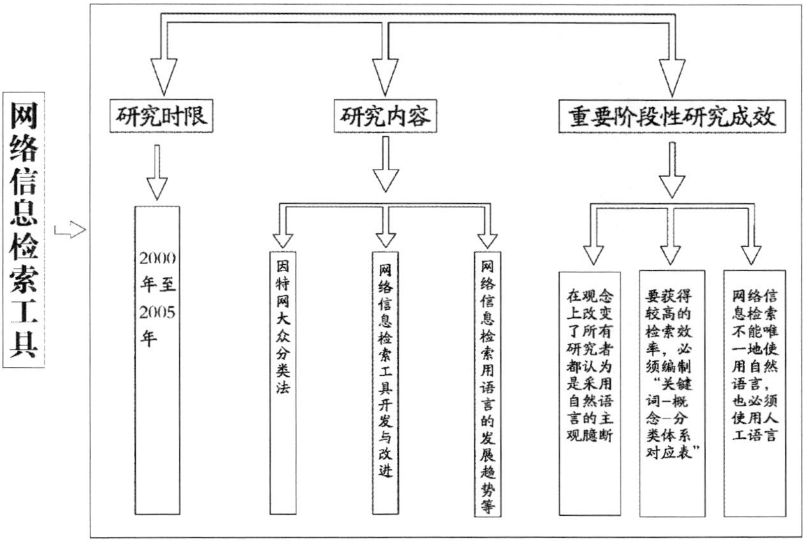

图 7-7　张琪玉“网络信息检索工具”图示

面问题进行了系统研究，发表了 28 篇专业论文，创造性地阐明了自己独特的认知并取得了重要阶段性研究成效，主要表现在三个方面：一是在观念上改变了所有研究者都认为是采用“自然语言”的主观臆断；二是在结构编制方面，“要想获得较高的检索效率，必须编制‘关键词-概念-分类体系对应表’”①；三是在检索语言使用方面，“网络信息检索不能唯一地使用自然语言，也必须使用人工语言。”②

总之，文章作者从七个方面采用图示加文字说明的形式，对张琪玉教授在情报语言学学科建设等方面所取得的理论贡献和学术成就进行了揭示和梳理。通过全面完整的追踪、整理、提炼和总结，目的就是为了便于人们直接直观地熟悉和掌握他在情报语言学学科

① 张琪玉. 关于我国网络信息检索工具开发与改进的思考[M]//张琪玉文集(下). 北京：国家图书馆出版社，2014：141-149.

② 张琪玉. 网络信息检索用语言的发展趋势[J]. 图书馆杂志，2001(3)：5-7，22.

建设等相关学科领域的治学道路、学术思想脉络、重要学术观点、重要学术理论成就、重要学术观点创新；大力弘扬他的学术精神、学术成就和学术思想；彰显他的理论贡献和思想成就，使其得以传承。通过研究发现，张琪玉教授成功秘诀主要表现在三个方面：一是不忘情报语言学学科建设的初心和使命，方得始终；二是不管外界风吹浪打，却始终坚守在情报语言学领域中专注聚焦，耕耘不辍；三是与时俱进，开拓创新，延伸拓展学科研究领域，践行人生诺言，实现终生“伟大事业”和“中国梦”。

专题研究篇

第 8 章　张琪玉文献分类学思想研究

张琪玉教授文献分类学思想是其情报语言学思想的重要组成部分。从某种意义上说，张琪玉教授情报语言学发端于文献分类学，又反哺于文献分类学，进而高于文献分类学。他在其理论探索和学术研究生涯中，重点研究了文献分类学理论与方法、《中国图书馆分类法》编制理论与技术方法以及文献分类标准化理论等方面问题，取得了辉煌的学术成就，将我国对分类学研究提高到一个崭新的高度，并为我国当代文献分类学创立与发展作出了重要理论贡献。

8.1　张琪玉对文献分类学理论与方法研究

张琪玉教授在北京大学图书馆学系读书时，师从刘国钧教授，就对文献分类学产生了浓厚的学习兴趣，全面系统地阅读了当时国内外有关图书分类学的理论著作和学术研究文章。参加工作后，志向远大，目标明确，锐志激增，高度关注苏联图书分类学方面所取得的最新理论成果和成就，并将其译为中文介绍给图书馆学界业内同行。1964 年 6 月完成了《文献检索和国际十进分类法(提纲)》①

① 张琪玉. 文献检索和国际十进分类法(提纲)[J]. 吉林市科学技术委员会情报研究室，1964(7).

撰写工作，初步显现出他对文献分类学理论与方法的研究成果。20世纪80年代初期，张琪玉教授在我国首次构建和创制了情报检索语言学科体系初步框架结构，极力主张对分类检索语言和主题检索语言进行统一研究，并从提高检索效率的角度，探索它们之间的共同规律和有效改进途径。在此基础上，他还从更高视野、更高层次提醒我们，对于文献分类学理论与方法的研究，不要局限于综合性体系分类法研究，还要特别重视组配分类法研究①。

8.1.1 确认文献分类法是一种情报检索语言，并阐明其学科概念原理

20世纪90年代初期，张琪玉教授在《文献分类岗位培训教程》第一章 第一节“文献分类法的基本原理与功能”中认为，文献分类法是一种情报检索语言。它的主要作用，是为了建立分类检索系统和分类排架系统；它的实质，是为了“表达一系列概括文献情报内容的概念及其相互关系的概念标识系统”②；它的本质，是为了建立文献分类体系，显示概念之间的各种关系，创造一个良好的“语言环境”；它的基本功能，是为了标引、揭示其相关性、系统化或组织化以及相符性比较(情报检索语言四项基本功能)③。并在此基础上，进一步阐明文献分类法的学科概念、主要特点以及结构体系原理等诸多方面问题。在张琪玉教授看来，分类法又名为分类检索语言。其主要特点是按照学科、专业集中文献，并从知识分类角度揭示各类文献在内容上的区别和联系，提供从知识分类检索文献的途径与方法；其结构体系原理是概念逻辑原理以及“概念的

① 张琪玉. 论情报检索语言的研究、创制与普及[J]. 图书情报知识，1983(4)：10-15.

② 刘湘生，张琪玉. 文献分类岗位培训教程[M]. 北京：华艺出版社，1993.

③ 刘湘生，张琪玉. 文献分类岗位培训教程[M]. 北京：华艺出版社，1993.

划分与概括”和“概念的分析与综合”两种逻辑方法①。他的理论探索和学术观点独具特色、研究角度和视野别出心裁，极具深度和广度，将我国对文献分类学理论与方法的研究，提高到一个崭新的高度。

8.1.2　阐明文献分类表编制原理，诠释文献分类表列类方法

20世纪90年代中期，张琪玉教授在《分类法与分类表》文章中认为，文献分类表即为“类目表”。它是一种情报检索语言的主体结构和核心部分。如果我们说创制一种分类检索语言，其实质内涵就是编制一部完整的分类表②。

在张琪玉教授看来，文献分类表是由其宏观结构和微观结构两个部分组成。其中，宏观结构是由编制说明、大纲、简表、详表、辅助表、类目索引和附录等7个部分组成；而微观结构则是由类目、分类标记和类目注释3种要素构成。文献分类表就其本质属性来说，我们可以把它看成是一部类目的汇编或一个类目的体系或一部类目的“词典”或一种类目的排列表③。它承担着文献分类标引和分类目录组织的重任。张琪玉教授还特别提醒我们，文献分类表在其编制过程中，最核心、最关键的工作就是文献分类表列类工作。对于分类检索语言而言，符合正规列类法要求的类目非常少，绝大部分类目要采用变通的列类方法来实现。如：列举列类法、重点列类法、罗列列类法、对应列类法、集中列类法、突出列类法、压缩列类法、归附列类法、合并列类法、多重列类法、

① 张琪玉. 检索语言讲座(四) 第4讲 分类法与分类表[J]. 情报理论与实践，1995(4)：52-54，17.

② 张琪玉. 检索语言讲座(四) 第4讲 分类法与分类表[J]. 情报理论与实践，1995(4)：52-54，17.

③ 张琪玉. 检索语言讲座(四) 第4讲 分类法与分类表[J]. 情报理论与实践，1995(4)：52-54，17.

交替列类法、双表列类法、专表列类法等①。张琪玉教授阐明和诠释的文献分类表编制原理和变通列类方法，对于我国文献分类学理论的创新与突破以及编制技术方法的改进与完善作出了重要理论贡献。

8.1.3 阐述分类标记原理与方法，指明分类标记研究方向

20世纪90年代初期，张琪玉教授在《分类标记原理与方法概述》文章中，单独使用自己创立的情报语言学重要研究方法“归纳法”，并从“分类标记的功能、分类标记的要求、标记符号、标记制度、标记方法和分类标记类型”等诸多方面进行深层次探索与研究。在张琪玉教授看来，分类标记即为“分类号”。它在文献分类法中，具有作为类目代号、固定类目次序、显示类目关系和相符性比较的功能②，它与类目体系之间存在相互依存与相互制约关系，我们应当正确处理好两者之间的依托与中介关系。他还从扩大标记符号基数、加深类目专指度、改变分类体系、增加多途径检索功能和提高分类标记表达性、容纳性、助记性以及缩短分类标记长度、突出个别类目等角度诠释具体标记方法③。张琪玉教授还特别提醒我们，“容纳性、表达性和灵活性三种要求对分类法检索性能影响较大，在设计分类标记结构时应给予较多注意。”④在此基础上，张琪玉教授还对分类标记发展方向和主攻方向进行了预测。提出“如何使系统性和自由组配性能并存，可能是分类标记研究的

① 张琪玉. 检索语言讲座(四) 第4讲 分类法与分类表[J]. 情报理论与实践，1995(4)：52-54，17.

② 张琪玉. 分类标记原理与方法概述[J]. 图书馆，1993(1)：12-16，44.

③ 张琪玉. 分类标记原理与方法概述[J]. 图书馆，1993(1)：12-16，44.

④ 张琪玉. 分类标记原理与方法概述[J]. 图书馆，1993(1)：12-16，44.

主攻方向。”①他的精准预测及其理论、观点和方法，在《中国分类主题词表》②和《中国图书馆分类法》(第五版)③的图书版、电子版和 Web 版中得到应用与验证，为我国分类检索语言的创新与改进以及广泛应用于计算机检索系统和网络检索系统带来了光明的发展前景，开辟了广阔的应用空间。

8.1.4　阐明多重列类法本质特性，提高文献分类法检索性能

20 世纪 80 年代中期，张琪玉教授在《关于〈中图法〉增加组配成分的可能性和方法的探索》文章中，对于“多重列类法”进行了专题研究工作。在张琪玉教授看来，多重列类法是一种横向展开的列法方法。其本质特性为：它能同时使用多个分类标准，从不同角度来划分同一个类目；其实质就是一个微型的分面分类法；其原理类似于印度图书馆学家阮冈纳赞《冒号分类法》中的组配标引方法④。因此，张琪玉教授特别指出，多重列类法是对“入最前类法”和“入最后类法”编制技术方法的改进与提高，它一定要与“‘最前标号法’或‘最后标号法’结合使用，才能提高其检索效率以及检全率、检准率和检索速度。”⑤它与组配分类法和叙词法在其检索性能方面具有相同性或一致性。在此基础上，张琪玉教授还特别提醒我们，要扩大“多重列类法”在《中国图书馆分类法》中的应用范围，目前

① 张琪玉. 分类标记原理与方法概述[J]. 图书馆，1993(1)：12-16，44.

② 《中国图书馆图书分类法》编辑委员会. 中国分类主题词表[M]. 北京：华艺出版社，1994.

③ 国家图书馆《中国图书馆分类法》编辑委员会. 中国图书馆分类法[M]. 5 版. 北京：国家图书馆出版社，2010.

④ 张琪玉. 关于《中图法》增加组配成分的可能性和方法的探索[J]. 国家图书馆学刊，1985(3)：22-38.

⑤ 张琪玉. 关于《中图法》增加组配成分的可能性和方法的探索[J]. 国家图书馆学刊，1985(3)：22-38.

我们所能看到的多重列类法，都是用于“事物类型”的划分，如各种桥梁、各种雕塑、各种半导体器件等，限制了它的应用范围。应将其扩大到“整体与部分关系”“全面与某一方面关系”等其他等级关系的展开。它特别有助于体系分类法分面化改造，并能广泛适用于电子计算机检索系统，最大限度地提高体系分类法检索性能和检索效率，使之向组配化方向发展。

8.2 张琪玉对《中图法》编制理论与技术方法研究

张琪玉教授是我国最早关注编制全国统一图书分类法的学者之一。1955 年，他在《图书馆工作》杂志上第一个介绍《苏联图书馆分类法草案》的编制经过、基本原则和基本分类等情况；1971 年至 1973 年期间，将《苏联图书馆图书分类法》分 10 部分译为中文，为我国成功编制全国统一图书分类法《中国图书馆图书分类法》，提供编制理论和编制技术方法支持；1971 年至 2000 年，亲自参与到《中国图书馆图书分类法》(以下简称为《中图法》)多个版本的设计起草、综合定稿和修订工作等方面，为我国《中图法》编制体系的完善、编制技术方法的改进、功能的优化和检索效率的提高起到了关键性作用。

8.2.1 提出补救措施，缓解《中图法》“集中与分散”矛盾

20 世纪 80 年代初期，张琪玉教授在《体系分类法中“集中与分散”的矛盾》文章中，运用自己创立的情报语言学重要研究方法“归纳法和演绎法”，对其体系分类法中“集中与分散”矛盾突出问题进行了专门研究和探索。通过归纳和演绎后发现，“体系分类法能够‘鸟瞰全貌’‘触类旁通’这一优点和‘集中与分散’的矛盾这一缺点都是由于对概念进行层层划分、层层隶属的结果，优点和缺点出于

同一原因。”①是其基本矛盾，普遍现象。张琪玉教授认为：从长远看，如果我们要想“较彻底地解决‘集中与分散’矛盾的办法，可能是组配分类法，并且要与标识单元检索方式配合使用”②；从近期看，如果我们要想从根本上消除“集中与分散”矛盾，必须改变“层层划分、层层隶属”列类原则。在此基础上，张琪玉教授提出了缓解“集中与分散”矛盾的措施和方法，即为“双表列类法、多重列类法、交替类目法、互见法、类目相关索引法、冒号组配法”③④等方法。张琪玉教授还特别强调，在上述诸多缓解措施和方法中，最为有效的缓解办法是采用“双表列类法”，并在《情报语言以及图书情报之杂思偶想录(2)》文章中，针对我国文献检索已经实现计算机化检索操作，《中图法》电子版、网络版已被各大类型图书馆普遍采用的客观事实，极力主张在《中图法》社会科学有关部类扩大“双表列类法”应用范围(如教育类等)，并详细阐明其原因、原理、方法和操作程序⑤。

8.2.2　主持编制《中图法》索引，完善《中图法》查检体系

20世纪80年代初期，张琪玉教授主持编制了《中国图书馆图书分类法(第二版)索引》⑥(以下简称为《中图法(第二版)索引》)。

---

①　张琪玉. 体系分类法中“集中与分散”的矛盾[J]. 图书馆杂志，1982(1)：14-16.

②　张琪玉. 体系分类法中“集中与分散”的矛盾[J]. 图书馆杂志，1982(1)：14-16.

③　张琪玉. 体系分类法中“集中与分散”的矛盾[J]. 图书馆杂志，1982(1)：14-16.

④　张琪玉. 体系分类法中的交替法[J]. 图书情报知识，1982(2)：34-39.

⑤　张琪玉. 情报语言以及图书情报之杂思偶想录(2)[J]. 江西图书馆学刊，2003(4)：3-5.

⑥　中国图书馆图书分类法编辑委员会. 中国图书馆图书分类法(第2版)索引[M]. 北京：书目文献出版社，1984.

因其所作重要理论贡献，1985年荣获“国家科学技术进步奖”一等奖。

《中图法(第二版)索引》，是在1980年出版的《中图法(第二版)》和1982年出版的《中国图书资料分类法(第二版)》(以下简称为《资料法》)基础上编制而成的。它是《中图法》系列版本的首部索引。其编制目的，主要是帮助人们从字顺途径查检两个版本中分类法类目，并使《中图法》和《资料法》具有一定程度的主题检索功能。其最大亮点，就是将“《中图法》和《资料法》两个版本中具有检索意义的概念全部形成索引款目”①，采用主标题(正装标题)、主标题加副标题、主标题加词组倒置部分或说明语(倒装标题)、主标题(或副标题，或倒置标题)加限定词等多种形式表示索引款目，并将主题概念按其字顺排列组织起来，分别指向相应的分类号，为标引员和用户提供一条按照主题概念字顺查找、利用分类表和分类目录的查检途径。张琪玉教授还在其主持编制该索引期间，专门起草制订了《〈中国图书馆图书分类法(第二版)索引〉编制说明》和《〈中国图书馆图书分类法索引〉编制规范》，对“索引的性质、功能、结构以及索引款目的形式、方法性指示、编制程序和查检注意事项”②③等诸多方面进行了详细阐述以及应用性规定和使用说明。

张琪玉教授《中图法(第二版)索引》的成功编制与出版，不仅开创了我国《中图法》系列版本编制索引本的历史先例；而且还得到了《中图法》编委会和使用单位的充分肯定和高度赞扬，《中图法》第三版、《中图法》第四版、《中图法》第五版都编制出版了索引本；同时还为他日后索引学思想创立和发展奠定了坚实的理论基础和实践基础。

① 张琪玉. 中国图书馆图书分类法(第二版)索引编制说明[M]∥中国图书馆图书分类法编辑委员会. 中国图书馆图书分类法(第二版)索引. 北京：书目文献出版社，1984：3-8.

② 张琪玉. 中国图书馆图书分类法(第二版)索引编制说明[M]∥中国图书馆图书分类法编辑委员会. 中国图书馆图书分类法(第二版)索引. 北京：书目文献出版社，1984：3-8.

③ 张琪玉.《中国图书馆图书分类法索引》编制规范[J]. 中国图书馆图书分类法编辑委员会，1980.

8.2.3 极力主张《中图法》增加组配成分，完善《中图法》编制技术方法

20 世纪 80 年代中期，张琪玉教授在《关于〈中图法〉增加组配成分的可能性和方法的探索》文章中，极力主张《中图法》增加组配成分，提出在“保持学科系统性的前提下，尽量增加组配成分是体系分类法现代化改造的主要方向”①学术观点。在他看来，《中图法》要想提高其标引能力，缓解其基本矛盾、增强其对计算机检索系统适应性等诸多方面问题，最好的办法或重要的方略就是采用在保持学科系统性的前提下增加组配成分，它能帮助我们完善《中图法》的编制技术方法，提高其检索性能和检索效率。在此基础上，张琪玉教授介绍了美国《杜威十进分类法》和《苏联图书馆图书分类法》采用增加组配成分对其进行改造的成功经验和做法，并对我国《中图法》现有的组配成分，如：复分表、仿分法、主类号直接组配法、分段标记法和多重列类法等的适用范围、功能作用以及改进措施和方法进行了专门研究和探究。通过其理论探索和科学研究，张琪玉教授提出了《中图法》增加组配成分进行现代化改造的三个具体目标②：一是提高《中图法》标引能力，也就是提高分类号的专指度和反映新概念的能力；二是增加《中图法》聚类的灵活性，也就是增加概念多向成类的可能性和局部改变分类体系；三是增强《中图法》对电子计算机检索系统的适应性。

张琪玉教授阐明和诠释的关于《中图法》增加组配成分的理论与方法，伴随着《中图法》版本的不断修订和编制技术方法的日趋完善，在《中图法》(第五版)、电子版和网络版中已经得到具体应用。有效地提高了《中图法》的标引能力、缓解了“集中与分散”的

---

① 张琪玉. 关于《中图法》增加组配成分的可能性和方法的探索[J]. 国家图书馆学刊，1985(3)：22-38.

② 张琪玉. 关于《中图法》增加组配成分的可能性和方法的探索[J]. 国家图书馆学刊，1985(3)：22-38.

矛盾，极大地增强了《中图法》聚类的灵活性以及对计算机检索系统的适应性，为我国《中图法》在知识组织领域的应用与发展以及检索效率提高等方面作出了重要理论贡献。

8.2.4 探索类目模糊现象产生根源，阐明类目模糊现象消除方法

20 世纪 80 年代中期，张琪玉教授对体系分类法中类目的模糊现象及其消除方法进行了深层次探索与研究。在他看来，所谓模糊现象，是指“许多类目没有明确的范围，在两个类目之间没有明确的界限，它们之间不是非此即彼，界限分明；而是亦此亦彼，界限模糊。”①这使人们难以作出正确判断，直接影响文献标引和情报检索效率，并在体系分类法类目中大量存在。为此，张琪玉教授从客观层面和主观层面追本溯源，找到了造成体系分类法中类目模糊、不清楚、不明确现象产生的真正根源：一是客观性的，叫真模糊；二是知识缺乏性的，叫准模糊；三是人为性的，叫假模糊；四是结构性的，叫结构性模糊。通过其理论探索和科学研究，张琪玉教授发现这些模糊现象都可以消除在分类表编制阶段、文献标引阶段和情报检索阶段。只要我们方法、措施和对策得当，就能迎刃而解，消除类目模糊现象。张琪玉教授还特别告诉我们：最好的消除办法是在分类表编制阶段，其主要方法措施为：严格类名措词；加强注释；制订标引规则；尽量不用哲学观点、政治观点、经济观点、道德观点列类；杜绝列类自相矛盾和避免类目隶属无规律性；尽量揭示类目间的各种相关关系；尽量列出专指概念和编制类目索引等。②

张琪玉教授阐明和诠释的体系分类法中类目模糊现象消除方法，得到了《中图法》编委会的一致认同，随着《中图法》修订和再版，他

① 张琪玉，曾蕾．体系分类法中的模糊现象及其消除方法[J]．图书情报知识，1985(2)：7-10.

② 张琪玉，曾蕾．体系分类法中的模糊现象及其消除方法[J]．图书情报知识，1985(2)：7-10.

的消除方法和建议被《中图法》编委会所采纳。其理论和方法，不仅对我国文献标引工作和提高情报检索效率产生过较大影响，而且对《中图法》类目体系设置的改进与完善作出了重要理论贡献。

8.3　张琪玉对文献分类标准化研究

张琪玉教授认为，文献分类标准化是指在一定范围的图书馆和情报机构共同采用一部或一套选定的分类法，并按照统一的标引规则对文献进行分类标引，使同一文献在各单位具有一致的分类标识，使各单位编制的分类检索工具具有一致的分类体系，以方便检索，为文献资源共享创造条件①。

8.3.1　极力主张将《中国图书馆图书分类法》作为国家标准分类法

20世纪90年代初期，张琪玉教授在《关于文献分类标准化的设想和建议》文章中，极力主张将《中国图书馆图书分类法》(以下简称为《中图法》)作为国家标准分类法。在张琪玉教授看来，我国现用的几部分类法中，符合文献分类标准化要求的国家标准分类法只有《中图法》一种。其理由为：一是《中图法》曾荣获1985年国家科学技术进步奖一等奖，说明它不仅产生了很大的社会效益，而且具有较高质量；二是《中图法》是我国唯一的一部系列化的分类法，有多种版本可以适应多层次的需要；三是《中图法》系列版本这几年不断加印，说明它的使用单位比以前更多了。仅这三点，就足以说明选用《中图法》作为国家标准分类法的必要性和可行性②。张

① 张琪玉. 关于文献分类标准化的设想和建议[J]. 图书情报论坛，1990(1)：5-10.

② 张琪玉. 关于文献分类标准化的设想和建议[J]. 图书情报论坛，1990(1)：5-10.

琪玉教授还特别强调，我们在选择《中图法》作为国家标准分类法这件事上，就不要再持犹豫态度了，大家应共同努力，坚定信念，下定决心，赶快把它定为国家正式标准。

在全国文献工作标准化技术委员会第五分委员会（简称文标会第五分会）组织领导和大力支持下，张琪玉教授和其他专家学者的极力主张，得到了中华人民共和国国家标准总局的赞同。1981 年 10 月 7 日，中华人民共和国国家标准总局正式发文推荐《中图法》为国家标准。

8.3.2 积极倡议制定文献分类标引规则

在张琪玉教授看来，我们要把文献分类标准化工作做好落到实处，从理论上讲，仅仅有一部标准分类法是不够的，还必须有一个标准标引规则作出明确、具体的规定，用它来进行导向和控制。并用它来具体说明文献分类标准化的目的、实施范围、标准化程度以及文献标引的基本规则、主题分析、标引工作程序和分类表管理等。为此，我们必须制定两个标准：一是“文献分类法标准”，二是“文献分类标引规则标准”。这两个标准紧密关联，密不可分，可以合一，但不可缺一①。在此基础上，张琪玉教授强烈建议将以下 8 项内容作为基本的分类标引规则写进标准标引规则，依次为：“分类标引原则；单一主题、复合主题和并列主题文献标引规则；丛书、多卷书、分次刊载论文的标引规则；工具书、专利文献、标准文献、科技报告等的标引规则；总论复分表的使用规则；类目内容范围划分规则；组配标引规则；文献分类标引工作程序”②。

① 张琪玉. 关于文献分类标准化的设想和建议[J]. 图书情报论坛，1990(1)：5-10.

② 张琪玉. 关于文献分类标准化的设想和建议[J]. 图书情报论坛，1990(1)：5-10.

8.3.3　创立文献主题结构理论，应用于国家文献分类标引规则制定

20 世纪 80 年代中期，张琪玉教授在《文献主题的构成因素及层次》文章中，运用自己创立的情报语言学核心研究方法“结构功能分析法”，从“文献标引和文献检索”两个方面，对其文献主题的构成因素及层次结构问题进行了专门研究和探索，在我国首次构建了文献主题构成因素及其层次结构模型图，创立了“文献主题结构理论”。据此发现，在张琪玉教授看来，它可广泛应用于文献分类标引实践和分类表词表编制实践，并可视具体需要的专指度加以简化或减少某些层次的表达。可具体应用到“体系分类法分类标准的选择和划分次序的确定以及复分表的设置和多重列类法的应用”①等 8 个方面。而张琪玉教授本人，正是基于自己创立的文献主题结构理论原理和方法，起草制定了《中华人民共和国国家标准文献分类标引规则(送审稿)》中的“各种主题文献的分类标引规则”②，为我国文献分类标引规则的确立和最终批准作出了重要理论贡献。

8.3.4　阐明体系分类法准则和惯例，应用于国家文献分类标引规则制定

20 世纪 90 年代初期，张琪玉教授在《体系分类法的准则和惯例》文章中，运用自己创立的情报语言学重要研究方法“归纳法”，对其体系分类法的准则和惯例进行了专门研究和探索。在张琪玉教授看来，“任何一部有质量的体系分类法，在其创制过程和使用过程中，都是遵循着许多准则和惯例的。那些准则和惯例，可以说都

① 张琪玉. 文献主题的构成因素及层次[J]. 图书情报知识，1985(1)：39-41.

② 张琪玉. 文献分类标引规则(国家标准送审稿)[M]//刘湘生，张琪玉. 文献分类岗位培训教程. 北京：华艺出版社，1993：466-474.

是从实践中总结出来的具有普遍适用性的原理和方法。”①②而它们对其编制者或使用者来说，具有理论指导性和普遍适用性。在此基础上，张琪玉教授还比较分析研究了《冒号分类法》33 条“分类规则”③和《国际十进分类法》32 条“准则和条例”④，并从四大方面，依次为“基本的准则和惯例；列类、类目隶属和序列的准则和惯例；类名和类号的准则和惯例；分类法使用的准则和惯例”，对于我国体系分类法的准则和惯例进行条分缕析的阐述和诠释，将其归纳总结为 55 条准则和惯例，以此作为我国编制者和使用者之间共同遵守执行的准则和惯例。具体说来，张琪玉教授认为，在“基本的”准则和惯例方面，应遵守⑤⑥：学科和专业聚类准则，文献分类对象准则，文献依据和用户依据准则，容纳古今中外文献准则，力求反映当代科学技术成就和知识分类水平准则，体系安排服从社会主导思想惯例，科学上和教育上一致同意惯例，规律性准则，不违背概念逻辑准则，不自相矛盾准则，思想性、科学性、实用性结合准则；在“列表、类目隶属和序列的”准则和惯例方面，应遵守⑦⑧：适度细分准则，选择列类惯例，详今略古、详本国略外国列类惯例，均衡列类惯例，特藏类目惯例，依人列类惯例，同位类应互相排斥准则，类目相关排列准则，分类体系从总到分结构准则，分类标准使用次序合理性准则，经常需要胜过偶然需要准则，

① 张琪玉. 体系分类法的准则和惯例[J]. 晋图学刊，1992(4)：3-9.

② 张琪玉. 体系分类法的准则和惯例(续)[J]. 晋图学刊，1993(1)：14-19，56.

③ 塞克德瓦. 冒号分类法理论与实践[M]. 吴人珊，译. 北京：书目文献出版社，1985.

④ 国际十进分类法的准则和条例[J]. 丁珂，译. 中国科学院图书馆通讯，1957(4-5)：36-41.

⑤ 张琪玉. 体系分类法的准则和惯例[J]. 晋图学刊，1992(4)：3-9.

⑥ 张琪玉. 体系分类法的准则和惯例(续)[J]. 晋图学刊，1993(1)：14-19，56.

⑦ 张琪玉. 体系分类法的准则和惯例[J]. 晋图学刊，1992(4)：3-9.

⑧ 张琪玉. 体系分类法的准则和惯例(续)[J]. 晋图学刊，1993(1)：14-19，56.

具体需要胜过一般需要准则，划分类目时形式区分居后准则，特殊类型文献可集中列类惯例，归附列类惯例，类目隶属的相对性与可交替聚类惯例，专业单位可集中本专业文献惯例，同位类序列连续性准则，习惯序列惯例，字顺序列惯例，同位类序列稳定性准则，同位类序列中突出重要类目惯例，文学按国家或语言分惯例；在“类名和类号的”准则和惯例方面，应遵守①②：类名含义受上位类、下位类、注释、相关类制约准则，类名确切性、科学性、简洁性准则，类名从新准则，特殊类名惯例，注释位置决定其适用范围惯例，一个概念只有一个类号准则，分类标记服从分类体系准则，增补修订尽量不动原号准则，号码“0”用法惯例，省略排版惯例；在“分类法使用的”准则和惯例方面，应遵守③④：标引的确切性准则，入上位类惯例，“其他”类惯例，处理总论、专论、兼论关系准则，多主题文献归类惯例，复合主题文献归类惯例，组配标引须符合文献主题层次性准则，复分、仿分取号惯例，分类目录与分类排架保持一致惯例，修订迁就使用单位意愿惯例。

张琪玉教授还将其中绝大部分准则和惯例，凝练成《中华人民共和国国家标准文献分类标引规则(送审稿)》的核心内容，如“各种类型文献的分类标引规则”“各种学科文献的分类标引规则”⑤等，极大地促进和推动了我国文献分类标准化的进程。

8.3.5 亲自担纲，撰写国家标准“文献分类标引规则(送审稿)”

1982 年 3 月，张琪玉教授在“福州会议”期间，受命于全国文

① 张琪玉. 体系分类法的准则和惯例[J]. 晋图学刊，1992(4)：3-9.

② 张琪玉. 体系分类法的准则和惯例(续)[J]. 晋图学刊，1993(1)：14-19，56.

③ 张琪玉. 体系分类法的准则和惯例[J]. 晋图学刊，1992(4)：3-9.

④ 张琪玉. 体系分类法的准则和惯例(续)[J]. 晋图学刊，1993(1)：14-19，56.

⑤ 张琪玉. 文献分类标引规则(国家标准送审稿)[M]//刘湘生，张琪玉. 文献分类岗位培训教程. 北京：华艺出版社，1993：466-474.

献工作标准化技术委员会第五分委员会的委托，撰写《中华人民共和国国家标准文献分类标引规范(草案)(第三稿，征求意见用)》①。经过与会代表充分讨论和征求意见，于1992年9月，形成《中华人民共和国国家标准文献分类标引规则(送审稿)》。其主要内容依次为："目的和适用范围；定义；文献分类标引的基本原则；各种主题文献的分类标引规则；各种类型文献的分类标引规则；各种学科文献的分类标引规则；文献分类标引的工作程序；文献分类标引的质量管理"②等8个部分。该"送审稿"后又经过10多次修改，在陈树年、汪东波、卜书庆、司莉共同努力下，形成"最终送审稿"，2013年年底正式上报待批为国家标准。2015年12月，中华人民共和国国家质量监督检验检疫总局和中国国家标准化管理委员会联合发文，将其批准为《中华人民共和国国家标准文献分类标引规则(GB/T 32153-2015)》，并从2016年7月1日起开始正式实施③。

我们将张琪玉教授撰写的《中华人民共和国国家标准文献分类标引规则(送审稿)》和已经批准为《中华人民共和国国家标准文献分类标引规则(GB/T 32153-2015)》进行比较，从中我们不难发现，在正式国家标准中，大量保留了张琪玉教授起草制定的送审稿的基本框架和核心内容。也就是说，张琪玉教授所阐述和诠释的文献分类标引规则的理论与方法，早就为我国绝大多数图书馆文献分类标引工作者所共同遵守执行。这是张琪玉教授对于我国文献分类标准化又一重要理论贡献。

总之，文章作者从文献分类学理论与方法和《中图法》编制理论与技术方法以及文献分类标准化等三个方面对张琪玉教授在文献

① 张琪玉. 中华人民共和国国家标准《文献分类标引规范(草案)(第三稿，征求意见用)》[J]. 全国文献工作标准化技术委员会第五分委员会，1982.

② 张琪玉. 文献分类标引规则(国家标准送审稿)[M]//刘湘生，张琪玉. 文献分类岗位培训教程. 北京：华艺出版社，1993：466-474.

③ 陈树年，汪东波，卜书庆，等. 中华人民共和国国家标准文献分类标引规则(GB/T 32153-2015)[S]. 北京：中国标准出版社，2016.

分类学方面所取得的理论贡献和学术成就进行了梳理与总结。从中我们不难发现：第一，张琪玉教授从一个全新的角度和视野，将文献分类学确认为是一种情报检索语言。并从文献分类学基本原理与功能、文献分类表编制原理与列类方法、分类标记原理与方法以及多重列类法本质特性等诸多方面阐明其学科本质特性和内在规律性，引导人们科学认知和掌握其功能特点以及改进创新的途径与方法；第二，张琪玉教授还独具慧眼地发现和探明了缓解《中图法》"集中与分散"矛盾的措施和方法以及类目模糊现象产生根源和消除方法等方面问题，全面地促进、推动和完善了我国《中图法》编制技术与编制方法，并为其体系的完善、功能的优化和检索效率的提高作出了重要理论贡献；第三，张琪玉教授是一个智慧型专家学者，具有超强学术功底和敏锐观察力以及学术创造力。极力主张将《中图法》作为国家标准分类法，积极倡议制定国家标准文献分类标引规则，并亲自担纲，撰写国家标准文献分类标引规则（送审稿），为我国文献分类标准化和国家标准分类标引规则的确立和最终批准作出了不可磨灭的卓越贡献。

第9章　张琪玉主题检索语言思想研究

主题检索语言同分类检索语言一样，在我国有着悠久的历史渊源。其中，分类检索语言的产生在我国最早可以追溯到汉代刘歆创制的《七略》文献分类体系；而主题检索语言的产生在我国最早可以追溯到北宋李昉、李穆、徐铉等奉敕编纂的《太平御览》类书。这两种主要的检索语言，它们在电子计算机没有出现之前，人们更多是使用分类检索语言进行文献资料收集和查找；而在电子计算机出现之后，特别是"748 工程"举全国之力编制《汉语主题词表》，才逐步引起我国图书情报学界专家学者的高度重视和密切关注，大力加强了对主题检索语言的理论探讨和应用研究。在中国当代主题检索语言研究领域，曾先后出现了一批著名的主题检索语言理论学家，如：张琪玉、刘湘生、丘峰、侯汉清、汪东波、曹树金等，张琪玉教授就是其中最杰出的代表人物。他从 20 世纪 80 年代初期开始，重点探索和研究了主题检索语言原理与性能、文献主题标引原理与方法、叙词表分面化改造、语词标识的功能与局限、文献主题结构理论、词素轮排索引编制法、隐含主题、入口词原理等诸多方面问题。为我国当代主题检索语言的创立和发展作出了重要理论贡献，并取得了辉煌的学术成就。

9.1　张琪玉对主题检索语言理论与方法研究

张琪玉教授在其专著《情报语言学基础》(增订二版)和论文《主题法与词表》以及《中国情报学百科全书》词条《标题法·单元词法·叙词法·关键词法》中，对主题检索语言的原理、性能、词表编制、存在问题等诸多方面进行了专门研究和探索。张琪玉教授认为，主题检索语言又可称为主题法。它主要包括：标题词型主题检索语言、单元词型主题检索语言、叙词型主题检索语言和关键词型主题检索语言①。在他看来，“主题法的原理，就是以自然语言的语词经过规范处理后直接作为文献主题标识，提供从事物名称检索文献的途径……主题法的特点是按事物集中文献，用参照系统等方法间接显示概念或事物之间的关系，提供事物名称的字顺检索途径……它在显示词间关系时，使用着区分概念间各种关系的逻辑规则；它在构造标引语句时，则使用着概念分析与综合的逻辑方法；它在应用知识分类方面，主要是应用事物分类原理。”②

9.1.1　标题词型主题检索语言研究

20世纪90年代末期，张琪玉教授在《情报语言学基础》(增订二版)“第五章 标题词型主题检索语言”专题研究中，重点研究了“标题法原理”“标题表”和“标题法性能”等三个方面问题，从一个全新的角度和视野将我国对标题词型主题检索语言研究提高到一个

① 张琪玉. 情报语言学基础[M]. 增订二版. 武汉：武汉大学出版社，1997.

② 张琪玉. 检索语言讲座(五)第五讲 主题法与词表[J]. 情报理论与实践，1995(5)：52-54.

崭新的高度。

9.1.1.1 关于标题法原理研究

标题法，英文名为：System of Subject Headings。它是我国主题检索语言类型中最早出现的，故又称为传统主题法。因此，张琪玉教授首先对标题法概念进行了界定，明确指出：“标题法是用规范化了的自然语言，并以标题词作为文献检索标识，来直接地、精确地表达文献所论及或涉及的事物。”①其次，在此基础上，张琪玉教授对标题法构成原理进行了专门探索与研究，并详细阐述和说明了其构成原理，即为：“一是按主题(文献所论及或涉及的事物)集中文献；二是用经过规范化的语词直接标引文献主题；三是用参照系统间接显示主题之间的相互关系；四是用字顺序列直接提供主题检索途径。”②最后，张琪玉教授为了加强标题法的检索效率，还重点研究了“标题词的规范”问题，他特别提醒我们要注意其“唯一性”和“定型性”，并详细阐述和诠释了“唯一性”具体要求，即为：“一个概念只用一个标题词表达；一个标题词只表达一个概念；一个标题词只用一种书写形式。”③

9.1.1.2 关于标题表研究

所谓标题表，在张琪玉教授看来，即为标题词表。它是“标题词规范化的工具，是对文献进行标题标引和主题检索的依据。”④具体说来，由“主表、副表、编制说明”三个部分组成。它们之间相互依存，互为表里，相互印证与说明，发挥着不同的功能和作用。

① 张琪玉. 标题法·单元词法·叙词法·关键词法[M]//张琪玉. 张琪玉文集(上). 北京：国家图书馆出版社，2014：616-619.

② 张琪玉. 第五章 标题词型主题检索语言[M]//张琪玉. 情报语言学基础. 增订二版. 武汉：武汉大学出版社，1997：101-137.

③ 张琪玉. 第五章 标题词型主题检索语言[M]//张琪玉. 情报语言学基础. 增订二版. 武汉：武汉大学出版社，1997：101-137.

④ 张琪玉. 第五章 标题词型主题检索语言[M]//张琪玉. 情报语言学基础. 增订二版. 武汉：武汉大学出版社，1997：101-137.

其主要优点表现在："采用语词标识并采用先组式标引，含义明确，专指度高，检索误差较少，反映细小问题和新事物的能力较强，容易掌握，按事物集中文献的性能较好。"①

9.1.1.3　关于标题法性能比较研究

"比较研究法"是张琪玉教授创制的情报语言学方法论中的一种重要研究方法，它是由其"结构功能分析法"衍生出来的。张琪玉教授在研究标题法性能时，与体系分类法性能进行了比较分析研究，目的是帮助人们正确认识和掌握它们之间的"异中之同"或"同中之异"，发现规律与差异，便于人们熟知和掌握这两种语言的检索性能。通过比较研究，张琪玉教授发现：标题法直接性好，比较适合人们从事物出发的检索需求；而体系分类法则系统性好，比较适合人们从学科门类出发的检索需求。标题法灵活性好，标识专指度很高；而体系分类法则灵活性不够好，标识专指度不及标题法。标题法中的标题直观性强，其字顺系统容易掌握，检索速度较快；而体系分类法中的分类号直观性差，其体系分类法等级系统较难掌握，检索速度因人熟悉程度快慢不一。标题法的体系结构，不能"鸟瞰全貌""触类旁通"；而体系分类法的体系结构则能"鸟瞰全貌""触类旁通"等。张琪玉教授还发现标题法和体系分类法这两种检索语言在很多方面其优缺点正好相反，形成相互补充关系，并且都存在着文献资料"集中与分散"的矛盾问题。在此基础上，张琪玉教授还以问题导入方式，从五个方面重点阐述和诠释了"标题目录、分类目录、分类目录类目索引、分类表类目索引"的选择问题，帮助人们作出正确选择，明白其中事理，掌握其中要领，提高检索效率。如："标题目录是否可以替代分类目录""分类目录为什么应当有类目索引""分类表类目索引是否可以替代标题目录""标题目录是否可以替代分类目录类目索引""分类表类目索引是否可

① 张琪玉. 标题法・单元词法・叙词法・关键词法[M]//张琪玉. 张琪玉文集(上). 北京：国家图书馆出版社，2014：616-619.

以替代分类目录类目索引”①。

9.1.2 单元词型主题检索语言研究

20世纪90年代末期，张琪玉教授在《情报语言学基础》(增订二版)“第六章 单元词型主题检索语言”专题研究中，重点研究了“单元词法原理”“单元词表”和“单元词法性能”等三个方面问题，为我们全面了解和掌握单元词型主题检索语言提供认知和理解。

9.1.2.1 关于单元词法原理研究

单元词法，英文名为：Uniterm Indexing。它是我国主题检索语言中的类型之一，故又称为元词法。它源于我国标题法，后被我国叙词法所取代，存在时间不长，但其原理、方法和性能，非常有利于我们对叙词法探讨与研究。因此，张琪玉教授首先对单元词法概念进行了界定，明确指出：单元词法“是以自然语言并经过规范化处理的语词作为标识，来表达文献所论及或涉及的事物。”②其次，在此基础上，张琪玉教授对单元词法基本原理进行了专门探索与研究，通过研究发现，“任何一个复合概念都可分解为若干单元概念，而每个单元概念一般只需用一个单词来表达。因此，任何一个复杂的文献主题概念，都可用一些单词——单元词的组合或组配来表达”。③ 第三，张琪玉教授为了加强单元词语言的检索效率，还从“词组的解析”“同义词的处理”“近义词的合并”“反义词的合并”“多义词的限定”等13个方面阐明和诠释了单元词规范化处理原则，目的就是为了避免解决文献资料分散问题。

① 张琪玉. 第五章 标题词型主题检索语言[M]//张琪玉. 情报语言学基础. 增订二版. 武汉：武汉大学出版社，1997：101-137.

② 张琪玉. 第六章 单元词型主题检索语言[M]//张琪玉. 情报语言学基础. 增订二版. 武汉：武汉大学出版社，1997：138-151.

③ 张琪玉. 标题法·单元词法·叙词法·关键词法[M]//张琪玉. 张琪玉文集(上). 北京：国家图书馆出版社，2014：616-619.

9.1.2.2　关于单元词表研究

所谓单元词表，在张琪玉教授看来，主要有简单级和完备级两种类型。简单级单元词表只有一个字顺词表，而完备级单元词表则是由一个字顺词表和一个分类词表共同组成。它们的主要作用就是“进行词汇控制，提供规范化的单元词，以保证单元词系统的统一。”①他还特别提醒我们，“单元词分类表不包括非单元词，也无参照和注释，只将单元词按学科、专业或问题进行粗略分类”②，以方便在标引或检索时选取。

9.1.2.3　关于单元词法性能比较研究

如前所述，张琪玉教授在研究单元词法性能时，与标题法性能、组配分类法性能进行了比较分析研究。其一，单元词法与标题法性能比较研究。在张琪玉教授看来，单元词法是为了创新和改革标题法检索性能而产生的，其主要创新点就是将标题法中的复杂概念或词组解析为单元概念或单元词，然后进行组配标引和检索③。通过比较研究，张琪玉教授发现：单元词法与标题法这两种检索语言最大相同点就是它们在表达概念的能力上大体一致，而对于人们从学科出发的族性检索要求则无能为力；最大不同点就是单元词法中在很大程度上克服了文献资料“集中与分散”的矛盾问题，而标题法中存在着文献资料“集中与分散”的矛盾问题④。其二，单元词法与组配分类法性能比较研究。通过比较研究，张琪玉教授发现：单元词法与组配分类法这两种检索语言最大相同点就是它们都

① 张琪玉. 第六章 单元词型主题检索语言[M]//张琪玉. 情报语言学基础. 增订二版. 武汉：武汉大学出版社，1997：138-151.

② 张琪玉. 第六章 单元词型主题检索语言[M]//张琪玉. 情报语言学基础. 增订二版. 武汉：武汉大学出版社，1997：138-151.

③ 张琪玉. 第六章 单元词型主题检索语言[M]//张琪玉. 情报语言学基础. 增订二版. 武汉：武汉大学出版社，1997：138-151.

④ 张琪玉. 第六章 单元词型主题检索语言[M]//张琪玉. 情报语言学基础. 增订二版. 武汉：武汉大学出版社，1997：138-151.

应用着组配原理，都有较高的标引能力，都能实现多途径检索，都能自由扩大、缩小或改变检索范围；最大不同点就是单元词法缺乏系统性，不能进行族性检索，而组配分类法具有较强的系统性，能够满足人们族性检索要求①。

9.1.3 叙词型主题检索语言研究

20世纪90年代末期，张琪玉教授在《情报语言学基础》(增订二版)“第七章 叙词型主题检索语言”专题研究中，重点研究了“叙词法原理”“叙词表”和“叙词法性能”等三个方面问题，取得了重要理论创新与突破，将我国对叙词型主题检索语言研究提高到一个崭新的高度。

9.1.3.1 关于叙词法原理研究

叙词法，英文名为：Descriptor Indexing。它是我国主题检索语言中的类型之一，故又称为主题词法。它是在保留、吸收、采用、完善标题法、组配分类法、单元词法等多种检索语言原理与方法的基础上，集各法之优点，避各法之不足而形成和创制出来的一种主题检索语言。因此，第一，张琪玉教授研究和探讨了叙词法的基本原理，他发现“概念组配”是其基本原理和主要特点，如果要达到较高的检索效率，必须严格遵守概念组配原则，才能保证其优异性能和高度质量，消除检索误差②。第二，在此基础上，张琪玉教授对叙词的性质进行了专门探索与研究，他发现叙词的优质特性主要表现在八个方面，即为：“概念性和描述性、可组配性、规范化、语义关联性、动态性、直观性、词汇控制的特点、对计算机检索系

① 张琪玉. 第六章 单元词型主题检索语言[M]//张琪玉. 情报语言学基础. 增订二版. 武汉：武汉大学出版社，1997：138-151.

② 张琪玉. 第七章 叙词型主题检索语言[M]//张琪玉. 情报语言学基础. 增订二版. 武汉：武汉大学出版社，1997：152-229.

统的适应性”①。第三，张琪玉教授为了帮助人们全面了解和掌握叙词的组配原理，还从“叙词组配的功能”“叙词组配与叙词表选词的关系”“叙词组配与文献标引的关系”三个方面，对其功能作用、组配方式、适用范围、使用要领等诸多方面进行了重点阐述和诠释，目的就是要达到理想的检索效率②。第四，张琪玉教授为了帮助人们正确认识和全面掌握“叙词规范化处理”要领，还从“采用自然语言词类的限制、叙词形式的规定、同义词和准同义词的优选、多义词和词义含糊的词等的注释、太专指词的合并”③等五个方面对其进行了详细阐述和诠释，目的就是要提高文献情报的标引和检索效率。

9.1.3.2　关于叙词表研究

如前所述，由于叙词法采用了多种检索语言的原理与方法，故其叙词表的结构体系相当复杂。在张琪玉教授看来，叙词表是由“叙词字顺表、叙词分类索引、叙词等级索引、叙词轮排索引、叙词双语种对照索引、专有叙词索引、正式叙词索引和款目词索引、叙词关系图等许多部分组成。”④其中，“叙词字顺表”被称为叙词表主表，可以独立存在；“其他部分”则被称为叙词表辅表，可视具体需要与可能进行编制，不能独立存在。但总体来看，叙词表是由一个主表和若干个辅表组成的。在此基础上，张琪玉教授还专门探讨和诠释了叙词表主表编制法和叙词表辅表编制法以及叙词表使用法等诸多方面问题，为我国叙词表编制与创新作出了重要理论贡献。

---

① 张琪玉. 标题法 · 单元词法 · 叙词法 · 关键词法[M]//张琪玉. 张琪玉文集(上). 北京：国家图书馆出版社，2014：616-619.

② 张琪玉. 第七章 叙词型主题检索语言[M]//张琪玉. 情报语言学基础. 增订二版. 武汉：武汉大学出版社，1997：152-229.

③ 张琪玉. 标题法 · 单元词法 · 叙词法 · 关键词法[M]//张琪玉. 张琪玉文集(上). 北京：国家图书馆出版社，2014：616-619.

④ 张琪玉. 标题法 · 单元词法 · 叙词法 · 关键词法[M]//张琪玉. 张琪玉文集(上). 北京：国家图书馆出版社，2014：616-619.

9.1.3.3　关于叙词法性能比较研究

如前所述，张琪玉教授在研究叙词法性能时，与单元词法性能、与标题法性能、与组配分类法性能、与体系分类法性能进行了比较分析研究。其一，叙词法与单元词法性能比较研究。在他看来：这两种检索语言最大相同点就是它们对语词的使用都以规范化的自然语言作为标识，都以语词的组配为其主要特征；最大不同点就是叙词法严格以概念组配为原则，比单元词法具有更好的族性检索功能①。其二，叙词法与标题法性能比较研究。在他看来：这两种检索语言最大相同点就是它们对语词的使用都经过严格的规范化并采用多种方法显示词间相互关系；最大不同点就是叙词法能够更好地满足人们从学科、专业出发的课题检索要求，其检索效率高于标题法②。其三，叙词法与组配分类法性能比较研究。在他看来："叙词法与组配分类法两者性能比较接近，叙词法在文献标引上比组配分类法更为专指切题和具有更大的灵活性，但在系统性方面则远远不及组配分类法。"③其四，叙词法与体系分类法性能比较研究。在他看来：这两种检索语言各有其明显的优点和不足。其中，叙词法的最大优点就是能对同一项情报实现多途径检索，特性检索功能强大，其最大不足就是叙词法不能够满足人们从学科、专业出发的族性课题检索需求；而体系分类法功能作用强大，其最大优点就是能够同时满足人们对图书分类和图书排架的双重需求，特别能够满足人们从学科、专业出发的族性课题检索需求，其最大不足就是体系分类法存在严重的"集中与分散"的矛盾问题。

① 张琪玉. 第七章 叙词型主题检索语言[M]//张琪玉. 情报语言学基础. 增订二版. 武汉：武汉大学出版社，1997：152-229.

② 张琪玉. 第七章 叙词型主题检索语言[M]//张琪玉. 情报语言学基础. 增订二版. 武汉：武汉大学出版社，1997：152-229.

③ 张琪玉. 第七章 叙词型主题检索语言[M]//张琪玉. 情报语言学基础. 增订二版. 武汉：武汉大学出版社，1997：152-229.

9.2　张琪玉对主题标引理论与方法研究

所谓主题标引，在张琪玉教授看来，主要是指“用语词标识来表达文献主题的操作过程……它包括分析文献主题和用语词标识表达文献主题两个过程。”①②因此，张琪玉教授在《情报语言学基础》(增订二版)“第十一章 文献分析与标引问题”《主题标引的原理与方法》《主题标引过程对主题目录结构和功能的影响》《关于主题型手工检索系统标引工作的几点建议》等专著和论文中对主题标引理论与方法进行了专门探讨与研究，阐明了自己独特的认知和深刻见解，为我国文献主题标引理论突破和实践突破作出了重要理论贡献。

9.2.1　关于文献主题分析和主题词标引方法

20 世纪 90 年代中期，张琪玉教授在《主题标引的原理与方法》文章中对文献主题分析和主题词标引方法进行了专门研究和深入探讨。在他看来，文献主题分析是主题词标引的前提和基础，它们两者之间互为表里、相互作用，很难截然分开。在文献主题分析方面，张琪玉教授认为关键是要从本质上弄清楚文献主题分析的目的、作用、内容和程序。第一，要明确主题概念，必须具有检索意义；第二，要明确主题的构成因素与层次结构；第三，要明确主题结构的常用概念(如：事物、部分与方面，类称与特称等)；第四，要明确典型的主题结构表现形式；第五，要明确文献的主题类型(如：单主题文献和多主题文献、单元主题与复合主题、整体主题与局部主题、显见主题与隐含主题、主要主题与次要主题、专业主

① 张琪玉. 主题标引的原理与方法(一)[J]. 图书馆学刊，1996(1)：26-28.

② 张琪玉. 主题标引的原理与方法(二)[J]. 图书馆学刊，1996(2)：30-35.

题与相关主题等)；第六，要对文献主题进行分析判断，形成主题概念；第七，要从“文献的情报价值、图书情报机构服务对象和成本效益等角度考虑，控制好文献标引深度，并对文献内容进行取舍”①②，确认最终各个主题概念(其技巧又称为标引方式，文献主题分析最后一步，主要包括整体标引、全面标引、补充标引和重点标引)。在此基础上，张琪玉教授重点阐述和诠释了主题词标引方法的基本原则：“一是要掌握主题标引的特点；二是要选择适当的标引方式；三是要遵守主题词表的规定；四是要遵守主题词的组配规则；五是要遵守主题词串的词序规则”③④。与此同时，张琪玉教授还从一个全新的角度和视野对“主题词标引技巧”进行了详细阐述与说明，如：专指词标引；组配标引；上位词标引；靠词标引；增词标引；自由词补充标引；用说明语标引；减意标引；增意标引；分拆标引；双重标引；轮排标引；分组标引等⑤⑥。因此，张琪玉教授阐明和诠释的主题标引的理论与方法，深刻透彻，翔实具体，全面地促进、推动和完善了我国主题标引的编制技术与编制方法。

9.2.2 关于主题标引对主题目录的影响

20世纪90年代中期，张琪玉教授运用自己独创的归纳法、演绎法和结构功能分析法的原理与方法，专门探讨和研究了文献主题

---

① 张琪玉. 主题标引的原理与方法(一)[J]. 图书馆学刊，1996(1)：26-28.

② 张琪玉. 主题标引的原理与方法(二)[J]. 图书馆学刊，1996(2)：30-35.

③ 张琪玉. 主题标引的原理与方法(一)[J]. 图书馆学刊，1996(1)：26-28.

④ 张琪玉. 主题标引的原理与方法(二)[J]. 图书馆学刊，1996(2)：30-35.

⑤ 张琪玉. 主题标引的原理与方法(一)[J]. 图书馆学刊，1996(1)：26-28.

⑥ 张琪玉. 主题标引的原理与方法(二)[J]. 图书馆学刊，1996(2)：30-35.

标引过程对主题目录结构和功能的重要影响。在他看来，我们在进行文献主题标引过程中，需要根据自己的理解和判断，作出正确的选择和决策。如："标引方式的选择，主标题的确定，是否要做轮排或双重标引的决定，当词表中无专指主题词时标引方法的选择，词序的确定和组配符号的使用，参照的设置，是否要使用范畴词"①等。而我们在针对这些具体情况实施对文献主题进行标引过程中，将直接影响到主题目录结构和功能。因此，张琪玉教授在《主题标引过程对主题目录结构和功能的影响》文章中，从"主题标引与检索途径、主题标引与文献聚类、主题标引与词串的易理解性、主题标引与款目群的协调性、主题标引与款目群排列的系统性、主题标引与款目冗余、主题标引记录的重要性"②等七个方面详细地阐述和说明了文献主题标引过程与主题目录结构和功能之间的内在关联性，创造性地发现了影响和制约主题目录结构和功能的根本原因以及正确的选择和决策方法，从而为提高和完善我国主题目录结构和功能作出了重要理论贡献。

9.2.3　关于隐含主题标引方法

所谓隐含主题，张琪玉教授认为又可称之为隐性主题。主要是指"文献中未用显而易见的方式表达，需要认真进行'由此及彼、由表及里'的深入分析才能找出的主题或主题因素。"③在他看来，隐含主题与显见主题之间存在着密切关联性和相关性。通过研究发现，隐含主题只是显见主题更确切、更充分、更全面的表述，是显见主题的上位概念或下位概念、衍生主题和相关主题，它们两者之间只是相对而言，并没有明显的差别或界限，更不是另外一个主

① 张琪玉. 主题标引过程对主题目录结构和功能的影响[J]. 情报理论与实践，1994(5)：29-30，44.

② 张琪玉. 主题标引过程对主题目录结构和功能的影响[J]. 情报理论与实践，1994(5)：29-30，44.

③ 张琪玉. 试论隐含主题[J]. 图书馆理论与实践，1993(2)：25-27.

题。在此基础上，张琪玉教授还重点阐明和诠释了隐含主题标引方法，即为："一是如果隐含主题只是显见主题更确切、更充分、更全面的表述，直接标引隐含主题；二是如果隐含主题与显见主题只是同一情报内容的两种不同用途，对于综合性图书馆和情报机构而言，隐含主题和显见主题都要标引，而对于专业性图书馆而言，则只标引显见主题；三是如果隐含主题是显见主题的上位概念或下位概念，则应根据词表参照系统是否对隐含主题和显见主题已做属分显示以及是否有族性检索和特性检索的需要进行标引(如果词表未做显示，又有族性检索和特性检索的需要，则应予标引；如果词表已做显示，则不予标引)；四是如果隐含主题是显见主题的衍生主题，只要隐含主题具有检索意义，就要应予标引；五是如果隐含主题是显见主题的相关主题，则要根据词表中是否已对隐含主题和显见主题做相关关系显示以及文献情报内容对隐含主题参考价值大小"①进行标引(如果词表未做相关参照，隐含主题参考价值大，则应予标引；如果词表已做相关参照，隐含主题参考价值一般，则不予标引)。

9.2.4 关于自由标引方法

所谓自由标引，张琪玉教授认为，它是"不依据词表，而是在标引人员对文献情报内容进行分析之后，按照一定规则自拟标引用词来表达文献主题"②的一种主题标引法。在张琪玉教授看来，自由标引方法与词表标引方法基本相同，其主要区别在于"自由标引方法更强调标引人员对术语知识、标引规则的理解和掌握，自主地用更确切、更专指的措词来直接表达主题概念。"③其基本方法主要表现在：一是自由标引绝不能简单地将文献题名改造为标引用词；二是自由标引措词不必拘泥于文献作者原有用词；三是"标引人员

① 张琪玉. 试论隐含主题[J]. 图书馆理论与实践，1993(2)：25-27.
② 张琪玉. 论自由标引[J]. 图书馆学刊，1995(5)：35-37.
③ 张琪玉. 论自由标引[J]. 图书馆学刊，1995(5)：35-37.

在进行标引措词时，不必过多考虑其标引用词的一致性，而应重点考虑其标引用词的确切性、专指性”①；四是必须制定自由标引规则(如：主题分析、标引要求和措词禁忌等)，确保自由标引质量；五是自由标引不适合手工检索系统，主要用于计算机检索系统，在其检索系统中可配备后控制词表，设置同义、近义词参照和自动换词功能，消除标引分散。在此基础上，张琪玉教授还进一步阐述和诠释了自由标引要点：“尽量用直接性好的词表达文献主题；尽量采用文献作者所用新名词术语直接标引或做双重标引；尽量少用读者想不到的措词标引；尽量少用‘戴帽’性质的词标引；尽量少用不起作用的堆彻词标引”②等，其核心要点就是要求“确切、明了、简洁、符合读者检索思路”。除此之外，张琪玉教授还专门研究了“基于自由标引的索引体系和分类体系”③“自由标引中标引副标题概念词”问题④、“半控制半自由标引”⑤“入口词原理”⑥“后控制词表”⑦等方面问题。他的执着与探寻，为我国自由标引方法的理论探讨和应用研究作出了重要理论贡献。

9.3　张琪玉对词素轮排索引编制法研究

20世纪90年代初期和末期，张琪玉教授在《汉语检索词词素

① 张琪玉. 论自由标引[J]. 图书馆学刊，1995(5)：35-37.

② 张琪玉. 论自由标引[J]. 图书馆学刊，1995(5)：35-37.

③ 张琪玉. 基于自由标引的索引体系和分类体系[J]. 图书馆学刊，2001(6)：6-7.

④ 张琪玉. 索引与数据库漫笔(连载)自由标引中标引副标题概念词的问题[J]. 中国索引，2006(1)：55.

⑤ 张琪玉. 情报语言漫笔(I)半控制半自由标引[J]. 图书馆理论与实践，2003(3)：38.

⑥ 张琪玉. 充分利用入口词原理[M]//张琪玉. 张琪玉文集(下). 北京：国家图书馆出版社，2014：83-85.

⑦ 张琪玉. 论后控制词表[J]. 图书情报工作，1994(1)：1-4.

轮排索引编制法探索》和《字面成族原理与应用》两篇文章中专门研究了汉语检索词词素轮排索引编制法。所谓词素轮排索引，在他看来，就是“将不能处于查检入口位置相同的词素或单词使其字面成族，在查词或检索时能达到‘瞻前顾后’或‘鸟瞰全貌’‘触类旁通’”的一种编制方法①。其目的就是解决主题检索语言易用化方面问题，充分发挥词素或单词多向字面成族特征，提高文献主题标引质量与检索速度。

9.3.1 关于词素轮排索引编制原则

在张琪玉教授看来，词素轮排索引的主要功用是使词表在查词或检索时易于使用。因此，他特别提醒我们在编制词素轮排索引时，必须遵循下列原则：“一是尽可能全面轮排，使检索词能充分地多向字面成族；二是在全面轮排的基础上，最大限度节约篇幅；三是从轮排索引转查主表或词族索引等比较方便；四是轮排索引形式的可读性好；五是索引字顺排列规则比较合理；六是采用多种检字法；七是即使词表中普通检索词和专有检索词是分开排列的，在轮排索引中也应尽可能混合排列；八是力求扩大轮排索引功能，使之与入口词表结合”②。在此基础上，张琪玉教授还重点阐述和说明了词素轮排索引的主要轮排方式，即为：题外关键词式、题内关键词式和倒置标题式。他的独特认知和深刻见解，不仅为我国成功编制词素轮排索引指明了方向，而且还开辟了新路。

9.3.2 关于词素轮排索引特殊编制方法

在张琪玉教授看来，我们在实施词素轮排索引编制过程中，除

① 张琪玉. 字面成族原理与应用[J]. 高校文献信息学刊，1997(3)：3-5.

② 张琪玉. 汉语检索词词素轮排索引编制法探索[J]. 图书与情报，1992(4)：16-19.

了遵循其编制原则外，还必须采用一些特殊编制方法，使其功能结构更佳优化、查词和检索更加容易。具体说来，张琪玉教授认为必须遵循下列特殊编制方法："一是为节约轮排索引篇幅，可采用'多级轮排法'；二是为扩大字面成族，可在轮排索引中插入'同义词素指示'和'近义词素指示'；三是对于有些检索词，为使其能字面成族，轮排时可添字；四是为便于从轮排索引转向字顺表、词族表等，必须对原词在词表中的位置进行编号(其顺序为'词表某一部分代号+页码+栏码')；五是轮排索引版式必须很好设计，词素最好用黑体，以示醒目"①等多种特殊编制方法。他的理论探讨与应用研究，取得了重要理论性研究成就，为我国主题检索语言易用化作出了重要理论贡献。

9.3.3　关于词素轮排索引编制步骤

在张琪玉教授看来，词素轮排索引必须用计算机进行编制。第一，要拟定编制规则，准备好计算机软件；第二，要将词表中全部词输入计算机进行位置编号；第三，要由计算机进行逐字轮排；第四，要由人工进行逐条检查；第五，要采用"多级轮排法"；第六，要对款目进行修改、调整；第七，要按设计排版格式进行印刷②。张琪玉教授阐述和诠释的词素轮排索引编制步骤，深刻透彻、翔实具体，极大地促进和完善了我国词素轮排索引的编制技术与编制方法，具有重要的现实指导意义。

9.4　张琪玉对入口词理论研究

所谓入口词，又可称之为"非标引-检索用词"。在张琪玉教授

① 张琪玉. 汉语检索词词素轮排索引编制法探索[J]. 图书与情报，1992(4)：16-19.

② 张琪玉. 汉语检索词词素轮排索引编制法探索[J]. 图书与情报，1992(4)：16-19.

看来，它是“词表收录，但只能作为查词入口以引向正式词，而不能直接用于标引和检索的词。”①他还特别强调：入口词与正式词之间是“等同”关系，它们两者之间关系的正确表达方式是以“用”或“代”来处理。入口词既可以是单词，也可以是词组，必要时还可以带说明语、限定词或注释，它是我国主题检索语言不可或缺的重要组成部分，并广泛应用于标题法、单元词法和叙词法等。在此基础上，张琪玉教授还专门阐述和诠释了“入口词”的功能和作用：一是可以使标引和检索人员容易找到正式词；二是可以使标引和检索人员容易找准、找对所需要的词；三是可以降低要求，减轻标引和检索人员智力性努力；四是可以降低标引和检索的费用；五是可以极大地提高检索效率(检全率和检准率)②。与此同时，张琪玉教授还从六个方面重点阐述和说明了“入口词”收录的基本原则及其选择决策要领，并在宏观层面，阐明和诠释了“入口词”收录的核心原则：一是对于常用入口词应当多收，否则少收；二是对于“主表”收入口词要严，而对于“入口词表”则要宽；三是对于同义词、近义词、反义词、否定词的入口词要全部收入“主表”，而不要收入“入口词表”；四是对于专指词的入口词要在“主表”中少收，而要在“入口词表”中多收③。他的理论探索、独特认知及其应用研究，不仅促进和完善了我国“入口词表”的编制技术与编制方法，而且还开辟了我国主题检索语言新的研究领域，将我国对“入口词”理论与方法的研究提高到一个崭新的高度。

总之，文章作者从主题检索语言理论与方法、主题标引理论与方法、词素轮排索引编制法和入口词理论等四个方面对张琪玉教授在主题检索语言方面所取得的理论贡献和学术成就进行了梳理与总结。从其探讨与研究中，我们不难发现：第一，张琪玉教授从一个

① 张琪玉．充分利用入口词原理［M］//张琪玉．张琪玉文集(下)．北京：国家图书馆出版社，2014：83-85.

② 张琪玉．充分利用入口词原理［M］//张琪玉．张琪玉文集(下)．北京：国家图书馆出版社，2014：83-85.

③ 张琪玉．充分利用入口词原理［M］//张琪玉．张琪玉文集(下)．北京：国家图书馆出版社，2014：83-85.

全新的角度和视野，并以提高检索效率为其终极目标，重点研究了标题法、单元词法和叙词法等主题词型的原理、词表编制以及性能比较等诸多方面问题，帮助人们从宏观和微观层面科学认知和理解它们的本质特性以及内在规律性，引导人们全面了解和掌握其功能结构特点以及改进创新的途径与方法；第二，张琪玉教授还以自己独特的认知和洞察力，创造性地研究和探讨了主题词标引方式方法与技巧、隐含主题标引方式方法与技巧以及自由标引方式方法与技巧等，全面地促进、推动和完善了我国主题标引的编制技术与编制方法，并为我国文献主题标引理论与实践突破以及主题词表类工具书编制等作出了重要理论贡献；第三，张琪玉教授是一个智慧型专家学者，具有超强的学术功底、敏锐的观察力和学术创造力，特别善于结合实际发现问题、思考问题、研究问题和解决问题。为了解决主题检索语言易用化方面问题，充分发挥词素或单词多向字面成族特征，提高文献主题标引质量与检索速度，创造性地阐述和诠释了词素轮排索引编制原则、特殊编制方法以及其编制步骤等。他的独特认知和理论探索，不仅为我国成功编制词素轮排索引指明了方向，而且开辟了新路；第四，张琪玉教授还始终用动态发展眼光，不断延伸拓展主题检索语言新的研究内容。为了适应情报检索语言词表向机编化、机读化方向发展的客观需要，前瞻性地研究和探讨了入口词理论，创造性地阐述和说明了“入口词”的功能和作用以及收录原则及其选择决策要领，为我国情报检索计算机化开辟了广阔的发展前景。

第 10 章　张琪玉自然语言检索研究

自然语言检索产生于 20 世纪 50 年代的情报检索计算机化。从某种意义上说，计算机应用于情报检索是自然语言检索得以实现的前提和基础，如果没有计算机对文献原文的处理，就不可能有自然语言检索的产生。在我国，对于自然语言检索的重视、探索与研究，始发于 20 世纪 80 年代初期。张琪玉教授不仅是国内较早关注自然语言检索的主要学者，而且还是国内研究自然语言检索最为全面、系统的专家学者。在他看来，自然语言检索主要是指"在情报检索中，直接利用文献原文中的字词进行标引或检索"①的一种检索语言。随着计算机技术、数据库技术和网络信息技术的快速发展，自然语言检索必将成为我国情报检索领域的优先选择和重要发展趋势。因此，张琪玉教授从 20 世纪 90 年代开始，就将其研究延伸拓展到自然语言检索领域，重点研究了自然语言检索的应用方式、检索效率、控制措施、发展前途等诸多方面问题，取得了重要理论突破和实质性进展，为我国自然语言检索适应新的检索环境作出了不可磨灭的贡献。

① 张琪玉. 自然语言检索 · 自然语言词表 · 后控制词表[M]//张琪玉文集(下). 北京：国家图书馆出版社，2014：22-23.

10.1　张琪玉对自然语言检索研究的立场观点

张琪玉教授是一位信念坚定的辩证思维型学者，特别善于理性思考问题，立场观点明确，有着自己独特的认知和深刻见解。因此，我们回顾他对自然语言检索的治学道路和研究历程，可以用两句话来概况其立场观点，“既肯定又否定，既呼吁又亲自参与研究”。

呼吁：20 世纪 80 年代初期，张琪玉教授在创制情报检索语言时，就关注到自然语言检索问题。他在《论情报检索语言的研究、创制与普及》文章中，呼吁我们在研究情报检索语言过程中，“似乎也应把对自然语言检索法的研究包括进去”①；20 世纪 90 年代末期，张琪玉在《世纪之交中国情报语言学发展之路》文章中，重点分析研究了论述自然语言检索者的文章，发现大多数文章作者只是将自然语言与人工语言作笼统的比较，没有对自然语言检索性能进行深入分析与探究。于是，他再次向全国情报检索语言理论研究者发出呼吁：“当前亟须从情报语言学角度深入研究自然语言检索方法，把情报语言学的原理和方法引进自然语言检索的研究”②。

肯定：自然语言检索方式的产生，使得我国情报检索语言领域发生了重大变革和重大突破。由于自然语言检索在其检索过程、检索方法上的方便快捷以及检索范围和应用领域的不断扩大，越来越多地受到人们的青睐。因此，张琪玉教授对于自然语言检索方式应用于情报检索是持肯定态度的，并在多篇文章中阐明了自己的独特认知和深刻见解。在他看来，自然语言检索方式随着计算机技术和网络通信技术的快速发展，“具有不可阻挡的发展前途，特别是在

① 张琪玉. 论情报检索语言的研究、创制与普及[J]. 图书情报知识，1983(4)：10-15.

② 张琪玉. 世纪之交中国情报语言学发展之路[M]//张琪玉. 张琪玉文集(上). 北京：国家图书馆出版社，2014：334-337.

互联网络的检索环境中，它将成为一种必然的优先选择”①。

否定：自然语言检索方式有其突出的优点，但又有其明显的缺点是个不争事实。然而有些文章作者片面地、言过其实地夸大自然语言的检索功能和检索效率，似乎它能满足人们一切检索需求。对于这些乐观论者所提出的诸多观点（如：“自然语言检索是发展方向，信息检索要走自然语言道路”等），张琪玉教授在深入研读他们所撰写的文章后，发现这些文章作者几乎都不是我国自然语言检索领域的专门探索者和研究者。因此，张琪玉教授对于这些乐观论者的观点，持否定态度，并在与吴建中通讯访谈《情报检索语言的发展趋势——关于图书馆未来的对话之九》文章中，阐明和诠释了其中的根本原因。在他看来，假若“那些论点如果是正确的话，全世界的情报检索早已全面自然语言化了”。②

亲自参与研究：从20世纪90年代初期开始，张琪玉教授就将研究重点和重心转向了自然语言检索领域。他在充分利用、借鉴自己在研究情报语言学过程中所取得的理论成果基础上，成功地将情报语言学原理和方法引进运用到自然语言检索研究工作。在他看来，任何一种高质量高要求的情报检索语言，控制是绝对必要的。自然语言的致命弱点就是缺少“控制”，而情报语言学的精髓就是“对检索过程进行控制”。因此，他就如何提高自然语言检索效率问题、控制措施问题和发展前途问题等诸多方面进行了持续研究，使我国自然语言检索效率得到极大的提高，并广泛应用于数据库资源检索和网络信息资源检索等诸多方面。

10.2 张琪玉对自然语言应用方式研究

20世纪90年代中期和21世纪初，张琪玉教授为了从根本上

① 张琪玉. 张琪玉与情报语言学学科建设[M]//张琪玉. 张琪玉情报语言学文集. 北京：北京图书馆出版社，1999：1-9.

② 张琪玉. 张琪玉与情报语言学学科建设[M]//张琪玉. 张琪玉情报语言学文集. 北京：北京图书馆出版社，1999：1-9.

搞清楚自然语言在情报检索中的应用方式，帮助人们在理论研究层面了解和掌握自然语言应用于情报检索的具体情况，他在《自然语言在情报检索中的应用》和《关于自然语言检索问题》两篇文章中对其进行了专门探索和研究。在他看来，随着网络计算机技术的快速发展，自然语言在情报检索中的应用方式将会越来越宽广，功能和作用将会越来越强，检索效率将会越来越提高。但问题的关键是，我们如何对自然语言在情报检索中的应用方式作出正确的评判，将会直接影响到自然语言检索应用发展前景。基于此，张琪玉教授在充分考量和深入探究国内外自然语言在情报检索中的应用方式后，于 1996 年在《自然语言在情报检索中的应用》文章中，阐明和诠释了我国自然语言在情报检索中的应用方式，在他看来，主要应用于："关键词法、文本检索、单汉字检索、自动分类、自由标引"①等 8 个方面。他还特别指出，汉语自动分词（即汉语分词技术）是自然语言在情报检索中应用的特殊问题，其分词原理、技术和方法，不同于英语、法语、德语等西方语种，必须加大力度对汉语分词技术进行专门研究，以期探寻到有效解决汉语分词技术实施方案。在此基础上，张琪玉教授还于 2004 年在其《关于自然语言检索问题》文章中，进一步阐明和诠释了自然语言应用于情报检索的性能特点、使用范围和方法要领，重点研究了关键词检索、全文检索、搜索引擎、自动甄别以及自动标引和自动分类②等方面问题。通过其理论探索和实践研究，张琪玉教授发现，我国目前自然语言应用于情报检索，只在"关键词索引及数据库、全文检索、搜索引擎已经实用……至于自动甄别、自动标引和自动分类，严格地说都还没有走出实验室进入广泛应用"③。张琪玉教授的执着与探寻，不仅使人们在理论研究层面上明确了自然语言应用于情报检索的主

①　张琪玉. 检索语言讲座（九）自然语言在情报检索中的应用[J]. 情报理论与实践，1996(3)：63-64，60.

②　张琪玉. 关于自然语言检索问题[J]. 图书馆论坛，2004(6)：211-213，145.

③　张琪玉. 情报语言学的若干研究心得和收获——张琪玉学术思想自述[J]. 图书情报工作，2009(20)：5-9，29.

要方式和今后的主攻研究方向，而且还启迪了人们的研究思维，开阔了人们的研究视野，极大地促进和推动了我国自然语言检索的发展。

10.3 张琪玉对自然语言检索效率研究

20世纪90年代中期，张琪玉教授在《自然语言检索中各种因素对检索效率的影响》等文章中，对影响自然语言检索效率的各种因素进行了充分考量和深入探究。在他看来，自然语言缺少控制是其影响检索效率的主要因素；自然语言用词不规范性，存在大量同义现象、多义现象和含义模糊现象是其影响检索效率的客观因素；未显示语词(或概念)之间的关系，词汇无语义关联是其影响检索效率的关键因素。因此，张琪玉教授强烈建议，当前我们对于自然语言检索效率的探索与研究，亟须从情报语言学研究的角度，引进其原理和方法，探寻其有效方法和改进途径，消除各种因素对自然语言检索效率的影响。为此，张琪玉教授历经多年的探索与研究，创制了“学科-事物概念组配型”检索语言，较好地解决了上述各种因素对自然语言检索效率的影响，极大地提高了我国自然语言检索效率。在此基础上，张琪玉教授还从自然语言检索的“文本类型、专指度、不同标引方法、词表控制”等6个方面对检索效率的影响进行了比较分析探究，找到了有效提高自然语言检索效率的方法措施和专门对策。在他看来，自然语言检索在其不同的检索环境、不同的检索条件和不同的检索范围内进行检索，都有其特定的检索方法、技巧和措施，我们在实施其检索过程中，一定要针对具体检索课题需要，采用相对应的最佳检索方法、策略和手段，使其获得更好的检索效率。也就是说，我们在进行自然语言检索时，关键是要掌握其规律、策略和要领。如：当我们对文本进行抽词检索时，首先想到的应是抽取专指词，需要扩检时再使用较泛指的词；当我们需要进行组配检索时，最好在句、段范围内检索；当我们需要构造检索表达式时，应该用“逻辑和”将其同义词、近义词、反义词、否定词连接起来包括进去①；等等。张琪玉教授还特别提醒我们，要想提高自然语言系统检索效率，配备后控制词表是其有效措施和关键所在，并就后控制词表的控制机理、编制特点和检索方法等诸多方面问题，阐明和诠释了自己独特认知和深刻见解，为我国自然语言检索效率的提高和实际运用，作出了重要理论贡献。从某种意义上说，张琪玉教授通过其持续研究与深入探寻，为我们提供的理论方法、控制措施和检索技巧，就是在网络信息技术高度发达的当今时代，对于我们提高自然语言检索效率仍然具有重要的现实指导意义，他的思想智慧是超越我们想象的。

10.4 张琪玉对自然语言检索评价研究

在张琪玉教授看来，自然语言应用于情报检索是一种必然趋势和发展方向。自然语言检索随着网络计算机技术、数据库资源和网络信息资源检索环境的不断变化，必然会产生新的检索技术和检索方法。因此，我们掌握其措施方法和使用要领，并对其检索性能作出客观评价，特别有助于提高自然语言检索效率。

10.4.1 关键词检索评价研究

21 世纪初期，张琪玉教授从“关键词索引”应用角度，回顾了我国关键词索引的研究过程和应用历程。在他看来，关键词索引在我国的应用与发展，最开始是“用做检索刊物的临时性索引；后来用于数据库的关键词检索，代替人工标引；再后来关键词则应用于自动主题标引和自动分类研究的前期处理”。② 张琪玉教授通过其

① 张琪玉. 自然语言检索中各种因素对检索效率的影响[J]. 情报理论与实践，1997(5)：257-259.

② 张琪玉. 关于自然语言检索问题[J]. 图书馆论坛，2004(6)：211-213，145.

理论探索和应用历程研究，发现关键词目前主要应用于3个方面：一是题录数据库；二是全文数据库；三是自动抽取关键词。在此基础上，张琪玉教授还对“自由标引的关键词与自动抽取的关键词、题名中的关键词与正文中的关键词、关键词与规范词”①的检索性能和检索效率进行了比较分析研究，发现它们在检索质量上存在较大差别。为了较好地解决它们之间的检索差别与缺陷，张琪玉教授认为，关键是要找到问题的症结所在、创新的途径和有效的改进方法。基于此，张琪玉教授从两个方面进行了专门研究：

关于“汉语关键词法”研究。在张琪玉教授看来，关键词法是一种“准情报检索语言”。就其实质而言是一种自然语言检索法，主要适用于目录索引编制过程自动化的需要。其优点主要表现在：专指度较高、检索途径比较多、不用人工标引、缩短时差、没有标引失真现象。它可广泛应用于我国“外文文献的标引，中文报刊文献的标引，档案标引”等诸多方面。并用实例对“计算机抽词-人工干预方式”的具体问题用图示法进行了比较分析研究，通过其理论探索和实例分析，张琪玉教授发现计算机抽词-人工干预方式和自动抽词方式实际上都是自动抽词，又都要人工干预。它们之间的区别在于“计算机抽词-人工干预方式”是其初级阶段，人工干预多；而“自动抽词方式”则是其成熟阶段，人工干预少。②

关于“题内关键词索引”研究。在张琪玉教授看来，题内关键词索引也称之为上下文关键词索引。它是最早出现的一种利用电子计算机编制的索引，已经实现了索引工作现代化③。它能较好地解决自然语言检索中关键词法应用于汉语特殊问题的需要，回避汉语分词难题以及改造题名数据库问题。因而受到张琪玉教授的高度重视和密切关注。他在多篇文章中专门研究了“题内关键词索引”具

① 张琪玉. 关于自然语言检索问题[J]. 图书馆论坛，2004(6)：211-213，145.

② 张琪玉. 汉语关键词法探讨[J]. 图书馆论坛，1993(1)：3-7，25

③ 张琪玉. 情报语言学基础[M]. 增订二版. 武汉：武汉大学出版社，1997：230-242.

体编制方法，并且亲自编写应用程序，进行编制试验，取得成功与突破。

20 世纪 90 年代初期，张琪玉教授在《人—机结合的题内关键词索引可回避汉语分词难题》文章中，在我国首次提出了“含糊抽词”可回避汉语分词难题的学术观点。在他看来，这种抽词方法的最大特点就是能分辨出题名中哪个词或词素具有检索意义，帮助我们解决汉语分词难题。基于此，张琪玉教授对这种抽词方法的抽词原理、抽词特征、抽词措施和抽词办法等诸多方面问题进行了专门探索和实例分析研究。发现这种抽词方法，就其本质属性而言，它是“最长抽词”与“词素轮排”两种方法的结合。究其原因，就是它保留了上下文，虽然是“含糊抽词”，但关键词含义的明确性非常好，特别适于浏览①。在此基础上，张琪玉教授还提出了 8 种改进题内关键词索引的方法措施。

20 世纪 90 年代末期，张琪玉教授在《汉语题内关键词索引的一种编制方法》《汉语题内关键词索引的另一种编制方法》和《汉语题内关键词索引的第三种编制方法》3 篇文章中，对汉语题内关键词索引的编制原理和编制方法进行了专门探索和编程工作。在第一种编制方法中，张琪玉教授介绍了自己用 WPS 和 dBASE 结合使用，编制题内关键词索引的方法和程序②；在第二种编制方法中，张琪玉教授又介绍了自己用 WPS 和 dBASE 结合使用或单独使用 dBASE，编制题内关键词索引的方法和程序；在第三种编制方法中，张琪玉教授还介绍了自己专门使用 dBASE，编制题内关键词索引的方法和程序。并特别指出，在这 3 种编制方法中，后 2 种都是在对前一种编制方法程序加以修改而成的。如果我们将第二种编制方法与第一种编制方法进行比较，就会发现第一种编制方法检索入口位置在“中部”，而第二种编制方法检索入口位置在“左方”，

① 张琪玉. 人—机结合的题内关键词索引可回避汉语分词难题[J]. 图书馆杂志，1993(4)：14-15.

② 张琪玉. 汉语题内关键词索引的一种编制方法[J]. 图书馆理论与实践，1998(1)：13-15.

其编制方法更为简易和灵活，并能节省篇幅①；如果我们将第三种编制方法与第二种编制方法进行比较，就会发现第三种编制方法每条索引款目分为上、中、下三行，检索入口位置在第二行的“左方”，它较之前两种方法可读性好，主要适用于联机检索环境②。

21世纪初，张琪玉教授在《改造题名的汉语题内关键词索引数据库》文章中又提出了汉语题内关键词索引第四种编制方法构想。在他看来，就是从改造题名入手，采用情报检索语言的原理和方法加以控制，必然会提高关键词索引数据库的质量③。基于此，张琪玉教授从“题名改造内容、编制法要点和检索性能”3个方面对这种编制方法进行了专门探索与研究，发现这种编制方法，它不仅能使题名用词得到规范，而且还可使数据库也得到进一步规范，更加适合于我们在检索中进行浏览。此外，张琪玉教授还专门研究了“孤立关键词与上下文关键词”④专指度问题以及“题名关键词与正文关键词”⑤检索性能问题，目的就是要提高关键词在网络信息资源和数据库资源中的检索效率。

10.4.2 全文检索评价研究

21世纪初，张琪玉教授在《全文数据库、全文检索与全文标引》《全文检索与索引》等5篇文章中，对全文检索的检索原理、检索性能、检索系统、检索方法和结构模式等诸多方面问题进行

① 张琪玉. 汉语题内关键词索引的另一种编制方法[J]. 图书馆理论与实践，1998(4)：38-40.

② 张琪玉. 汉语题内关键词索引的第三种编制方法[J]. 图书馆杂志，1999(11)：8-10.

③ 张琪玉. 情报语言漫笔(I)改造题名的汉语题内关键词索引数据库[J]. 图书馆理论与实践，2003(3)：38-39.

④ 张琪玉. 情报语言漫笔(H)孤立关键词与上下文中的关键词[J]. 图书馆理论与实践，2003(2)：38.

⑤ 张琪玉. 题名关键词与正文关键词检索性能的差别[J]. 中国索引，2004(4)：58-59.

了专门探讨和深入研究。在他看来，全文检索不仅是我国自然语言检索的主要应用领域，而且还是关键词检索技术应用于全文检索的主要途径。基于此，第一，张琪玉教授阐明和诠释了全文检索的性能。在他看来，所谓全文检索，“特指对全文数据库中的文本型数据进行关键字词匹配检索”①的一种方式，它能极大地提高全文检索效率。但全文检索并不是万能的：从检索效率角度看，有诸多因素(如：多词一义、一词多义、词义含糊、比喻用法、关键字词匹配、表达式构造、布尔逻辑算符等)直接影响检全率和检准率；从检索效果角度看，它与文献类型密切相关，对于传统型参考工具书(如：字典、词典、百科全书等)和古代诗词全文检索效果好，而对于新闻资料全文检索效果不理想。第二，张琪玉教授还专门研究了全文检索与索引之间的根本区别。在他看来，索引有标目(所谓标目，是指对文献整体主题或局部主题或有信息价值的主题因素的确切表达和明确指示)，而全文检索则没有标目②。并从 6 个方面阐明和诠释了全文检索适应的检索范围以及全文检索不适应的检索范围，目的就是帮助人们掌握和正确使用全文检索基本方法及其要领。第三，张琪玉教授还专门研究了全文检索的实质内涵。在他看来，全文检索实质内涵就是通过“对文本数据库进行任意字词的遍历式匹配检索，依次找出文本中全部与检索者所输入的关键词或词的片段完全一致的地方”。③ 简单概括地说，就是“关键词检索+计算机辅助文本浏览”。第四，张琪玉教授还专门研究了全文检索系统的检索性能和理想模式等方面问题。在他看来，要想使全文检索系统获得更佳的检索性能和更高的检索效率，必须建立一个性能优良多功能检索系统，“只有集成多种检索方法的检索系统(即目录体系、索引体系、具有多种功能的

① 张琪玉. 情报语言漫笔(F)全文数据库、全文检索与全文标引[J]. 图书馆理论与实践，2002(6)：40，55.

② 张琪玉. 全文检索与索引[J]. 图书馆杂志，2007(11)：3-5.

③ 张琪玉. 全文检索与索引[J]. 图书馆杂志，2007(11)：3-5.

计算机检索系统），才能较好地满足多样性的检索要求。”①在此基础上，张琪玉教授前瞻性地研究了全文检索系统结构模式问题②和全文数据库深度检索模式问题③，创造性地发现了理想的检索系统模式，即为“文本型全文数据库+需要的索引”或“图像型全文数据库+各种需要的索引”④。

10.4.3 自动抽词与自动分词评价研究

20 世纪 90 年代末期到 21 世纪初期，张琪玉教授在《自动抽词与自动分词》《缺乏抽词词典是自动抽词标引难以普及的主要原因》等多篇文章中，对自动抽词与自动分词进行了专门探索和持续研究。在他看来，两者既有联系又有区别，自动抽词是用计算机从文献文本中抽出标引用词，而自动分词则是用计算机将一个句子切分成词或词组。基于此，张琪玉教授首先阐明和诠释了自动抽词与自动分词难于实现的原因。在他看来，自动抽词与自动分词之所以在我国难于实现，是因为有其主观原因和客观因素的影响和制约。并在其与吴建中通讯访谈《情报检索语言的发展趋势——关于图书馆未来的对话之九》文章中探明了其中的缘由，关键是要解决两个方面问题：“(1)如何从自然语言文本中抽出最能准确、充分地表达文献有价值内容的词；(2)克服自然语言由于不规范和缺乏语义关联性而对检索不利的问题。”⑤其次，张琪玉教授还专门研究了自动抽词难以普及的原因。在他看来，多年以来，我国的一些专家和学

① 张琪玉. 全文检索系统的检索性能[J]. 江西图书馆学刊，2004(3)：1-2.

② 张琪玉. 情报语言漫笔(E)全文检索系统较好的模式[J]. 图书馆理论与实践，2002(5)：38-39.

③ 张琪玉. 情报语言漫笔(J)全文数据库检索的三种深度[J]. 图书馆理论与实践，2003(4)：43.

④ 张琪玉. 全文检索与索引[J]. 图书馆杂志，2007(11)：3-5.

⑤ 吴建中，张琪玉. 情报检索语言的发展趋势——关于图书馆未来的对话之九[J]. 图书馆杂志，1996(4)：29-32.

者对于汉语自动抽词技术做了很多研究工作，同时也研究出了多种抽词软件，但实际使用者却不多。究其原因，就是缺乏“抽词词典”。因此，张琪玉教授认为：“只有抽词软件而无抽词词典，是不能建立自动抽词标引系统的。”①他的独特认知和创造性发现，为我国自动抽词的最终实现找到了问题关键所在，找准了研究目标和发展方向。为此，张琪玉教授强烈建议，目前要想提高自动抽词检索效率，取得突破性研究进展，关键是要重视和加强对下列相关问题进行重点研究：“学科或主题领域特征词”研究；“文献结构、叙述模式和表述主题用词规律”研究；“分类表词表及标引成果和术语整理成果”利用；“主题概念词的同义归并、等级归并和学科归并”研究；“后控制词表”引入；“人机结合措施”采用②等。在此基础上，张琪玉教授还剖析了我国目前缺乏抽词词典症结所在：从研究角度看，研究者大多为计算机专业工作者，他们只管抽词软件研制，鉴定通过则认为大功告成，至于编制抽词词典，就非自己能力所及；从参与项目合作研究者角度看，客观地说，图书情报工作者深入参与抽词软件研制项目合作者很少，即使他们全程参与了抽词软件的研制工作，但由于他们自身对抽词原理、抽词词典编制缺少研究，也很少想到自己具有编制抽词词典的能力与智慧。也就是说，抽词软件研制与编制抽词词典之间存在脱节问题。因此，张琪玉教授号召我国图情学界专家学者，应当积极承担这项研究任务，并将与其“建立实际需要的数据库相结合”③。

10.5　张琪玉对自然语言检索控制措施研究

20 世纪 90 年代中期和末期，张琪玉教授在《论后控制词表》

① 张琪玉. 缺乏抽词词典是自动抽词标引难以普及的主要原因[J]. 图书与情报，1998(2)：27，80.

② 张琪玉. 自动抽词与自动分词[J]. 图书馆杂志，2002(3)：13-14.

③ 张琪玉. 缺乏抽词词典是自动抽词标引难以普及的主要原因[J]. 图书与情报，1998(2)：27，80.

《积极为自然语言与情报检索语言的结合创造条件——建议大量编制自然语言词表》等多篇文章中对自然语言检索控制措施进行了专门探索和深入研究，他创造性地发现了“自然语言词表”，不仅是我们对自然语言加以控制的主要形式，而且还是我们弥补自然语言缺陷的重要措施，同时还是我们提高自然语言检索效率的重要手段，从而为我国自然语言检索控制措施的改进与完善作出了重要理论贡献。

10.5.1 自然语言接口用对应表研究

在张琪玉教授看来，自然语言接口又可称之为自然语言入口，它是检索系统的前置部分，其功能作用就是将自然语言通过对应表转换成人工语言(情报检索语言)①。检索人员(用户)只要使用自然语言表达检索课题(或文献主题、或检索提问)进入系统，就可以通过“对应表”将其自动转换为人工语言的语词在系统中进行实际检索②③，十分方便实用，并可普遍采用。在此基础上，张琪玉教授还进一步明确指出，为了使“对应表”一目了然，便于管理和简化转换程序，还可以将词表的“双语种对照索引”也编入对应表。这样一来，在“对应表”中，自然语言与情报检索语言之间就有一对多对应关系，通过人工辅助转换④⑤。张琪玉教授阐明和诠释的自然语言接口用对应表编制理论与技术方法，被中国图书馆分类法

---

① 张琪玉. 情报语言漫笔(H)自然语言接口的对应词表[J]. 图书馆理论与实践，2003(2)：36-37.

② 张琪玉. 积极为自然语言与情报检索语言的结合创造条件——建议大量编制自然语言词表(上)[J]. 图书馆杂志，1999(9)：7-9.

③ 张琪玉. 积极为自然语言与情报检索语言的结合创造条件——建议大量编制自然语言词表(下)[J]. 图书馆杂志，1999(10)：8-10.

④ 张琪玉. 积极为自然语言与情报检索语言的结合创造条件——建议大量编制自然语言词表(上)[J]. 图书馆杂志，1999(9)：7-9.

⑤ 张琪玉. 积极为自然语言与情报检索语言的结合创造条件——建议大量编制自然语言词表(下)[J]. 图书馆杂志，1999(10)：8-10.

编辑委员会所采纳，广泛应用于《中国图书馆图书分类法第二版索引》和《中国图书馆分类法第 4 版索引》以及光盘版等编制实践，为我国情报检索语言的自然语言化作出了重要理论贡献。

10.5.2　自动赋词赋号用对应表研究

在张琪玉教授看来，各种自然语言词表（如：自动抽词词典、自动分类用对应表、后控制词表和自然语言接口用对应表等）在其检索功能和控制措施等方面，具有其相似性和相互取代性，可以灵活掌握使用。也就是说，我们可以通过对某种词表的改进或扩充，使其具有另一种词表的控制功能和作用。基于此，张琪玉教授对自动赋词赋号用对应表进行了专门探索与研究，发现自动赋词赋号标引系统是对自动抽词标引系统的改进与提高，其功能作用就是使其自动抽出的自然语言语词转换成人工语言语词（检索词或分类号）①②。在此基础上，张琪玉教授还进一步研究了“自动赋词标引系统”和“自动赋号标引系统”的构建问题。在他看来，这两个系统既可单独建立，又可合而为一，关键是要根据实际情况而定，并阐明和诠释了其编制技术与编制方法。张琪玉教授还特别提醒我们，自动赋词赋号标引系统所采用或所编制的词表是其关键所在。在他看来，我们既“可使用现有的词表或分面分类表，也可仿照词表和分类表的编制原理，对自动抽词所抽出的自然语言语词做有限范围的控制。”③④这样一来，当我们的检索人员（用户），应用其检索系统进行检索时，不仅可以使用检索词或分类号检索，而且还可以使

① 张琪玉．积极为自然语言与情报检索语言的结合创造条件——建议大量编制自然语言词表（上）［J］．图书馆杂志，1999（9）：7-9.

② 张琪玉．积极为自然语言与情报检索语言的结合创造条件——建议大量编制自然语言词表（下）［J］．图书馆杂志，1999（10）：8-10.

③ 张琪玉．积极为自然语言与情报检索语言的结合创造条件——建议大量编制自然语言词表（上）［J］．图书馆杂志，1999（9）：7-9.

④ 张琪玉．积极为自然语言与情报检索语言的结合创造条件——建议大量编制自然语言词表（下）［J］．图书馆杂志，1999（10）：8-10.

用自然语言检索。

10.5.3 自动分类用对应表研究

20世纪90年代中期，张琪玉教授在《分类法主题法一体化自动标引系统的基本原理和方法》文章中，对基于以体系分类法为基础的自动分类标引问题进行了专门探索与研究。在他看来，这种以体系分类法为基础的自动分类标引，必须要建立自动分类标引系统，必须要使用自动分类词表，并要遵循自动分类标引规则确定主要分类号。张琪玉教授还特别指出，这种词表不同于“自然语言接口用对应表”“后控制词表”等，它是“一种词与分类号的双向对应表，由分类号-词对应表和词-分类号对应表两个部分组成。”①目的就是将《中图法》改造为分类法主题法一体化检索语言。在此基础上，张琪玉教授还阐明和诠释了这种词表的编制原理和编制方法。当我们在编制“分类号-词对应表”时，可先将《中图法》的分类表改造成分面分类表，把词对应到相应的分面中，再赋予《中图法》的分类号，建立分类号索引，提供分类检索途径；当我们在编制“词-分类号对应表”时，可将“分类号-词对应表”的款目倒转过来，然后按照词的字顺排列，建立关键词索引，提供主题检索途径，供自动分类标引用②。他的构思和设想，被《中国图书馆图书分类法》编委会所采纳，并于1994年成功编制出版了《中国分类主题词表》③。

10.5.4 后控制词表研究

20世纪90年代中期，张琪玉教授在《论后控制词表》文章中，

① 张琪玉. 分类法主题法一体化自动标引系统的基本原理和方法[J]. 图书馆论坛，1995(6)：3-4，57.

② 张琪玉. 分类法主题法一体化自动标引系统的基本原理和方法[J]. 图书馆论坛，1995(6)：3-4，57.

③ 《中国图书馆图书分类法》编辑委员会. 中国分类主题词表[M]. 北京：华艺出版社，1994.

对后控制词表的控制机理、编制特点、编制方式、结构模式和检索方法等诸多方面问题进行了专门探索与研究。在他看来，后控制词表功能作用强大，控制机理独特、编制特点突出、编制方式多种多样、结构模式多种方式并存、检索方法多种途径，它不仅是我们提高自然语言检索效率的重要手段和有效措施，而且还在我们实施对自然语言检索过程中，充当着转换工具、扩检工具和选择工具的角色，发挥着至关重要的作用。在此基础上，张琪玉教授还特别提醒我们，后控制词表专用于文献检索而不用于文献标引。因此，其词表编制必须在“检索系统中实有的自然语言检索标识的基础上进行编制，否则将会大大降低其控制功能。”①并为我们提供了“分类词表+字顺/轮排表”理想结构模式。张琪玉教授阐述和诠释的后控制理论及其理想结构模式思想，广泛应用于网络信息资源、数据库资源和搜索引擎等诸多方面，为我国自然语言检索功能的增强和检索效率的提高作出了重要理论贡献。

此外，张琪玉教授还对“词素词表”控制措施②③、“词素轮排索引编制法”④和“网络信息检索工具”⑤⑥等方面问题进行了深入探索和专门研究，目的都是为了加强对自然语言进行控制，找到有效的改进方法和措施，适应不同的检索环境，提高自然语言检索效率。

---

① 张琪玉. 论后控制词表[J]. 图书情报工作，1994(1)：1-4.

② 张琪玉. 积极为自然语言与情报检索语言的结合创造条件——建议大量编制自然语言词表(上)[J]. 图书馆杂志，1999(9)：7-9.

③ 张琪玉. 积极为自然语言与情报检索语言的结合创造条件——建议大量编制自然语言词表(下)[J]. 图书馆杂志，1999(10)：8-10.

④ 张琪玉. 汉语检索词词素轮排索引编制法探索[J]. 图书与情报，1992(4)：16-19.

⑤ 张琪玉. 网络信息检索工具增强关键词检索功能的措施[J]. 图书馆杂志，2001(1)：7-10.

⑥ 张琪玉. 网络信息检索用语言的发展趋势[J]. 图书馆杂志，2001(3)：5-7，22.

10.6 张琪玉对自然语言检索发展前途研究

在我国图书情报学界，张琪玉教授是一位坚定的辩证思维型学者。他一直用发展的观点、辩证思维的观点，密切关注着自然语言和情报检索语言的走向问题，前瞻性地研究和探索着自然语言和情报检索语言的发展前途问题。

第一，张琪玉教授专门探索和研究了自然语言走向问题。在我国图书情报学界，对于自然语言和情报检索语言的走向问题，一直存在着争议和分歧。张琪玉教授为了从根本上帮助认识清楚自然语言走向问题，从其检索性能、检索效率、控制措施、网络信息检索工具等诸多方面进行了理论探索和应用研究工作，并在其与张欣毅、张京生通讯访谈《走向自然语言与情报检索语言结合之路——与我国著名情报语言学家张琪玉教授的通讯访谈》文章中，阐明和诠释了自然语言走向问题，独具慧眼地发现了“自然语言的未来与情报检索语言的未来在某种意义上可以说是同一个问题，即为自然语言的情报检索语言化或情报检索语言的自然语言化。”①

第二，张琪玉教授还专门探索和研究了自然语言发展趋势问题。在他看来，自然语言和情报检索语言都存在着如何适应网络检索问题。也就是说，自然语言要想适应网络检索需要，必然要走向控制与规范；而情报检索语言要想适应网络检索需要，必然要走向自然语言化。更确切地说，自然语言不可能全面取代情报检索语言，淘汰情报检索语言。“网络信息检索不能唯一地使用自然语言，也必须使用人工语言。”②

① 张欣毅，张京生. 走向自然语言与情报检索语言结合之路——与我国著名情报语言学家张琪玉教授的通讯访谈[J]. 图书馆理论与实践，2001(2)：3-5.

② 张欣毅，张京生. 走向自然语言与情报检索语言结合之路——与我国著名情报语言学家张琪玉教授的通讯访谈[J]. 图书馆理论与实践，2001(2)：3-5.

第三，张琪玉教授还专门探索和研究了检索系统关系问题。在他看来，自然语言检索系统与情报检索语言检索系统并不是决然对立的，它们“各有长处和短处，可以并行发展，可以互相结合，互相补充。”①并对这种新型情报检索语言在其没有完全融合、普及之前并存情况进行了预测：“情报检索语言与自然语言在一个检索系统中并用；情报检索语言增加自然语言成分；自然语言适当引进情报检索语言的原理与方法和增加情报检索语言成分。”②他的思想智慧和超前预测，在当今网络信息时代已得到充分印证。

张琪玉教授还特别提醒我们，自然语言检索要想达到较高的检索效率，得到人们的认可和认同，成为一流的语言工具。走向控制与规范是前提；实现与人工语言对应转换是关键；采用后控制词表、自然语言接口等方法措施是基础；突破自动抽词标引瓶颈是重中之重。

总之，文章作者从六个方面对张琪玉教授在自然语言检索领域所取得的学术思想成就进行了较为清晰的揭示和梳理。从中我们不难发现，他之所以能在自然语言检索领域取得成功与突破：第一，张琪玉教授从客观实际的角度，充分考量了我国自然语言研究现状以及人们对自然语言检索性能的片面理解，他站在辩证思维发展的高度，阐明了自己独特的立场观点，目的就是帮助和引导人们正确认知自然语言的本质特性以及改进创新的途径与方法；第二，张琪玉教授还对影响自然语言检索效率的各种因素进行了充分考量与探究，发现了提高自然语言检索效率的有效方法和改进途径，较好地解决了各种因素对自然语言检索效率的影响；第三，张琪玉教授还从理论层面和应用层面，重点探索和专门研究了关键词检索、全文检索以及自动抽词与自动分词等的性能特点和编制技术方法。不仅使人们在理论研究层面上明确了自然语言应用于情报检索的主要方

① 张琪玉. 张琪玉与情报语言学学科建设[M]//张琪玉. 张琪玉情报语言学文集. 北京：北京图书馆出版社，1999：1-9.

② 张琪玉. 情报语言学的若干研究心得和收获——张琪玉学术思想自述[J]. 图书情报工作，2009(20)：5-9，29.

式和今后的主攻研究方向，而且还启迪了人们的研究思维，开阔了人们的研究视野，为我国自然语言检索取得实质性进展做出了卓越贡献；第四，张琪玉教授为了实现自然语言的情报检索语言化，大力加强了对自然语言控制措施与方法的理论探索与研究，创造性地发现了“自然语言词表”是对自然语言加以控制的主要形式，是弥补自然语言缺陷的重要措施，是提高自然语言检索效率的重要手段，为我国自然语言检索控制措施与方法的突破和创新开辟了新路；第五，张琪玉教授还始终用动态发展眼光，前瞻性地研究和探索着自然语言和情报检索语言的发展前途问题(或走向问题)，为我国自然语言和情报检索语言适应新的网络检索环境作出了重要理论贡献。

第11章　张琪玉索引学思想研究

张琪玉教授是我国最早关注、研究探索中国索引事业和索引学理论工作者。20世纪60年代初期和中期，张琪玉教授就关注到书目检索工具问题。一是专门探索研究了“组配索引法”编制技术方法及其检索要领①，二是将苏联《新型文献索引》翻译成中文，重点介绍了“上下文关键词索引”“关键词索引”“主题索引”“表式索引”“引文索引”②等新型索引；20世纪80年代中期，张琪玉教授主持编制出版了《中国图书馆图书分类法(第二版)索引》③，在我国文献分类学领域开创了《中图法》编制分类法类目索引的先例，并被各种类型图书馆广泛采用。由于其特殊的功能和作用，得到了使用单位一致好评，中国图书馆分类法编辑委员会于2000年又成功编制出版了《中国图书馆分类法(第4版)索引》④；20世纪90年代以来到21世纪初，张琪玉教授在充分考量情报语言学终极研究目的后，创造性地发现了“索引和数据库”的改进与创新是其终极

① 张琪玉. 目录的特征——谈谈充分发挥书目检索工具的作用[J]. 图书馆，1964(4)：48-49.

② P. C. 吉良列夫斯基，A. И. 切尔耐. 新型文献索引[J]. 张琪玉，译. 综合科技动态情报工作，1966(5)：21-25.

③ 中国图书馆图书分类法编辑委员会，武汉大学图书馆学系. 中国图书馆图书分类法(第二版)索引[M]. 北京：书目文献出版社，1984.

④ 中国图书馆分类法编辑委员会. 中国图书馆分类法(第4版)索引[M]. 北京：北京图书馆出版社，2000.

目标。为此，张琪玉教授将其研究重点转移延伸到索引学领域，高度关注中国索引事业发展和索引学理论研究工作，并把索引学看成是情报语言学的一个重要应用领域展开了深入持续系统研究工作：一是他与葛永庆等人共同创立中国索引学会，积极引领中国索引学会开展各项业务活动，极力促进中国索引事业发展；二是他还与葛永庆等人共同创办《中国索引》学术期刊，以其“普及索引和文献数据库知识，促进索引学理论探索和文献数据库技术领域的国际交流为办刊宗旨”①，不断提高我国索引工作现代化水平和学术交流影响力；三是重点研究了索引学理论、中国索引事业历史、现状和发展趋势、索引计算机化和标准化以及索引数据库等诸多方面问题，阐明了自己独特认知和深刻见解，取得了辉煌的学术成就。为我国索引工作现代化和中国索引事业发展以及中国当代索引学创立和发展作出了重要理论贡献。其学术思想成就，主要体现在《张琪玉索引学文集》《关于索引学研究和索引工作开展的设想与建议》《中国索引事业：当前格局与问题》《现代的索引就是数据库》《索引：面向21世纪》《索引要走向社会》等专著和论文中。因此，文章作者采用文献研究的方法，对张琪玉教授在索引学领域所取得的学术思想成就进行了梳理和探索，目的就是要使他的学术思想、学术精神和学术造诣得到继承和发扬光大。

11.1　张琪玉对索引学理论与方法研究

20世纪90年代初期，张琪玉教授在《关于索引学研究和索引工作开展的设想与建议》文章中，对我国索引学理论与方法进行了专门研究和探索。在他看来，我国目前索引学研究现状是索引实践走在索引学研究前面②。因此，当前紧迫任务就是要总结索引实践

① 张琪玉.《中国索引》发刊词[M]//张琪玉. 张琪玉文集(下). 北京：国家图书馆出版社，2014：392.

② 张琪玉. 关于索引学研究和索引工作开展的设想与建议[J]. 江苏图书馆学报，1993(1)：3-7.

的编制技术方法与性能，提取它们的基本原理、方法和技术，并从学科理论建设角度分析研究现有的索引，不断丰富、充实索引学理论研究工作。为此，张琪玉教授大力加强了索引学理论探索和应用研究工作，为我国当代索引学创立和发展作出了重要理论贡献。

11.1.1　关于索引学主要研究对象研究

众所周知，一门学科的创立与发展，必须要界定其研究对象和研究范围，对于索引学来说亦是如此。但问题的关键是，在张琪玉教授看来，“索引学在创立之前，它的研究对象已被许多学科纳入自己研究范围，索引学几乎没有其专辖的领土了。”①那么，作为其研究者，应该如何界定其研究对象和研究范围呢？

对于这个重大而又现实问题，张琪玉教授在《关于索引学研究和索引工作开展的设想与建议》文章中阐明了自己独特认知和深刻见解。在他看来，“索引学既不可能把一切与索引有关的事物都归于自己的领域，也不要把自己的领域划定得太狭窄。”②它与情报语言学和目录学等诸多学科交叉渗透，很难划清它们之间的界限。

在这种错综复杂学科交叉渗透背景下，张琪玉教授以其超强的学术功底、敏锐的观察力和学术创造力，阐明和诠释了索引学的主要研究对象为“索引原理、索引结构和设计、索引编制技术……索引发展史”③等诸多方面问题。他还特别提醒我们，对于索引学这门新学科的理论研究，我们首先应该以“索引这一事物的基本原理、基本方法和基本技术作为自己的研究重点，对各种类型的索引

① 张琪玉. 关于索引学研究和索引工作开展的设想与建议[J]. 江苏图书馆学报，1993(1)：3-7.

② 张琪玉. 关于索引学研究和索引工作开展的设想与建议[J]. 江苏图书馆学报，1993(1)：3-7.

③ 张琪玉. 关于索引学研究和索引工作开展的设想与建议[J]. 江苏图书馆学报，1993(1)：3-7.

作统一研究"①。其次，还要借鉴和吸取国外的索引学方面最新理论研究成果和国内的相关学科先进方法与原理，为我所用。最后，还要开拓创新、与时俱进，并在"索引项""索引方法""索引形式""索引选题""索引应用"和"索引学"②等研究上创新，使我国索引学研究与索引实践紧密结合起来，使我国索引工作走向现代化，走向计算机化。

11.1.2 关于索引两大类型研究

21世纪初，张琪玉教授退休在家，但仍笔耕不止。他在《论索引的两大基本类型》文章中，专门探索和研究了由侯汉清先生翻译的《文献工作——索引的编制》(国际标准)以及国内外专家学者关于索引类型划分的问题。通过其理论探索和科学研究，张琪玉教授发现"国际标准"和"学术著作"对于索引类型划分标准基本一致，就是将其分为"直接检索事实情报的索引(书后索引)""检索情报源的索引(论文集索引)"和"指向非文学作品章节的索引"③三种类型。

对于这种划分方法，张琪玉教授持否定态度。究其原因，就是张琪玉教授认为这种划分标准，当我们在阐述索引理论时，很容易"把不同种类索引的结构和编制方法掺和、叠加在一起，含糊地进行阐述，而没有把索引划分为两大基本类型，清晰指出两大基本类型索引在功用和编制方法上的重大差异。"④因此，张琪玉教授极力主张按照索引的功能作用将其分为"直接检索事实情报的索引"和

① 张琪玉. 关于索引学研究和索引工作开展的设想与建议[J]. 江苏图书馆学报，1993(1)：3-7.

② 张琪玉. 中国索引事业：当前格局与问题[J]. 图书馆杂志，2006(1)：3-5，13.

③ 侯汉清. 文献工作——索引的编制(国际标准草案)[M]//侯汉清. 当代分类法主题法索引法研究，北京：书目文献出版社，1993：510-528.

④ 张琪玉. 论索引的两大基本类型[J]. 图书馆理论与实践，2006(5)：28-29.

“检索情报源的索引”两大基本类型。

在他看来，“指向非文学作品章节的索引”相当于一篇论文的索引，没有必要单独列为一种类型，可将其与“检索情报源的索引”合并。在此基础上，张琪玉教授还特别提醒我们，明确索引的两大基本类型，不仅能够探明两者之间的重大差异，而且对于索引学学科体系构建以及深入探讨与研究具有极为重要的现实指导意义。为此，张琪玉教授还从 3 个方面对其进行了理论探索和应用研究工作：

第一，从两大类型索引的“功用、编制方法和使用方法”(如：收录范围、检索结果、检索对象、可索引内容、编制过程、索引款目和索引语言等 10 个方面)“列表”进行深入的差异分析，目的就是要帮助人们正确认知和深刻理解索引学原理以及理论方法和功能作用。

第二，对两大索引类型的“命名问题”进行了专门研究。在张琪玉教授看来，学科术语命名必须符合规范化、科学化和简洁性要求，本来以“直接检索事实情报的索引”和“检索情报源的索引”作为学科术语是非常清晰、恰当和准确的，但它似乎有不符合学科术语命名“简洁性”缺陷。因此，张琪玉教授强烈建议将其简化为“情报源索引”和“事实情报索引”，并把它们作为学科术语“正式命名”，另外再用“文献篇目索引”和“图书内容索引”作为“同义词”①。

第三，他亲自担纲，撰写《索引学基础》大纲。张琪玉教授为了充分展示自己索引学理论研究主张的科学性、实践性和前瞻性，全面地促进和推动我国当代索引学理论体系框架构建，他在其《索引学基础》大纲中，按其本质属性、内容特征和研究对象进行了阐述和诠释，将其分为四编 24 个章节②。

① 张琪玉. 论索引的两大基本类型[J]. 图书馆理论与实践，2006(5)：28-29.

② 张琪玉. 论索引的两大基本类型[J]. 图书馆理论与实践，2006(5)：28-29.

11.1.3　关于中国当代索引事业发展研究

索引最早出现于西方，而在我国出现较晚。据考证，今知我国最早的索引是明代张士佩编撰的《洪武正韵玉键》，而现存最早的人名索引则是明代末期傅山编撰的《两汉书姓名韵》。

中国现代意义上的索引，始于20世纪初。林语堂先生在《创设汉字索引制议》文章中阐述了索引的功用以及索引与学术演进的关系，并把"索引"一词首次引入我国，正式拉开了中国现代索引研究之序幕。

20世纪20年代，随着西方索引理论与编制技术方法的传入，特别是在20年代至30年代期间，我国索引学界开展了著名的"索引运动"，在中华图书馆协会领导和支持下，成立了"索引委员会"，我国众多著名学者(如：林语堂、胡适、梁启超等)和图书馆先驱人物(如：杜定友、万国鼎、刘国钧等)都亲自参与了这场索引宣传运动，大力开展了索引的编纂工作(如：王重民等编的《清代文集篇目分类索引》、章锡琛等编的《二十五史人名索引》和叶圣陶编的《十三经索引》等)以及对索引理论的研究工作(如：钱亚新的《索引和索引法》和洪业的《引得说》等)①，从而使我国现代索引编制技术与理论研究得到蓬勃开展，标志着我国现代索引事业的迅速发展。

20世纪90年代以来，由于科学技术的快速发展，网络计算机技术广泛应用于当代机编索引，使得其索引编制理论、技术方法、载体形式和传播方式等诸多方面发生了质的变化。21世纪初，张琪玉教授在《中国索引事业：当前格局与问题》文章中，对中国当代索引事业发展和当前格局现状等方面进行了充分考量与探究。通过其理论探索和科学研究，张琪玉教授独具慧眼地发现了传统索引、文献数据库和网络信息检索工具三分天下的新格局已经形成，

① 余晖. 20世纪20—30年代我国的索引运动：回顾与启示[J]. 中国索引，2004(3)：49-51.

呈现三足鼎立之态势①。

第一，在他看来，文献数据库是中国当代“索引事业现代化的标志和成果”②，占据着中国当代索引事业的主要地位。国内一些营利性数据公司（索引公司），如：清华同方数据公司、万方数据有限公司、重庆维普咨询公司和中国人民大学复印报刊资料社等大力建设各种类型各种学科专业全文数据库，开展网上数据库资源服务，不断延伸和拓展其功能作用，引领着中国当代索引事业发展方向。

第二，传统索引中某些个性化索引品种（如：地方文献索引、特殊收藏索引、个人著述目录索引等）不可能消失，它们将永远存在③。也就是说，网上文献数据库与传统索引之间是并驾齐驱、相互补充、互为表里、缺一不可。

第三，在他看来，网络信息检索工具不仅是一种对分散、无序的网络信息资源进行有效控制的工具，而且还是网络用户获取网络信息资源不可缺少或别无选择的检索工具④⑤。它是伴随网络信息检索服务应运而生的一种新颖索引，在中国当代索引事业三分天下的新格局下有着举足轻重的地位和作用，具有强大的检索功能和广泛的应用前景。21 世纪初（2000—2005 年），张琪玉教授为了提高网络信息检索工具检索效率，高密度发表了 14 篇学术专业论文，研究内容涉及网络信息检索工具：竞争力要素⑥、开发的方

---

① 张琪玉．中国索引事业：当前格局与问题［J］．图书馆杂志，2006（1）：3-5，13.

② 张琪玉．中国索引事业：当前格局与问题［J］．图书馆杂志，2006（1）：3-5，13.

③ 张琪玉．中国索引事业：当前格局与问题［J］．图书馆杂志，2006（1）：3-5，13.

④ 张琪玉．网络信息检索工具的类型［M］//张琪玉．张琪玉文集（下）．北京：国家图书馆出版社，2014：207-210.

⑤ 张琪玉．关于我国网络信息检索工具开发与改进的思考［M］//张琪玉．张琪玉文集（下）．北京：国家图书馆出版社，2014：141-149.

⑥ 张琪玉．网络信息检索工具的竞争力要素——网络信息检索工具发展的方向与提高竞争力的途径（连载一）［J］．江苏图书馆学院，2002（2）：3-5.

针和策略①、分类体系②、增强关键词检索功能的措施③、结构与功能④、界面设计⑤、特色服务项目⑥、热门类目⑦以及网络信息检索用语言的发展趋势⑧等诸多方面问题，创造性地发现了提高网络信息检索工具检索效率的有效途径和关键所在。一是“必须编制‘关键词-概念-分类体系对应表’”⑨，二是“网络信息检索不能唯一地使用自然语言，也必须使用人工语言。”⑩

11.2 张琪玉对索引工作现代化研究

在张琪玉教授看来，随着计算机网络信息技术和数据库网络信息资源的快速发展，我国传统索引工作内容(如；编制技术、编制

① 张琪玉. 网络信息检索工具开发的方针和策略——网络信息检索工具发展的方向与提高竞争力的途径(连载二)[J]. 江苏图书馆学院，2002(3)：9-11.

② 张琪玉. 网络信息检索工具的分类体系——网络信息检索工具发展的方向与提高竞争力的途径(连载三)[J]. 江苏图书馆学院，2002(4)：7-11.

③ 张琪玉. 网络信息检索工具增强关键词检索功能的措施[J]. 图书馆杂志，2001(1)：7-10.

④ 张琪玉. 网络信息检索工具的结构与功能[M]//张琪玉. 张琪玉文集(下). 北京：国家图书馆出版社，2014：185-187.

⑤ 张琪玉. 网络信息检索工具的界面设计[M]//张琪玉. 张琪玉文集(下). 北京：国家图书馆出版社，2014：188-190.

⑥ 张琪玉. 网络信息检索工具中的特色服务项目[M]//张琪玉. 张琪玉文集(下). 北京：国家图书馆出版社，2014：194-195.

⑦ 张琪玉. 网络信息检索工具的热门类目[J]. 图书馆杂志，2002(8)：28-29.

⑧ 张琪玉. 网络信息检索用语言的发展趋势[J]. 图书馆杂志，2001(3)：5-7，22.

⑨ 张琪玉. 关于我国网络信息检索工具开发与改进的思考[M]//张琪玉文集(下). 北京：国家图书馆出版社，2014：141-149.

⑩ 张琪玉. 网络信息检索用语言的发展趋势[J]. 图书馆杂志，2001(3)：5-7，22.

方法、选题范围、索引形式、应用范围等)已经不能适应索引工作现代化的需要，必须加以改进和创新，才能迎头赶上时代发展的步伐，使其索引工作现代化。他还特别指出：只有实现了索引编制和使用的计算机化，才能极大地提高索引编制速度和质量，降低编制成本，进而极大地改进索引的结构，增加索引的功能，方便索引的使用，提高检索效率①。

11.2.1　关于索引编制计算机化研究

20 世纪 90 年代初期，张琪玉教授在《关于索引学研究和索引工作开展的设想与建议》文章中对索引编制计算机化进行了专门研究和探索，阐明了自己独特认知和深刻见解。在他看来，索引编制计算机化是索引技术发展的大方向，它不仅是中国当代索引事业赶上世界水平的重要条件，而且还是我国当代索引事业发展的必由之路。因此，我们研究中国当代索引，“应站在高起点上，一定要研究和普及计算机编制索引的方法，这样才能使我国的索引事业赶上世界水平。”②具体说来，就是我们要建立一支庞大的、训练有素的、适应能力强的、具备索引工作现代化理论和技术的索引编制人员队伍，主要包括图书情报专业人员、出版工作人员、数据库工作人员以及网络信息检索工具工作人员，大力开展和普及计算机索引知识，要在“索引原理、索引方法、索引技术、索引选题、索引应用”③等诸多方面进行全面创新，从而编制出更加优秀的、更加新颖的、更加高质量的、更加方便利用的和检索效率更高的索引产品；20 世纪 90 年代末期，张琪玉教授还在《推广文献索引计算机编制法是促进我国索引事业发展的一项重要措施》文章中，进一步探索和研究了我国文献索引计算机化的必要性以及索引编制过程计

① 张琪玉. 索引事业繁荣的标志[J]. 中国索引，2013(4)：21-22.

② 张琪玉. 索引事业繁荣的标志[J]. 中国索引，2013(4)：21-22.

③ 张琪玉. 知识诚可贵 索引价亦高——简论索引的功用[J]. 中国索引，2003(3)：3-4.

算机化的优越性等诸多方面问题。在他看来，通过计算机编制索引不仅是索引技术发展的高级阶段，而且还是我国文献索引工作的必然发展方向。其标志性研究成果主要表现在两个方面：“(1)索引编制过程计算机化，(2)索引产品电子化”①。因此，张琪玉教授向全国索引界发出呼吁，我国文献索引计算机化条件已经具备，势在必行。在此基础上，他还对其优越性进行了阐述和诠释。在他看来，计算机作为一种文字处理工具，具有写入、记录、增删改、查错、替换、格式整理、排序、合并数据和重新排序、打印或转录、制印版、检索等多项基本功能②。因此，我们用计算机编制索引，就可以实现其快速、高效、质量高、成本低、出版易、检索功能多和检索效率高的优越性③；另外，张琪玉教授亲自担纲，撰写《文献索引计算机编制法(提纲)》，研究内容涉及其必要性、优越性、功能作用、基本方式以及机编索引专用软件功能作用和机编索引种类等方面④，为促进和推动我国文献索引计算机编制法的普及与提高作出了重要贡献。

11.2.2 关于数据库研究

张琪玉教授对于数据库的研究，可以说是我国当代索引界最具权威性、发展性和前瞻性的理论学家。20 世纪 90 年代初期，他就提出了“数据库就是信息时代的索引”⑤重要学术观点，随后，他

---

① 张琪玉. 推广文献索引计算机编制法是促进我国索引事业发展的一项重要措施[J]. 图书与情报，1996(4)：33-36.

② 张琪玉. 知识诚可贵 索引价亦高——简论索引的功用[J]. 中国索引，2003(3)：3-4.

③ 张琪玉. 知识诚可贵 索引价亦高——简论索引的功用[J]. 中国索引，2003(3)：3-4.

④ 张琪玉. 文献索引计算机编制法(提纲)[M]//张琪玉. 张琪玉文集(下). 北京：国家图书馆出版社，2014：289-291.

⑤ 张琪玉. 关于索引学研究和索引工作开展的设想与建议[J]. 江苏图书馆学报，1993(1)：3-7.

还相继提出了“现代的索引就是数据库”①这一重要论断和“数据库的应用必然会越来越广泛，真可谓‘前途无量’”②重要预测，为我国数据库事业的理论探索和应用研究指明了方向。

21 世纪初，张琪玉教授还在《索引：面向 21 世纪》文章中对数据库实质内涵进行了专门研究，通过其理论探索和科学研究，创造性地发现了“数据库是索引的一种形态，其实质还是索引”③的本质特征。在他看来，一个数据库实际上就是建立在计算机技术基础上的一个索引体系，它包含了许多字段和各种检索标识项，能够形成分类索引、主题索引、题名索引和著者索引等多种途径对数据库进行检索，最大优点就是可以用多个同一种类的检索标识或不同种类的检索标识进行组配检索。因此，数据库较之传统索引有更多的检索功能以及无与伦比的方便和快捷，是更为高级、更为先进的索引④。在此基础上，张琪玉教授还特别提醒我们，要将中国当代索引事业发展的重点放在数据库建设方面，以此支撑因特网事业的发展。具体说来，就是要将其研究重点放在下列方面：

第一，要确定数据库选题原则。在他看来，我国数据库建设事业要想获得成功与突破，关键之处就是要遵循“文献价值原则”“用户需要原则”“可能性原则”和“编制人员能胜任原则”⑤。应将其着眼点放在文献内容和索引价值方面，找到适应时代需要的选题。

第二，要加强数据库建设理论研究。在他看来，数据库建设之所以能在我国得到快速发展，是因为它具有管理、传播和查找数据库资源以及网络信息资源的功能和职责。因此，在当今的网络信息社会，重视和加强对数据库建设理论研究工作，不仅能千百倍地提高网络计算机的检索速度和检索效率，而且还能极大地

① 张琪玉. 现代的索引就是数据库[J]. 图书馆杂志，2001(12)：6-7.

② 张琪玉. 振兴索引学术研究，根本在于拓宽研究领域[J]. 中国索引，2003(2)：2.

③ 张琪玉. 索引：面向 21 世纪[J]. 中国索引，2003(2)：3-4，11.

④ 张琪玉. 现代的索引就是数据库[J]. 图书馆杂志，2001(12)：6-7.

⑤ 张琪玉. 索引和数据库的选题与设计[J]. 图书馆学刊，2002(5)：9，16.

推动我国索引编制技术的发展、索引方法的进步以及索引用语言的创新和改造①，从而开创我国当代数据库建设事业发展与繁荣的新时代。

第三，要发掘数据库特殊功能。在他看来，数据库具有可派生性和可合并性两项实用功能。因此，我们在数据库建库过程中，要充分利用和发掘这两项独特功能，“重复利用已有数据，把一个数据库的部分数据复制出来，形成另一个数据量较小的新数据库（如：我们可以从综合性数据库中派生出某一学科的数据库，或某一专题的数据库、或某一时期为范围的数据库等）；或者把两个及以上数据库的数据通过追加操作合并在一起，形成一个新的数据库（如：我们可以把期刊的各个期索引合并成年索引、或把若干个年索引合并成多年累积索引等）”②，使其具有灵活性和多样性。

11.2.3 关于机编索引专用软件研究

所谓机编索引专用软件，顾名思义，就是用计算机编制索引（数据库）的专用软件。它不仅是我国索引计算机化的重要工具，而且还是我国索引工作现代化的前提和基础。从其功能和作用来看，张琪玉教授认为，机编索引专用软件可分为“单一功能的索引软件和多功能的索引软件”③两种类型，并就其针对对象、适用范围等诸多方面问题进行了阐述和说明。在此基础上，张琪玉教授对我国机编索引专用软件的现状进行了分析和探究，调查结果显示，目前商品化的机编索引专用软件在正式的软件市场上几乎没有，各单位都是自编自用④。针对这种情况，张琪玉教授强烈建议多编制

① 张琪玉. 现代的索引就是数据库[J]. 图书馆杂志，2001(12)：6-7.

② 张琪玉. 情报语言漫笔(L)数据库的可派生性和可合并性[J]. 图书馆理论与实践，2003(6)：47.

③ 张琪玉. 推广文献索引计算机编制法是促进我国索引事业发展的一项重要措施[J]. 图书与情报，1996(4)：33-36.

④ 张琪玉. 推广文献索引计算机编制法是促进我国索引事业发展的一项重要措施[J]. 图书与情报，1996(4)：33-36.

一些单功能的机编索引专用软件(如：分类索引专用软件、普通索引专用软件、后控制词表专用软件等)；极力主张走中间突破路径，就是在编制单功能专用软件基础上，再增加一些多功能专用软件性能。如："可为自由标引主题索引专用软件增加与标引词规范文档核对及换词和自动生成同义词参照的功能"①等；他还特别提醒我们，对于机编索引专用软件的开发与应用，必须要进行充分考量，关注的重点应放在计算机使用者的知识程度和推广普及的可能性方面，它是解决我国目前商品化专用软件缺乏的关键所在。此外，他还在《图书索引软件的功能要求与编制难题》文章中阐明和诠释了"图书索引软件功能"②要求；并亲自编程，提供了汉语题内关键词索引四种简易方法及实现程序③④⑤⑥。

11.3　张琪玉对各类型索引的探索与研究

张琪玉教授秉承"深而广"学术研究理念，不仅在宏观上探索研究了中国当代索引学学科体系构建以及索引工作现代化等诸多方面问题，而且还在微观上探索研究了各类型索引(如：图书、期刊、报纸、工具书、古籍、专题和少儿读物等)的本质特征、编制

① 张琪玉. 推广文献索引计算机编制法是促进我国索引事业发展的一项重要措施[J]. 图书与情报，1996(4)：33-36.

② 张琪玉. 图书索引软件的功能要求与编制难题[J]. 中国索引，2004(3)：41.

③ 张琪玉. 汉语题内关键词索引的一种编制方法[J]. 图书馆理论与实践，1998(1)：13-15.

④ 张琪玉. 汉语题内关键词索引的另一种编制方法[J]. 图书馆理论与实践，1998(4)：38-40.

⑤ 张琪玉. 汉语题内关键词索引的第三种编制方法[J]. 图书馆杂志，1999(11)：8-10.

⑥ 张琪玉. 情报语言漫笔(I)改造题名的汉语题内关键词索引数据库[J]. 图书馆理论与实践，2003(3)：38-39.

方法以及功能作用等方面问题，提出了“万事万物皆可索引”①重要学术观点，为我国各类型索引的创新与改进以及检索效率的提高作出了重要理论贡献。

11.3.1 关于图书内容索引研究

所谓图书内容索引，在张琪玉教授看来，它是“以书中所讨论的各个局部主题或所涉及的具有信息价值的各种主题因素为索引对象，并向读者提供与该书章节目录系统不同的内容查检途径。”②

张琪玉教授认为，对于公开出版发行的图书，编制图书内容索引，不仅有助于提高图书的学术价值和实用价值，而且还有助于提高图书的品位。因此，张琪玉教授极力主张编制图书内容索引。一是他曾以中国索引学会名义，致函国家图书奖有关部门，建议将图书内容索引作为评选优秀图书的诸多条件之一；二是身体力行、率先垂范，他在其撰写的专著《张琪玉索引学文集》中编制有“内容索引”③，还在其《图书内容索引编制法——写作和编辑参考手册》书中也编制有“内容索引(简约方案)”和“内容索引(周详方案)”④，并对两个方案在其检索功能差异以及检索效率性能方面进行了比较研究，发现它们的优缺点正好相反，各适应着不同的检索需要和具体条件；三是亲自担纲，出版专著，全面系统地研究和探索了图书内容索引的基本知识、编制过程、编制方法和标引方法等诸多方面问题，为促进和推动我国图书内容索引编制工作的普及与提高作出了重要理论贡献。此外，他还专门研究了“谁来编图

① 张琪玉. 情报语言漫笔(L)万事万物皆可索引[J]. 图书馆理论与实践，2003(6)：47-48.

② 张琪玉. 图书内容索引编制法——写作和编辑参考手册[M]. 北京：化学工业出版社，2006：9-10.

③ 张琪玉. 内容索引[M]//张琪玉. 张琪玉索引学文集. 北京：国家图书馆出版社，2009：244-250.

④ 张琪玉. 本书内容索引[M]//张琪玉. 图书内容索引编制法——写作和编辑参考手册. 北京：化学工业出版社，2006：173-195.

书内容索引”①问题、“图书内容索引稿酬”②问题和“带附加信息的图书内容索引”③问题以及“图书内容累积索引数据库设想”④等方面问题，从而为我国图书内容索引的创新与拓展研究指明了发展方向。

11.3.2　关于期刊年度索引研究

20 世纪初，张琪玉教授在《索引与期刊》文章中，专门研究了期刊与索引的关系问题。在他看来，“期刊与期刊论文索引，两者是不可分割的。期刊资源离开了索引将无法利用，期刊论文索引离开了期刊资源也将无利用价值。”⑤也就是说，它们两者之间互为表里、缺一不可。在此基础上，张琪玉教授充分考量了国内外期刊年度索引编制具体做法。发现国外公开出版发行的专业学术期刊，在其每年最后一期上都编制有年度索引；而我国大多数期刊虽然编有年度索引，但普遍存在索引品种单一、编制方法不科学(千篇一律采用栏目索引)等方面问题⑥。有鉴于此，张琪玉教授强烈建议对我国期刊年度索引编制方法和具体做法加以改进和创新，并提出了两种方法措施：一是“版面压缩法”，就是将传统的栏目索引改为“主题索引+著者索引”，采取改用小号字排版、简化著者索引、降

① 张琪玉. 索引与数据库漫笔(连载)：26 谁来编图书内容索引[J]. 中国索引，2007(1)：47.

② 张琪玉. 索引与数据库漫笔(连载)：28 关于图书内容索引的稿酬[J]. 中国索引，2008(1)：48.

③ 张琪玉. 索引与数据库漫笔(连载)：21 带附加信息的图书内容索引[J]. 中国索引，2006(2)：53-54.

④ 张琪玉. 关于图书内容累积索引数据库的设想[J]. 中国索引，2007(4)：18.

⑤ 张琪玉. 索引与数据库漫笔(连载)：16 索引与期刊[J]. 中国索引，2005(3)：47-48.

⑥ 张琪玉. 情报语言漫笔(L)期刊年度索引亟须改进[J]. 图书馆理论与实践，2003(6)：48.

低索引深度等方法①，提高其检索功能和检索效率；二是“优化配置法”，他提供了“配置一个索引”“配置两个索引”“配置三个或更多个索引”具体实施编制方案②，还特别提醒我们，在编制实施阶段，要充分考虑到检索功能和篇幅限定以及编制人力和技术水平等因素，根据需要与可能原则，择优选用。最佳方案就是“版面压缩法”。为此，张琪玉教授以中国索引学会和《中国索引》编辑部名义发出了关于“改进图书馆学情报学期刊年度索引倡议”③，呼吁图书情报专业期刊率先进行改进，起到示范作用；并在其担任《中国索引》杂志主编期间，响应倡议，践行承诺，要求该刊按照“版面压缩法”编制期刊年度索引，这一优良传统沿用至今。

11.3.3 关于工具书索引研究

20 世纪 90 年代初期，张琪玉教授在《工具书功能索引——关于编制“工具书之工具书”的设想》文章中对编制工具书功能索引进行了专门研究和探索，阐明了自己独特认知和深刻见解。在他看来，工具书不同于普通图书，其最大特点就是具有查考功能。而工具书编纂者总是想方设法使其具有多种功能，满足读者多种查考需要。但问题的关键在于工具书除显见功能外，还有很多潜在功能。例如：我们学习的良师益友和案头顾问《辞海》，从其显见功能来看，就是汉语词典和百科词典；但从潜在功能来看，却有几十种（如：它有 13 种附录、世界货币名称一览表和 19 个计量单位表等）。有鉴于此，张琪玉教授提出了编制“工具书之工具书”构想（据他本人透露，这个构想始于 20 世纪 60 年代，曾多次介绍给同行，没有引起他们重视，自己由于各种因素影响，未能完成编纂工

① 张琪玉. 索引与数据库漫笔（连载）：9 期刊年度索引版面的压缩方法[J]. 中国索引，2005(1)：58.

② 张琪玉. 期刊索引配置方案的选择[J]. 中国索引，2007(1)：13-14.

③ 《中国索引》编辑部. 关于改进图书馆学情报学期刊年度索引的倡议[J]. 中国索引，2004(3)：23.

作)。具体说来就是把"每一部工具书的全部功能，包括各种显见功能和潜在功能都分析、挖掘出来，采用主题法对每种功能予以标引，编成'工具书功能索引'"①。在此基础上，他还以《辞海》(缩印本)为例，成功编制了功能索引款目(Z3-1 是《辞海》(缩印本)序号)。例如，在"度量衡表"类目下列出 6 种潜在功能，即：国际制-市制 Z3-1(2147)、国际制-英制 Z3-1(2148)、市制-英制 Z3-1(2148)、英美制 Z3-1(2147)、英制-国际制 Z3-l(2148)、英制-市制 Z3-1(2148)②等。他认为这种编制方法功能作用强大，细致而又明确，查找起来非常便捷和准确，特别有助于我们高效率地查找各种各样需要查考的问题。张琪玉教授的学术智慧与创新能力，不仅使我国工具书资源得到了深度开发，而且还将其查找难度降到最低，同时他还特别指出，如果能把它"做成工具书数据库，使用起来将会更灵活"。③

11.4　张琪玉对索引服务社会研究

所谓索引服务社会，主要是指利用中国索引学会的功能和作用以及职责与使命，由其学会专门机构负责组织开展实施的各种方式方法的索引服务工作。它是中国索引学会走向社会、融入信息服务行业、促进中国当代索引事业繁荣与发展的重要标志。

张琪玉教授作为中国索引学会创始人之一，曾担任第一届、第二届和第三届理事会副理事长、学术研究委员会主任等职。他从 20 世纪 90 年代开始，就将其主要精力投身到中国索引学会活动和中国当代索引事业发展中，真可谓呕心沥血。这不仅极大地提高了学会

① 张琪玉. 工具书功能索引——关于编制"工具书之工具书"的设想[J]. 图书馆杂志，1992(2)：22-25.

② 张琪玉. 工具书功能索引——关于编制"工具书之工具书"的设想[J]. 图书馆杂志，1992(2)：22-25.

③ 张琪玉. 工具书功能索引——关于编制"工具书之工具书"的设想[J]. 图书馆杂志，1992(2)：22-25.

学术影响力、凝聚力和知名度，而且还彰显了“真诚、求实、开拓、奉献”学会精神，同时还开创了中国索引学会索引服务社会的新局面。

11.4.1 关于索引服务社会的主要道路

21世纪初，张琪玉教授在《索引要走向社会》和《索引服务是中国索引学会走向社会的主要道路》两篇文章中对索引服务社会的主要道路进行了专门研究和探索。在他看来，人们之所以需要索引、数据库、网络信息检索工具，是因为它们能帮助人们获取和利用知识与信息，提高检索效率。因此，他认为索引服务社会正在成为“满足人们对知识和信息需求的一种服务方式”①。在此基础上，张琪玉教授还以中国索引学会的名义对我国索引界发出倡议，要大力加强我国索引服务社会的深度和广度，让索引走向社会、走向大众、走向生活，实现其服务方向和战略目标转移。为此，张琪玉教授亲自拟定学会开展索引服务社会的范围和方式，即：索引和数据库知识宣传普及、索引和数据库人员业务培训、会员索引技术水平考核和颁证、开展索引服务中介活动以及学会独立创办或与相关单位联合创办索引与数据库企业等8个方面②，引导中国索引服务社会的创新与发展，以此促进我国索引事业的发展、学术研究与交流活动的开展以及会员专业水平的提高等。

11.4.2 关于中国索引学会网站创建

中国索引学会网站(http//www.cnindex.fudan.edu.cn)于2004年成功开通、正式投入运行。它不仅是学会的门户网站，而且还是学

① 张琪玉. 索引要走向社会[M]//张琪玉. 张琪玉索引学文集. 北京：国家图书馆出版社，2009：31-33.

② 《中国索引》编辑部. 索引服务是中国索引学会走向社会的主要道路[J]. 中国索引，2004(1)：2-3.

会开展索引服务社会的前沿阵地，同时还是学会向世界展示中国索引学会风采的重要窗口。因此，张琪玉教授非常重视学会网站创建工作，并阐明和诠释了自己独特认知和深刻见解。在他看来，网站创建的关键在于“栏目设置”，而“栏目设置”的核心就是要围绕学会宗旨、准则、职责和使命，要有新颖性、创造性和前瞻性，要突出中国索引事业的现代化、数据库化和网络检索计算机化，要强化现代索引和数据库知识的普及与提高，要体现索引服务社会方略，要加强索引国际领域的交流与合作。基于此，在其网站主页设有：“学会简介、学会工作、学会出版物、学会会员、索引与数据库、国际交流”①等栏目。十几年来，中国索引学会没有对其栏目进行更改，一直沿用至今，充分体现了张琪玉教授的学术智慧和预见能力。不仅展示了学会的风采，而且还促进了索引事业的发展。

总之，文章作者从四个方面对张琪玉教授在索引学领域所取得的理论贡献和学术成就进行了清晰的梳理与揭示。从其探讨与研究中，我们不难发现：第一，张琪玉教授从一个全新的角度和视野，成功地将情报语言学的理论与方法应用于索引学研究，为我国索引工作现代化和中国索引事业发展以及中国当代索引学创立和发展作出了重要理论贡献；第二，张琪玉教授还专门研究了索引计算机化问题，创造性地发现了索引编制计算机化是索引技术发展的高级阶段和大方向，它不仅是中国当代索引事业赶上世界水平的重要条件，而且还是我国当代索引事业发展的必由之路；第三，张琪玉教授秉承“深而广”学术研究理念，既注重于宏观理论探索与研究，又特别关注于微观编制实践，为我国各类型索引的创新与改进以及检索效率的提高作出了重要理论贡献；第四，张琪玉教授极力主张中国索引学会专门机构负责组织开展实施索引服务社会工作，并以中国索引学会网站为平台窗口，开创了我国索引服务社会工作的新局面。

---

① 中国索引学会. 中国索引学会网站首页[EB/OL]. [2014-06-20]. http://www.cnindex.fudan.edu.cn/.

第 12 章　张琪玉理想结构模式思想研究

据笔者所知，目前世界上存在着一两千种功能不同、作用各异的情报检索语言，如果我们加以归纳和概括，主要有两种类型的情报检索语言：一种是分类检索语言，另一种是主题检索语言。它们都是在实践中产生，并在实践中得到改进与发展。人类社会的实践活动，人们检索的客观需要，是分类检索语言和主题检索语言发展的原始内动力。

分类检索语言，就其本质属性来说，是“按照学科、专业集中文献，并从知识分类角度揭示各类文献在内容上的区别和联系，提供从知识分类检索文献的途径”①。其着眼点是从事物的方面出发，研究并确定它属于什么学科以及它与其他事物之间的相互关系；而主题检索语言，就其本质属性来说，是“按照事物集中文献，用参照系统等方法间接显示概念或事物之间的关系，提供事物名称的字顺检索途径”②。其着眼点是从特定事物出发，通过参见系统形成主题词网络，然后再通过组配方式，集中与特定事物有关的部分问题或者全部问题。

① 张琪玉. 检索语言讲座(四) 第 4 讲 分类法与分类表[J]. 情报理论与实践，1995(4)：52-54，17.

② 张琪玉. 检索语言讲座(五) 第 5 讲 主题法与词表[J]. 情报理论与实践，1995(5)：52-54.

由此可知，在分类检索语言中集中的文献，却在主题检索语言中分散了；反之，在主题检索语言中集中的文献，却在分类检索语言中分散了。因此，如何使两种主要的情报检索语言相互兼容与转换，优缺点互补，创建一种理想的情报检索语言结构模式，使人们既可以从学科分类途径查找文献，又可以从主题概念途径查找文献，这就成了情报检索语言理论研究者当务之急，重大现实研究课题。

12.1　关于理想情报检索语言结构模式研究

20 世纪 80 年代初期，中国当代情报语言学的"开山鼻祖和奠基者"，著名的图书馆学家、情报语言学家张琪玉教授发现这一重大研究课题，并在《论情报检索语言的研究、创制与普及》文章中，首先提出"理想情报检索语言结构模式"研究课题。即："设想一种功能较完善的理想情报检索语言，然后努力寻找达到这些理想标准的具体方法，最后变成一个可以实际应用的结构形式。"①

"我常常异想天开，去寻找理想的情报检索语言结构模式，去发现新的功能，去探索创新之路。"②张琪玉教授正是在这种创新思维方式引领下，开创性地研究和探索了理想情报检索语言结构模式。其研究概况大致如下：

研究时限：1983 年到 2005 年，长达 22 年。这样执着、这样求索，情报语言学研究领域学者第一人。

设计核心理念：优缺点互补，克服局限性，提高检索效率。

设计起因：是鉴于现有情报检索语言使用时都有很大局限性，效率不够高，不够理想。

① 张琪玉. 论情报检索语言的研究、创制与普及[J]. 图书情报知识，1983(4)：10-15.

② 张琪玉. 情报语言的若干研究心得和收获——张琪玉学术思想自述[J]. 图书情报工作，2009(20)：5-9，29.

设计核心方法：对全部概念进行分面显示（并允许概念多向隶属），并以先组方式构成标引句再进行系统排列；对语词词素进行全面轮排使之充分字面成族；标引句由“学科-面-点：事物-面-点”构成，并通过改变字段次序的方法形成多种概念分类体系①。

设计核心措施手段：对自然语言进行规范控制；采用概念代码来标引文献。

设计目标：集各类型“情报检索语言以及自然语言之长，优于现存的各种情报检索语言以及各种自然语言检索法的情报检索语言结构模式。”②

研究结论：“情报检索语言的进步主要是结构模式的进步。永远只有更佳而不会有最佳的情报检索语言结构模式。因此，寻找更佳结合模式是情报检索语言创新的主流。”③

张琪玉教授认为：“人生很短暂，一个人不能做完一切想做的事，所以只能去做最必要的、最有意义的并且能够做到的事情。做学问，要有个专业范围，在专业范围内力求深而广。”④因此，他治学严谨，思维敏捷，特别善于结合我国情报检索语言建设中的重大而又亟待解决的课题进行开创性研究工作。这种大家学者风范和思想境界，不仅成为他做学问、做研究的一个基点、准则和人生格言；而且也是他事业辉煌，成为情报语言学领域一代宗师，学科领军人物的基石。

他“敢想+敢干+科学分析+科学论证+网络通信技术+数据库技术”。经过十多年艰难求索和辛勤耕耘，在20世纪90年代末期，北京大学信息管理系建系50周年之际，发表《学科-事物概念组配

① 张琪玉. 探索21世纪的情报检索语言[J]. 北京大学学报：信息管理系建系五十周年专刊，1997：93-96.

② 张琪玉. 探索21世纪的情报检索语言[J]. 北京大学学报：信息管理系建系五十周年专刊，1997：93-96.

③ 张琪玉. 寻找更佳结合模式是情报检索语言创新的主流[J]. 图书馆杂志，2005(2)：16-18.

④ 张琪玉. 情报语言的若干研究心得和收获——张琪玉学术思想自述[J]. 图书情报工作，2009(20)：5-9，29.

型检索语言——关于情报检索语言的遐想与求索》①和《探索21世纪的情报检索语言》②两篇文章，专门阐述和诠释理想情报检索语言结构模式的性能、原理及实现方法，创制“学科-事物概念组配型检索语言”，简称为“学科-事物组配语言”，并以此作为他献给母校的一份厚礼。21世纪初，秉承他在专业范围内力求深而广的人生格言，又连续发表《对未来分类法的憧憬》③和《寻找更佳结合模式是情报检索语言创新的主流》④两篇文章，从更高目标、更深层次进一步加大力度研究和探索理想情报检索语言更佳结构模式。

12.2　阐明理想情报检索语言结构模式要求

2013年11月17日，国家社会科学基金一般项目课题组在南京政治学院上海校区军事信息管理系教研室举行开题报告会时，张琪玉教授抱病在自己家中接待我们课题组专访。使我们倍感激动、备受鼓舞。他为人谦和，平易近人，才思敏捷，学识渊博，生命不息，研究不止，令我们终生难忘。张琪玉教授说，最能代表、最能反映他学术思想精髓的有6篇文章。即：情报检索语言词条(《中国大百科全书·图书馆学情报学档案学》)⑤，情报语言学词条(《中国情报学百科全书》)⑥，《学科-事物概念组配型检索语言——关于

① 张琪玉. 学科-事物概念组配型检索语言——关于情报检索语言的遐想与求索[J]. 图书馆杂志，1997(2)：9-12.

② 张琪玉. 探索21世纪的情报检索语言[J]. 北京大学学报：信息管理系建系五十周年专刊，1997：93-96.

③ 张琪玉. 情报语言漫笔(G)对未来分类法的憧憬[J]. 图书馆理论与实践，2003(1)：39.

④ 张琪玉. 寻找更佳结合模式是情报检索语言创新的主流[J]. 图书馆杂志，2005(2)：16-18.

⑤ 张琪玉. 情报检索语言[G]//中国大百科全书·图书馆学情报学档案学. 北京：中国大百科全书出版社，1993：331-332.

⑥ 张琪玉. 情报语言学[G]//中国科学技术情报学会和中国国防科技信息学会. 中国情报学百科全书. 北京：中国大百科全书出版社，2010：218.

情报检索语言的遐想与求索》①，《探索 21 世纪的情报检索语言》②，《对未来分类法的憧憬》③和《寻找更佳结合模式是情报检索语言创新的主流》④。在这 6 篇文章中，有 4 篇文章是专门研究和探索理想情报检索语言结构模式。由此可见，他对理想情报检索语言结构模式研究的重视、关注和关切程度。

张琪玉教授主要运用他自己创立的“理想语言设计法”和“结构功能分析法”等研究方法，比较分析“分类检索语言”和“主题检索语言”的检索性能与特点，经过充分酝酿、反复思考与论证，并充分考虑到计算机网络通信技术和数据库技术的快速发展，结合人们的检索习惯和特点，从中悟出真谛。发现从学科出发的检索要求与从事物出发的检索要求是很难绝缘分开的客观事实规律，最好的办法，就是将分类检索语言和主题检索语言原理和方法结合起来，克服其各自的局限性。在张琪玉教授看来，能够同时满足人们从“学科分类途径”和“主题概念途径”查找文献的理想情报检索语言结构模式，应该是“学科-事物概念组配型检索语言”。它由“学科分类系统面和事物分类系统面构成，两个面可以互相组配。当按学科聚类时，借助于事物及其部分面进行系统复分；当按事物聚类时，借助于学科及其问题面进行系统复分”。⑤

张琪玉教授特别强调，这种理想情报检索语言结构模式，不同于“分面组配分类法”，也不同于“分面叙词法”，具有很强的系统性和很大的灵活性。

---

① 张琪玉. 学科-事物概念组配型检索语言——关于情报检索语言的遐想与求索[J]. 图书馆杂志，1997(2)：9-12.

② 张琪玉. 探索 21 世纪的情报检索语言[J]. 北京大学学报：信息管理系建系五十周年专刊，1997：93-96.

③ 张琪玉. 情报语言漫笔(G)对未来分类法的憧憬[J]. 图书馆理论与实践，2003(1)：39.

④ 张琪玉. 寻找更佳结合模式是情报检索语言创新的主流[J]. 图书馆杂志，2005(2)：16-18.

⑤ 张琪玉. 学科-事物概念组配型检索语言——关于情报检索语言的遐想与求索[J]. 图书馆杂志，1997(2)：9-12.

“学科-事物组配语言”是张琪玉教授最初对理想情报检索语言提出的结构模式要求，它不仅为我们提供一种创新的思路，而且是一个伟大的创举，同时还充分反映了当今人们的检索愿望和检索需求，适应了情报检索语言从手工操作转向计算机化又进一步转向网络环境检索的客观需求，在中国当代情报语言学发展史上有着重要的现实意义和深远的历史意义。

12.3 提出理想情报检索语言多样性结合方案

所谓理想情报检索语言多样性结合方案，是指对体系分类法、组配分类法、标题法、关键词法、单元词法、叙词法、分面叙词表、分类主题词表、一体化医学语言系统、自然语言检索法等情报检索语言中好的、核心的编制技术与编制方法，实行“优缺点互补”，互相借鉴互相引进，并借助计算机网络通信技术和数据库技术的支持，使其达到更佳检索效率的一种情报检索语言结构模式。

在张琪玉教授看来，情报检索语言的使用环境虽然已发生根本性改变(由手工操作环境转向计算机操作环境又进一步转向网络操作环境)，但基本原理的一致性并没有发生改变。因此，他坚信“学科-事物概念组配型”检索语言是可以自由设计的，不断改进和创新的。关键之处，取决于创制者的设计思想和设计水平；重要之处，是将各种产生检索功能的微观结构更合理、更巧妙地结合起来；核心之处，是把各种情报检索语言各具优点、表面看来互相矛盾、目前尚未能兼备的检索功能使之一体化；实质之处，“优缺点互补”，冲破各种优点不能兼有的限制，从而使其具有广泛的适应性和较高的检索效率①。其本质属性表现为五个方面的结合：

一是学科聚类系统与事物聚类系统的结合。在张琪玉教授看

① 张琪玉. 寻找更佳结合模式是情报检索语言创新的主流[J]. 图书馆杂志，2005(2)：16-18.

来，学科-事物组配语言，它“能够同时提供学科分类系统和事物分类系统，两者以‘学科-面-点：事物-面-点’或‘事物-面-点：学科-面-点’的形式构成先组式标引句；使它兼具分类检索语言和主题检索语言的性能；学科面与事物面互为复分，使文献主题的展示更为系统；这样，既可按学科完全集中文献，又可按事物完全集中文献。”①

二是先组式语言与后组式语言的结合，体系分类法与组配分类法的结合。在张琪玉教授看来，学科-事物组配语言就其本质来说是一种后组式语言，但当它采用上述形式的标引句并将其系统排序时，就具有先组式语言的体系明显性、概念明确性以及易用性的优点；同时，当它采用上述形式的标引句时，就由分类语言变成它既是体系分类法，又是组配分类法②。

三是人工语言与自然语言的结合。在张琪玉教授看来，学科-事物组配语言在其检索过程中，检索系统内部用于标引文献的，既不是分类号，也不是概念词或自然语言词，而是用概念代码。“分类号、概念词和自然语言词都与概念代码对应，作为概念代码的外部形式，三者在标引和检索中可任意使用，通过计算机与概念代码自动转换。”③用户区分不出是自然语言或是人工语言，但在系统内部是受到控制的。

四是号码标识与语词标识的结合，系统序列与字顺序列的结合。在张琪玉教授看来，学科-事物组配语言，它不仅使用号码标识（分类号），而且也使用语词标识（概念词和自然语言词），两者之间完全对应，具有等价关系，因此，它们具有分类检索语言和主题检索语言双重特征④。

① 张琪玉. 学科-事物概念组配型检索语言——关于情报检索语言的遐想与求索[J]. 图书馆杂志，1997(2)：9-12.

② 张琪玉. 学科-事物概念组配型检索语言——关于情报检索语言的遐想与求索[J]. 图书馆杂志，1997(2)：9-12.

③ 张琪玉. 学科-事物概念组配型检索语言——关于情报检索语言的遐想与求索[J]. 图书馆杂志，1997(2)：9-12.

④ 张琪玉. 学科-事物概念组配型检索语言——关于情报检索语言的遐想与求索[J]. 图书馆杂志，1997(2)：9-12.

五是不变概念代码与可变概念体系的结合。在张琪玉教授看来，学科-事物组配语言，“设置不变的概念代码是其特异之处。这样，不变的概念代码就是学科-事物组配语言的主体，而分类号、概念词、自然语言词都与概念代码相对应，它们就成为概念代码的索引，而概念代码仅在系统内部使用，标引人员和检索人员实际使用的仍是分类号和语词。”①

“多样性结合方案”是张琪玉教授创制理想情报检索语言结构模式的核心思想。他始终认为，只有“更佳”而没有“最佳”的情报检索语言结构模式。所谓“最佳”是相对的，“更佳”才是一种进步。因此，他特别强调要人们重视和加强对理想情报检索语言多样性结合方案的探索与研究，并特别指出：在现阶段，“探索人工语言与自然语言融合的原理、方法和技术，是当今情报检索语言研究的头等重大课题。”②

12.4 用图示法显示理想情报检索语言标引系统、标引过程和检索过程

所谓图示法，是指以图形为载体或表现方式，揭示事物现象或本质特征，使所要表述或阐述的问题形象化、具体化和简明化，便于人们直接、直观地了解和掌握研究对象的内部结构、相互关系的一种方法。

张琪玉教授为了清晰地显示他的设计思路和设计方案，运用图示法的原理和方法，创造性地设计理想情报检索语言的“标识系统、标引过程和检索过程”可视图，并诠释其深刻内涵和设计理念。

在“标识系统”可视图中，首先向我们重点阐述“学科-事物组

① 张琪玉. 学科-事物概念组配型检索语言——关于情报检索语言的遐想与求索[J]. 图书馆杂志，1997(2)：9-12.

② 张琪玉. 寻找更佳结合模式是情报检索语言创新的主流[J]. 图书馆杂志，2005(2)：16-18.

配语言”主文档字段的构成要素。在张琪玉教授看来，它由：概念代码、分类号、概念词和自然语言词、临时分类、子文档区分号、轮排标志、参照和注释等字段组成；其次向我们列举显示“学科-事物组配语言”主文档生成索引的种类。在张琪玉教授看来，它可生成下列四种索引，依次为：“概念代码索引”“概念分类索引”“概念词索引”“词语轮排索引”；同时还特别向我们阐明“学科-事物组配语言”主文档的功能和作用。在张琪玉教授看来，这四种索引方式，各司其职，各尽其能，较好地解决了传统意义上情报检索语言所不能解决的根本性问题：一是对自然语言进行规范控制；二是“修订不再受已标引文献的牵制，采用概念代码来标引文献，其分类体系可逐步完善”①；三是用户可从分类号、概念词和自然语言词的任何一种途径入手进行标引和检索文献；四是对标识系统的一切修改，我们都可以在主文档中进行，并能重新生成各种索引。

在“标引过程”可视图中，张琪玉教授向我们列举显示“学科-事物组配语言”文献标引动态变换原理。在张琪玉教授看来，我们可从“概念分类索引”“概念词索引”“语词轮排索引”三者之中选择任一途径进行。并特别提醒我们“索引间可跳转”，然后将标引结果存入“文献标引数据文档”。而“文献标引数据文档”通过“概念代码索引”生成或转换成“用户检索用文档”。最后，“用户检索用文档”利用变换字段次序的方法，可生成多种分类体系②。

在“检索过程”可视图中，张琪玉教授向我们列举显示“学科-事物组配语言”文献检索动态操作原理。在张琪玉教授看来，我们有两种操作途径：其一，利用“概念分类索引”作为检索入口，转入“用户检索用文档”，并将“概念分类索引”挂接于“用户检索用文档”，它可随动显示概念词串(类名串)；其二，利用“语词轮排索引”作为检索入口，我们根据分类号转入“用户检索用文档”的分类

① 张琪玉. 探索21世纪的情报检索语言[J]. 北京大学学报：信息管理系建系五十周年专刊，1997：93-96.

② 张琪玉. 探索21世纪的情报检索语言[J]. 北京大学学报：信息管理系建系五十周年专刊，1997：93-96.

系统，然后我们进行同样的检索操作过程。他还特别提醒我们，在实施检索操作过程中，一定要将文献主题和检索课题都分析成"若干分面概念"，以提高其检索效率①。

张琪玉教授用图示法设计显示的理想情报检索语言"标识系统、标引过程和检索过程"操作系统，令人耳目一新，为之一振。在他的设计理念中，采用了全新的概念、全新的构思、全新的方法、全新的动态链接，实现其设计功能最大化、检索效率最优化、检索途径多样化、操作使用快捷化。为了加强对自然语言规范控制，为了摆脱修订不再受已标引文献所牵制，采用"概念代码"或"概念等同词"等多维技术方法手段，突破其瓶颈制约，使其摆脱"前控制"的僵硬性而获得"后控制"的灵活性。这种设计理念和思维方式，充分体现了张琪玉教授渊博的学识水平和超强的解决实际问题的科研能力，是我们学习的榜样和楷模。

12.5　诠释理想情报检索语言实现方法

"路漫漫其修远兮，吾将上下而求索。"张琪玉教授经过长期的思索、追寻和探索，克难奋进，十年磨一剑，终于探寻到理想情报检索语言的更佳结构模式。其核心实现方法可概括为："分面分析+概念代码+概念对应转换+数据库技术"②。

张琪玉教授为进一步帮助人们理解和掌握这种理想情报检索语言的实现方法要领，他还在《学科-事物概念组配型检索语言——关于情报检索语言的遐想与求索》文章中，专门对其实现原理与方法、结构形式、字段构成要素、具体实施措施以及功能和作用等方面进行剖析和诠释。他特别强调："概念分类索引文档、概念词索

① 张琪玉. 探索 21 世纪的情报检索语言[J]. 北京大学学报：信息管理系建系五十周年专刊，1997：93-96.

② 张琪玉. 学科-事物概念组配型检索语言——关于情报检索语言的遐想与求索[J]. 图书馆杂志，1997(2)：9-12.

引文档和语词轮排索引文档”都可用于联机标引，同时也可作为检索途径转入供检索用的文档。并且设计和诠释“文献标引数据文档”和“检索用文档”构成结构①。

张琪玉教授阐明的理想情报检索语言实现方法，关键是把握了四点：一是继承和借鉴全国现有的情报检索语言研究已取得成果，取其精华，采用其核心的编制技术与方法，实行“优缺点互补”，实现分类法主题法一体化，是其关键；二是精心设计，巧妙构思，对概念进行分面化处理，设置“学科面部分和事物面部分”，是其核心；三是不断开拓与创新，设置“概念代码”，令其固定不变，始终与某一概念相对应，不变的概念代码是这种语言的主体，在其系统内部使用，标引人员和检索人员仍使用分类号和语词进行操作，是其精髓；四是利用计算机网络通信技术的便捷以及数据库技术的支持，动态链接、动态显示、动态对应转换“概念代码索引文档、概念分类索引文档、概念词索引文档和语词轮排索引文档”，是其本质。

总之，张琪玉教授治学严谨、专情学术、才学兼备、思维敏捷，特别善于在千头万绪中抓住事物的本质特性，找准、找对突破点，把研究问题全面而又系统地阐述清楚。他所设计的理想情报检索语言结构模式，因其建立了完善的分类体系结构，实现分类法主题法一体化，采用“概念代码”标引文献。所以，在检索性能和功能结构上比美国国家医学图书馆主持开发的“一体化医学语言系统”更胜一筹，具有世界领先水平，成为21世纪情报检索语言主流结构模式。

① 张琪玉. 学科-事物概念组配型检索语言——关于情报检索语言的遐想与求索[J]. 图书馆杂志，1997(2)：9-12.

第13章　张琪玉学术思想在知识组织发展与应用中的彰显

20世纪80年代初，张琪玉教授把情报检索语言视为检索系统的语言保证工具，开拓性地对各种情报检索语言进行全面、深入、系统的研究，著就《情报检索语言》一书，标志着情报语言学的诞生。在此后的几十年里，张琪玉教授以提高检索效率作为情报语言学研究的根本目的和核心问题，与时俱进不断开拓创新，丰富和发展着情报语言学的理论和内容。

网络信息技术的推进使得信息组织的粒度从基于文献单元的文献组织发展到基于知识单元的知识组织。情报检索语言(或称受控语言、人工语言)的称谓也被涵盖类型更为宽泛的"知识组织系统"所取代，在传统分类法、叙词表的基础上，发展出了一些新型的语义组织工具，如本体、概念地图、语义网络等，扩展为试图涵盖用于组织信息和促进知识管理的各种类型的方案和体系。① 但是不管知识组织系统如何发展，采用何种结构或展现形式，词汇控制仍是各种信息组织语义工具(知识组织系统)不变的基本方法，目的都是为了揭示和描述概念以及概念之间的关系。

在当前崇尚知识组织技术与应用的时期，传统受控词表在一度

① Hodge, G. Systems of knowledge organization for digital Libraries: beyond traditional authority files[M]. Washington, DC: Council on Library and Information Rsources, 2000.

被唱衰、经历沉寂之后，迎来新一轮发展的契机和研究的热潮，因此巩固和融会理论基础显得尤为重要①。于是，文章作者试图选取目前知识组织领域的若干研究热点，找寻张琪玉教授在这些方面彰显其理论引领价值的学术思想和观点，及其在实践中的发展和应用。

13.1 关于自然语言检索系统后控制理论的论述及其在实践中的应用和发展

13.1.1 关于自然语言检索系统后控制理论的论述

自然语言检索主导着20世纪80年代以来的计算机检索系统，但是其检索效率低下的致命弱点，引发了人们对自然语言检索系统如何优化的探索。美国著名情报学家兰开斯特在最早提出“后控词表”这一概念时曾有过这样精辟的论述：“普通叙词表属于先控词表，而把若干词或词的片段构造成一个检索策略，则属于一种后控过程。”②“对检索过程进行控制”，正是情报语言学的精髓。张琪玉教授总结了文献检索系统的四种模式，并将“标引不控制+检索控制”模式定性为一种自然语言检索法，谓之“后控制”，并通过对受控语言和自然语言的比较研究，提出用后控词表来改善自然语言检索性能的思想，指出配备后控制词表是提高自然语言检索效率的有效措施，并就什么是后控制、后控词表、后控制的控制机理、控

---

① 范炜. 受控词表的术语服务研究[J]. 图书情报工作，2012(14)：34-39，97.

② 兰开斯特 F W. 情报检索词汇控制[M]. 侯汉清，戴维民，陆宝树译. 上海：同济大学出版社，1992：91.

制程度，如何控制，如何编制等做了系统透彻的研究①。

张琪玉教授在分析自然语言与人工语言未来发展方向的时候，指出自然语言检索系统并不排斥人工语言，高级的自然语言系统必然是与人工语言(或其原理)结合的。在信息高速公路上，自然语言检索将广泛应用，人工语言将成为对自然语言的强有力后控制手段，依然有它的发展前途②。

张琪玉教授的词汇控制理论对我国情报语言学的发展具有深远影响。近些年，国家图书馆对《中国分类主题词表》的修订，电子化、网络化应用的改造，以及基于该表的词汇控制应用研究；中国科学技术信息研究所“汉语科技词系统的研究与开发”“汉语主题词表——工程技术卷”的编制等项目的研制工作无不体现了网络环境下叙词表从词汇控制机制方法到叙词表的编制、管理和使用技术的变化，代表了“情报检索语言的自然语言化或自然语言的情报检索语言化”的发展方向和轨迹。

13.1.2　后控制机制在实践中的应用与发展

13.1.2.1　后控制机制在网络检索实践中的应用

叙词表自身网络化发展与作为检索系统内部的后控词表是并行发展的。近十年来，词表的网络化开发和应用方面的研究与实践取得了长足的发展。一方面，开发出了多种词表编制与维护软件，在此基础上，充分结合网络技术，使词表向着网络化和提供网络检索应用接口的方向发展；另一方面，把机读或网络化词表嵌入网络检索系统中或者作为检索系统的一个可调用接口，在检索过程中，词表通过检索系统给出的规范化词汇、术语建议、查询扩展等方式发挥作用。

① 张琪玉. 论后控制词表[J]. 图书情报工作，1994(1)：1-4.

② 张琪玉. 自然语言与人工语言对应转换——情报检索语言走向自动化之路[J]. 中国图书馆学报，1996(1)：37-40.

网络检索系统是自然语言检索系统的最普及化的应用。后控制技术在网络环境中并没有失去其传统的效用，相反地，网络信息检索的特点赋予了后控制技术更为丰富的内涵。后控制技术的概念突破了原来“后控词表”的范畴，控制方式也得到不断创新，在改进网络资源自然语言检索中的效用更加鲜明和突出。

一些著名的门户网站，如英国社会科学专业门户(Intute)提供了“Thesaurus engine”辅助搜索功能、英国数据服务(UK Data Service)内置 Hasset 词表，对搜索入口词汇进行优化。

通用搜索引擎也引入后控制技术，并以各种不同的方式对信息检索实施控制。老牌搜索引擎 eXcite 的 Zoom In 概念搜索，以类词表片段的方式帮助用户修正检索式；AltaVista 输入检索词时的自动联想、“related search”(相关搜索)功能，后来者 Google、百度也保留了这两个功能，通过对初始自然语言表达式作出提示和建议，提高了检索系统的友好型、提升了用户的检索体验，体现了一种异化了的“后控制”模式，即“标引不控制+检索不控制”表象下，系统内核的自然语言词汇语义控制的检索机制。

13.1.2.2　后控制理论和技术在实践中的发展

后控制理论和技术在网络环境下也得到了发展。在网络化背景下修订的美国叙词表标准 ANSI/NISO Z39.19—2005《单语种受控词表的结构、格式和管理指南》在其应用标准中指出：“后控检索系统的受控语言发展准则是该标准的核心。”①叙词表标准对受控语言范围的宽泛化(词单、同义词环也列入其中)，以及对互操作性的强调，无不体现了计算机网络环境下受控语言在检索系统中后控制应用的这一核心准则。

后控词表的编制维护方式也在实践中得到了创新发展。深圳大学曾新红课题组对《中国分类主题词表》进行了 OntoThesaurus 的本

① ANSI/NISO Z39.19-2005. Guidelines for the construction, format, and management of monolingual Controlled vocabularies [S]. Bethesda: NISO Press, 2005.

体化、网络化改造，并内置在OPAC系统中，提供“主题词智能检索”“术语的用户建议完善”等功能①。该研究与实践在一定程度上改进了中文叙词表查询扩展等检索服务功能及其维护机制，开创了一种全新的后控词表动态编制方式，真正实现了词表的共建共享。中国科学技术信息研究所积极探索网络环境下叙词表功能定位、编制模式与应用方式的研究，充分考虑用户检索用词和文献主题的准确表达，利用网络平台，加强协作编表、用户意见的吸纳与参与等词表动态维护机制，发掘词表在检索系统中的后控制检索及其他知识服务功能②。

上述提及的搜索引擎检索词输入自动联想、相关检索词提示推荐功能，通常采用统计、分析和语词相关性计算等技术实时动态形成一个类似于同义词、相关词组成的“相关词词典”（这里我们把这种相关词片段视为具有后控性质的词表），从而在检索效果上达到后控检索的效果。到目前为止，搜索引擎的这种“后控”理念仍局限于对用户检索用语和常用检索词语进行统计分析、相关语义场算法的基础之上，更多的是简单字面匹配相关，而非概念语义匹配相关。客观上，就搜索引擎这类海量信息系统而言，建立超大规模的后控词表显然是不可取的，也是不可能的，而这种自学习、实时、动态词表的建立和对检索式的推荐性修正控制无疑是有效的。因此，搜索引擎相关词提示是对网络检索后控机制的创新和发展。

网络后控制应用还拓展到大众分类（folksonomy）领域。大众分类的最大优势是赋予用户使用自然语言自由标引资源的权利，越多的标签词汇为用户查找相关信息提供了更多的查询入口，但这些处在一个平面内的标签也使得查询越来越困难，资源组织体系越来越混乱。绝对的自由是不存在的，自由必然存在规律的约束中。因此，标签应用的发展需要后控手段来辅助和优化才能达到对资源的

① 深圳大学图书馆. OPAC检索系统“主题词智能检索”[EB/OL]. [2014-04-30]. http://opac.lib.szu.edu.cn/opac/otcss/search_zn.aspx.

② 曾建勋，常春，吴雯娜，等. 网络环境下新型《汉语主题词表》的构建[J]. 中国图书馆学报，2011(4)：43-49.

有效组织和利用，目前这方面的研究探索有标签的自动聚类①、分面控制②等方法。

13.2 关于术语学与情报检索语言关系的论述及其在网络环境下的发展

13.2.1 张琪玉关于术语学与情报检索语言关系的论述

关于术语学与情报检索语言的关系，过去很少有人研究和提及。张琪玉教授早就提出术语学、概念逻辑和知识分类是情报检索语言的三大基础③，将术语学认定为情报语言学的相关学科，并指出两者关系非常密切。张琪玉教授从“以概念为中心”的视角进行分析，指出：“术语是指称概念的规范化符号，情报检索语言的语词(标识)则是指称文献主题概念的规范化符号，术语与情报检索语言的语词两者存在着本质的一致性。从这一角度看，术语学与情报语言学的研究对象可以说是同一事物，情报语言学所研究的是如何编制用于情报检索领域的‘术语词典’——分类表、词表、代码表。两者在选词、规范化处理和显示概念关系等方面的要求都是一致的。所以，术语整理工作成果是情报检索语言选词的主要来源和进行规范化处理及建立概念间关系的重要依据。”因此，术语学对情报语言学极其重要④。

张琪玉教授对于当时正在成为热点的“本体语言”，也是从情

① Begelman, G. et al. Automated tag clustering: improveing search and exploration in the tag space[J/OL]. [2014-04-30]. http://www.pui.ch/phred/automated_tag_clustering/.

② Facetag[EB/OL]. [2014-04-30]. http://www.facetag.org/download/facetag.swf.

③ 张琪玉. 情报语言学基础[M]. 武汉：武汉大学出版社，1997：15.

④ 张琪玉. 情报语言学漫笔[J]. 图书馆理论与实践，2003(1)：40.

报检索语言与术语学关系的角度点透了源于哲学上的“本体”，他认为：“本体语言是要使情报检索语言创制与术语整理紧密结合，使情报检索语言建立在术语整理成果的基石之上，建立在概念高度系统化和得到精确描述的基础之上，并使其能应用于网络环境和数字图书馆中自然语言检索的目标。”①张琪玉教授明确指出：目前寻找情报检索语言更佳结构模式的主要方向之一是与术语学的密切结合②。

概念与术语是组成受控词表的核心要素。网络环境下受控词表的关联数据化改造和术语服务的发展方向，无疑印证了张琪玉教授对情报检索语言的展望：“情报语言学研究与术语学研究的更紧密结合，无疑是情报检索语言深入发展的一个重要方向。”③术语与情报检索语言的关系受到前所未有关注。

2009 年，Ingetraut Dahlberg 指出“概念与术语”是知识组织研究面临的主要挑战，并提出从术语入手，以概念化为导向作为知识组织研究的思路④。

作为叙词表国际标准的 ISO 25964-2011 系列标准首次明确术语集对叙词表的构建和维护非常有用，指出叙词表编制标准的内容与术语工作相关标准的内容是有所交叉和重叠的，因此在标准修订中广泛参考了术语工作的相关标准，以便于叙词表编制标准与术语工作相关标准的协调与整合⑤。

Ingetraut Dahlberg 的观点、ISO 25964-2011 的导向与张琪玉教

---

①　张琪玉．寻找更佳结合模式是情报检索语言创新的主流[J]．图书馆杂志，2005(2)：16-18.

②　张琪玉．我研究情报语言学的若干心得和收获——自述学术思想[J]．图书情报工作，2009(20)：5-9，29.

③　张琪玉．寻找更佳结合模式是情报检索语言创新的主流[J]．图书馆杂志，2005(2)：16-18.

④　Dahlberg I. Brief Communication：Concepts and Terms—ISKO's Major Challenge[J]. Knowledge organization，2009，36(2/3)：169-177.

⑤　刘华．叙词表国际标准的修订及其对基于知识组织的术语服务的影响[J]．图书情报工作，2012(11)：21-25.

授先前的思想不谋而合。

13.2.2 基于受控词表的术语网络服务的发展

当情报检索语言进阶到知识组织时代，知识组织的对象早已突破了文献的范畴，扩展到任何有检索意义的知识单元；知识组织的语义工具——知识组织系统(包括受控词表资源)也超越了情报检索语言基于“文献主题概念及其语义关系揭示”的文献标引与检索功能和支持以概念搜索为目的的信息检索的功能与用途，向着将知识组织系统的语义概念体系以概念外显的术语方式进行应用的“术语网络服务”的方向拓展。

基于知识组织的术语网络服务是指表征和应用词表(受控和非受控)中的词、概念及关系的一系列服务，包括面向机器和用户的检索、浏览、发现、翻译、映射、语义推理、主题标引和分类、获取、提示等各类服务①。术语网络服务通过 Web 应用程序接口(API)支持机器对词表及其内容的访问和协调，是在网络环境下对词表进行应用的重要途径②。

图书情报界在长期的资源组织实践中编制了各种类型的受控词表和规范文档，其丰富的主题概念及语义关系已经成为当前基于知识组织的术语服务的主要数据源。基于知识组织的术语服务具有重要的理论价值和应用前景，已经成为图书情报领域重要的研究课题之一，也是当前知识组织领域的研究热点。

目前国际上各具特色的术语服务系统，如 UMLS 统一医学语言在线术语服务、德国 LEXIS 多语种术语数据库、联合国粮农组织 AGROVOC 网络术语服务等，多是基于现有的知识组织资源，例如

① Terminology services and technology：JISC state of the art review[EB/OL]．[2014-04-30]．http：// www. jisc. ac. uk/Terminology_Services_and_Technology_Review_Sep_06.

② 欧石燕．基于 SOA 架构的术语注册和服务系统设计与应用[J]．中国图书馆学报，2011(9)：13-25.

叙词表、分类表、术语库、规范档、百科辞书等，采用多种模式(如术语集成、词汇互操作与映射、SKOS 规范化等)对这些术语来源资源进行适应网络应用的再组织，形成可供服务的术语资源，并通过 Web 为各类用户提供服务。国内，“国家图书馆知识组织标准规范”项目对受控词表进行 SKOS 描述转换标准的研究，并对《中分表》主题词规范数据进行 SKOS 转换及应用，初步实现了开展术语服务的基础功能；中国科学技术信息研究所重新定位《汉表》的功能，瞄准术语网络服务，规划构建“基础词库—范畴体系—概念关系网络”三级联动机制的知识组织系统。

H. Corey 等认为，利用 Web 技术可逐渐使受控词表提供网络术语服务，对未来语义网有着积极的意义①。语义网环境下关联数据的设计理念与术语服务的研究“不谋而合”，关联数据方法为词表发展带来了技术支持与发展环境，创造了更适合基于知识组织的术语服务的语义网环境②。受控词表和规范文档数据(主题、人名、地名、团体等)作为规范和精确的取值词汇集，成为最早被关联起来的数据类型之一。W3C 还开设了专门的图书馆关联数据孵化组来推动图书馆资源的开放关联化③，取值词汇集就是图书馆可开放资源的一个大类。美国国会图书馆规范文档与词表服务、OCLC Dewey Services 术语服务、联合国粮农组织多语种叙词表 AGROVOC 网络术语服务等项目是当前较为著名的术语服务与关联数据结合的项目，初步呈现了词表资源在关联数据环境下的术语服务应用模式和发展前景。

网络应用环境的变化自然会促使作为组织和检索工具的词表资源发生变化，构建受控词表 Web 可用的结构模式和描述规范是术

① Corey A. Harper, Barbara B. Tillett. Library of Congress controlled vocabularies and their application to the semantic Web [J]. Cataloging and Classification Quarterly, 2007, 43(3-4): 47-48.

② 范炜，邹庆. 词表资源关联化[J]. 情报理论与实践，2010(5): 21-25.

③ Linked Library Data Incubator Group wiki [EB/OL]. [2014-04-30]. http://www.w3.org/2005/Incubator/lld/wiki/Main_page.

语网络服务的前提和基础。目前受控词表中的术语资源通常采用对每一个术语进行 SKOS 编码表征后发布成“关联数据(Linked Data)”的方式，在 Web 上开放、共享、具有相互联系并且“可引”(with referenceable URI)的数据，实现了较好地融入语义网络环境，并通过相应的术语注册、服务机制，为网络信息资源的组织与检索，以及其他应用提供术语服务。

13.3 关于索引学的精辟论述及业界的评论与实践的发展

“数据库资源的索引揭示与挖掘利用”作为知识组织领域的一个研究热点，在数字网络环境下受到前所未有的关注。张琪玉教授较早就敏锐地意识到计算机技术对数据库索引的影响，扬长避短，发挥传统索引学的优势，结合计算机技术，在这一领域探索出一条不同于计算机学界的数据库资源内容揭示和挖掘利用之路。

13.3.1 张琪玉关于传统文献索引的论述及评述

张琪玉教授将索引学视作情报语言学的重要应用，并且很好地结合了这两门学科。张琪玉教授对索引学的研究同样运用其一贯倡导和推崇的结构功能分析法，其在索引领域的理论研究和创新(主要是传统手工索引的编制)通过身体力行的索引编制实践不断得到深化。张琪玉教授从索引的功用、编制方法、使用方法等 10 个方面深度分析了两者的差异，为我们厘清和明确了索引的两种基本类型：“检索情报源的索引”(索引语言)和“直接检索事实情报的索引”，并对索引学的深入研究具有重大指导意义①。

张琪玉教授将情报语言学的标引理论与方法运用到索引的编制

① 张琪玉. 论索引的两大基本类型[J]. 图书馆理论与实践，2006(5)：28-29.

中，从结构与功能的视角分析，指出索引是根据文献的内容和可能的用途以及读者的需求，揭示文献中有检索意义的内容的工具，并以此为核心指导原则，就什么是索引项，索引项的选择、发掘创新，以及索引的结构、设计作了清晰而透彻的阐述①，凝练成《论“索引项”》一文。该篇文章是对索引学理论方面的创新，阐述了索引学理论的核心问题。

2009 年，《论“索引项”》一文后被精选翻译成英文，发表于英国索引学会会刊 *The Indexers*《索引家》杂志②，文章虽然短小，但精辟深刻。英国索引学会主席、《索引家》杂志主编 Maureen Macglashan 女士在 2010 年 9 月来中国索引学会访问交流期间，与中国索引界专家的座谈会上见到张琪玉老先生时，指出：“张琪玉教授的这篇文章说透了大家一直想说但未说透的问题，道出了索引学的本质和真谛，让人印象深刻”，给予了由衷的赞赏和高度的评价。张琪玉教授对索引学理论核心问题的阐述，对于传统索引工作的实践与创新具有重大的现实指导意义，尤其对于具有传统索引编制英国索引学会而言，更是如获至宝。

张琪玉教授不仅讨论了索引学的理论与功用，更研究了索引法作为一种研究方法的广泛应用范围。张琪玉教授在《知识诚可贵 索引价亦高——简论索引的功用》③一文中，论述了传统形式索引的一般功用是“用于文献检索(也即知识检索)，这是索引最主要的功用。”此外，指出索引的现代形式——数据库功能大大超过传统的索引，还具有一些“特殊功用”，比如利用索引查明一些发明、理论、方法等的优先地位，进行科学计量和文献计量，发现科学研究中的空白点、生长点，作为在某人或某机构学术成果的调查和核实中的初步依据等。

① 张琪玉. 论“索引项”[J]. 图书馆杂志，1994(5)：9-10，11.

② Zhang Qiyu. Term selection：the key to successful indexing[J]. The Indexers，2009，27(3)：98-100.

③ 张琪玉. 知识诚可贵 索引价亦高——简论索引的功用[J]. 中国索引，2003(3)：3-4.

13.3.2　张琪玉关于现代索引的论述及实践发展

13.3.2.1　张琪玉关于现代索引的论述

张琪玉教授对索引学的研究和实践成果主要侧重于传统索引方面，但对于索引学发展方向的实践和理论探索同样与时俱进。张琪玉教授认为情报检索语言是情报检索系统(如索引、数据库等)的重要组成部分；情报语言学成果的主要应用领域就是索引和数据库的编制工作，由此指出情报语言学研究的终极目的，就是为了索引和数据库的改进和创新①。

张琪玉教授在中国索引学会成立的时候提出了“现代的索引就是数据库”的观点，建议拓宽索引学的研究领域；并在2001年发表《现代的索引就是数据库》②一文，从索引工作现代化和现代索引的基本需求出发分析，认为数据库推动了索引工作的现代化，从理论上论证数据库扩大了索引原理的应用，全面总结了数据库的出现大大丰富了索引学的内容，推动了索引学的发展，得出“现代的索引就是数据库”的精辟论点，并呼吁索引事业发展的重点应放在数据库建设方面，具体来说就是要推动传统索引与数据库的结合。张琪玉教授作为中国索引学会的名誉顾问，一直关心和指导着索引学会的发展。张琪玉教授在《中国索引》发刊词中，他开宗明义地指出，“现代的索引就是数据库。因此，本刊不囿于传统索引，而且更着重于文献数据库”。并确定刊物收录的研究主题范围确定为：“传统索引与检索工具、文献数据库与计算机检索系统、网络信息检索工具。”③2005年，张琪玉教授结合对网络信息检索工具的深入研究，在《中国索引事业：当前格局与问题》中指出当前的索引

① 张琪玉. 情报语言学[G]//中国科学技术情报学会和中国国防科技信息学会. 中国情报学百科全书. 北京：中国大百科全书出版社，2010：218.

② 张琪玉. 现代的索引就是数据库[J]. 图书馆杂志，2001(12)：6-7.

③ 张琪玉.《中国索引》发刊词[J]. 中国索引，2003(1)：3.

事业已基本形成传统索引、文献数据库与网络信息检索工具三分天下的局面，指出索引工作的新内容应探索网络数据库与传统索引的结合，在网上文献数据库的基础上进行索引数据的再加工(深度加工)，编制各种派生数据库和符合特殊需要的高质量索引，呼吁中国索引学研究的变革①。

13.3.2.2　索引学研究的发展趋势

关于索引研究的发展趋势，通过调研分析国内外相关文献和应用成果，以及中国索引学会近些年来的年会主题和论文，大致可以将索引学研究的发展趋势总结为如下几个特点：①研究对象有逐渐扩大的趋势，包括多种文献类型和媒体类型；②索引的应用领域越来越广，不仅应用于学术出版、评价、计量，而且应用于搜索引擎、数据库、Web2.0、多媒体资源等领域的信息检索和信息组织；③研究视角越来越多元化，除了传统的索引理论角度之外，对索引研究过程中还注重引入新的理论与方法，如语义、知识地图、标签、元数据、文献计量、网络计量等，为索引理论和方法的研究带来新的视角②。

2013 年年底，张琪玉教授和笔者聊起即将召开的 2013 年索引学会年会，对“中国索引学会”将在本次年会上正式更名为“中国索引与数据库学会”一事倍感欣慰，这是张琪玉教授多年来对中国索引研究方向转型的期盼。中国索引学会的更名，标志着索引研究方向的转型，既要巩固和发展传统的文献内容索引，同时也要挑起现代索引技术的研究。

13.3.2.3　现代索引——数据库的发展与实践

现代索引——数据库的发展印证了张琪玉教授关于索引学的理

① 张琪玉. 中国索引事业：当前格局与问题[J]. 图书馆杂志，2006(1)：3-5，13.

② 邱均平，李艳红. 国内外内容索引研究进展与趋势分析[J]. 中国索引，2012(4)：21-28.

论观点、方向预见，具体表现为：传统索引与检索工具向文献数据库过渡；多媒体和专题性数据库不断涌现；文献数据库的索引功能更加丰富，并进一步进阶为具有关联、重组、挖掘功能的知识库，充分展现了索引数据库的“特殊功用”。在开放网络信息技术的支撑下，基于多途径索引项揭示的分面多维检索与结果呈现、基于引证关系和情景敏感知识链接等技术让现代索引数据库“如虎添翼”、索引功效倍增，充分彰显了数据库作为现代索引的价值。下面通过若干索引数据库的实例，来管窥现代索引数据库的应用与发展。

(1)多媒体数据库的索引创新

新华社多媒体数据库全面整合了新华社的文字、图片、图表、音视频、报刊等新闻信息资料和社会上有价值的新闻信息资源，一方面对各种新闻类型资源提取相应的索引项，形成了多种新闻类型的资源库(包括综合、文字、图片、音频、视频、多媒体、图表)；另一方面面向各类行业人群和行业的需求，派生、开发、重组形成各类信息产品数据库(如产经分析库、公司信息库、新产品新技术库、决策参考库、政策法规库、统计数据库……)①，产生了良好的社会和经济效益，充分体现了现代索引与数据库技术的信息服务价值。

美国 Alexander Street Press 出版社旗下有关音乐艺术学科的专题数据库——ASP 世界音乐在线，兼顾音乐文献检索规律及其特点，通过分析用户检索音频、视频及其他音乐文献的需求，对音乐作品进行多角度、多维度的深层次揭示，建立了较为完整、全面及规范的音乐资料标引体系，能够满足音乐专业用户或非专业用户的检索需求②。

此外，众多文化遗产类资源网站、数字资源库等也展现出多媒

① 新华社多媒体数据库[EB/OL].[2014-04-30]. http://info.xinhua.org/cn/Index.jsp.

② 单亚莉. KUKE 数字音乐图书馆与 ASP 世界音乐在线图书馆比较分析[EB/OL].[2014-04-30]. http://www.cnindex.fudan.edu.cn/lwj/lwj_2013.htm.

体索引数据库的独特创新之处。

(2)学术数据库的索引创新与索引功能的深度挖掘

学术文献数据库在索引项上也有所创新，如 ACM、Springer 等数据库在传统规范主题词(subject terms)之外，引入“作者提供的关键词”(author supplied keywords)索引项。数字化科研催生下的科学数据(如医学、生物、化学、物理、气象、地理等领域的数据资源)和实证研究需求下的社会科学数据(经济学、社会学、人口学等领域的统计数据、调查数据资源)各自具有其显著的专属属性特征，特性索引项的提取对于数据资源的揭示、检索和利用至关重要，因而一致地表现为索引数据库索引项的不断创新。

此外，学术数据库的索引功能得到进一步加强和深度的挖掘应用，如 Web of Science、Scopus、CiteSeer 的引文索引及其基于知识链接技术对索引项的多维深度聚类分析、挖掘，定量、可视化地揭示学科领域主题的研究脉络、前沿、热点、趋势和进行研究绩效评估分析；CNKI 通过构建与资源类型、特征全面匹配的基本索引体系，形成多层次、多维度复合索引——知识网络，实现索引体系的深层挖掘应用——知识发现；超星的读秀和百链(Medalink)学术搜索跨文献资源类型的全方位深度关联索引，建立起知识间的深层关联和聚合网络，学术数据库的“特殊功能”在科学研究中的作用发挥到极致。

索引项在数字信息资源的组织中被冠以“元数据”的称谓，因其在识别、描述和定位数字信息资源中的基础作用而受到前所未有的重视。面向学术资源搜索的 Primo/Primo Central、EDS、Summon 等主流的资源发现系统，通过对海量的、来自异构资源的元数据的预收集，并作规范化、丰富化处理后形成统一的元数据中心索引，向终端用户提供网络级资源整合检索和各种深层次的服务。另外，资源发现系统基于 Open URL 协议的上下文敏感的动态链接服务，如 SFX、360Link 等“检索·发现·定位·获取全文”一步到位式的信息整合技术与服务，进一步提升了学术数据库的索引功用和价值。

网络信息检索工具也扩展了新的索引项，如 Google Scholar① 就是建立在引文索引的基础上，并深度挖掘索引功能，如被引用次数(cited by……)、相关文章(related articles)等，使得检索功能更加丰富完善。

总之，文中所讨论的知识组织领域的若干研究热点，无论是网络信息检索后控制机制、术语网络服务，还是数据库资源的索引揭示与挖掘利用，本质上归结为同一个核心问题和目标：探索情报语言学网络应用的理论与方法、结构模式的创新，发掘以往积累的词表成果，融入网络信息检索系统，通过对信息资源特征项的揭示与序化、词汇的规范控制与语义关联，实现提高检索效率和挖掘资源利用价值的终极目标。这就印证了张琪玉教授关于自然语言与人工语言发展方向的一贯主张：自然语言与人工语言的未来是一致的，自然语言检索必然要继续向前发展，网络检索不能唯一地使用自然语言，自然语言的前途仍然要走向控制、规范，当然，控制的方法会与过去人工语言所采用的方法有所不同②。

① Google Scholar[EB/OL]. [2014-04-30]. http://scholar.google.com.

② ANSI/NISO Z39. 19-2005. Guidelines for the construction, format, and management of monolingual Controlled vocabularies[S]. Bethesda: NISO Press, 2005.

附录资料篇

附录一　张琪玉年表

说明：

本年表以年代为序，客观、准确、真实、可信为原则，收录张琪玉 1950—2014 年的生平事迹和学术经历。

本年表中带有“ • ”号的是张琪玉重要的生平事迹和学术经历。

■　1950

- 6 月，加入中国新民主主义青年团。
- 夏季，报考中央税务学校，被录取，未去上学。

■　1951

- 9 月 2 日，入北京大学图书馆学系学习。在该校学习至 1954 年 7 月。

■　1952

- 9 月，写《当文化的花朵开遍祖国的时候——我热爱祖国图书馆事业》，该文载于北京大学《沙滩年青人》1952 年国庆特刊。

■　1954

- 7 月，在北京大学图书馆学系毕业（毕业证书北字第 54362 号），分配到中央人民政府文化部。
- 8 月，到中央人民政府文化部社会文化事业管理局图书馆管理处工作。在该处工作至 1955 年 11 月。

- 9 月，译完《区图书馆工作计划》（恩 · 姆 · 梅捷庚著）一书。该书由中央人民政府文化部社会文化事业管理局于 1954 年 11 月刊印。

■ 1955

- 12 月，到新疆维吾尔自治区图书馆工作。在该馆工作至 1962 年 4 月。开始时任方法研究股股长，并代理馆长职务。

■ 1956

12 月，辞去代理馆长职务。

■ 1957

- 7 月，乌鲁木齐市图书馆馆际合作工作组主办的《乌鲁木齐市图书馆通讯》创刊，任主编，直至第 6 期停刊。

■ 1958

春季，负责新疆维吾尔自治区图书馆新馆舍的基建工作。

6 月，因超龄退出青年团。

- 8 月，被新疆维吾尔自治区文化厅任命为新疆维吾尔自治区图书馆副馆长。

■ 1960

5 月 23 日，获新疆维吾尔自治区文化厅颁发的先进工作者奖状。

■ 1962

- 6 月，到吉林市图书馆工作。在该馆工作至 1976 年 9 月，一直做科技图书情报服务工作。

■ 1963

1 月 20 日，被评为吉林市图书馆 1962 年度先进工作者。

- 7 月 20 日，编成《列宁与图书馆(文献目录)》(1964 年和 1973 年曾增补三次)。

该目录初稿于 1973 年 5 月油印，增补稿于 1973 年 10 月油印。

■ 1964

6 月 28 日，写完《文献检索和国际十进分类法(提纲)》。该提纲由吉林市科学技术委员会情报研究室于 1964 年 7 月刊印。

- 7 月 2 日，写完《目录的特征——谈谈充分发挥书目检索工具的作用》一文。该文载于《图书馆》1964 年第 4 期。

■ 1973

1 月 23 日，被评为吉林市图书馆 1972 年度先进工作者。

3 月 14 日，被评为吉林市文化系统 1972 年度先进工作者。

■ 1974

1 月 30 日，被评为吉林市图书馆 1973 年度先进工作者。

■ 1975

1 月 15 日，被评为吉林市图书馆 1974 年度先进工作者。

1 月 27 日，被评为吉林市文化系统 1974 年度先进工作者。

■ 1976

1 月 7 日，被评为吉林市图书馆 1975 年度先进工作者。

- 9 月末，到武汉大学图书馆学系工作，在该系(后改为图书情报学院)工作至 1987 年 8 月。开始时任系科研秘书，主要做编辑工作。

■ 1977

1 月，被评为吉林市图书馆 1976 年度先进工作者。

12 月 24 日，被评为武汉大学先进教师。

■ 1978

- 4月，加入湖北省图书馆学会。

  8月，恢复职称评定，被定职为讲师。

  9月，任武汉大学图书馆学系图书情报现代技术研究室(后改为教研室)副主任(后升任主任)。

■ 1979

- 8月15日，被中国图书馆学会第一届理事会聘为中国图书馆学会学术委员会委员。

■ 1980

- 1月22日，被国家标准总局聘为全国文献工作标准化技术委员会委员。
- 3月17日，写完《情报检索语言》一书。该书稿由武汉大学图书馆学系于1980年6月油印。
- 6月，《图书情报知识》创刊，任主编，直至1987年6月第2期。
- 7月15日，写完《情报检索语言大纲》(1981年曾修改)。该大纲载于《图书馆学刊》1981年第3期和第4期。
- 7月，被晋升为副教授。

■ 1981

1月，被评为武汉大学1980年度优秀工作者。

7月5日，被武汉大学聘为七八届图书馆学专业研究生毕业论文答辩委员会委员。

■ 1982

4月25日，第一次修订完《情报检索语言》一书。该修订稿由武汉大学图书馆学系于1982年4月刊印。

- 9月初，主编完成《中国图书馆图书分类法(第二版)索引》。

该索引由书目文献出版社于 1984 年 12 月出版。

12 月 2-24 日，第二次修订《情报检索语言》一书。该修订稿由武汉大学出版社于 1983 年 6 月出版。

■ 1983

- 3 月 10 日，写完《情报语言学导论研究提纲》。
- 6 月，《情报检索语言》一书由武汉大学出版社出版。
- 8 月 30 日，写完《论情报检索语言的研究、创制与普及》一文。该文载于《图书情报知识》1983 年第 4 期。

■ 1984

1 月，被中国图书馆学会第二届理事会聘为中国图书馆学会编辑出版工作委员会委员、《图书馆学通讯》编委会委员。

6 月，《情报检索语言》一书获武汉大学颁发的武汉大学 1983 年度优秀科研成果奖二等奖。

7 月 5 日，被国家标准总局聘为全国文献工作标准化技术委员会委员兼第三分委员会主任委员。

- 8 月，写《关于情报语言学》一文。该文载于《〈情报检索语言〉学习辅导》一书(湖北省高等学校图书馆工作委员会等于 1985 年 8 月出版)第 26~28 页。

12 月，《情报检索语言》一书获湖北省社会科学联合会颁发的湖北省社会科学优秀成果奖三等奖。

■ 1985

- 2 月 28 日，被中共武汉大学委员会任命为武汉大学图书馆学情报学研究所所长。

9 月，被中央广播电视大学聘为中央广播电视大学“情报检索语言”主讲教师。

- 10 月，因在编制《中国图书馆图书分类法》工作中作出较大贡献，获国家科学技术进步奖一等奖(获奖证书 85-QB-1-001-5 号、奖章)。

- 10 月，被晋升为教授。

  12 月，主编的《中国图书馆图书分类法(第二版)索引》获武汉大学颁发的优秀科研成果奖一等奖。

- 12 月，经武汉大学专业技术职务评审委员会通过，确认教授任职资格(专业技术职务资格证书于 1988 年 11 月 5 日补发，编号：武大师证字第 880340 号)。

■ 1986

10 月 15 日，收到中国图书馆图书分类法编辑委员会转发的《中国图书馆图书分类法》获国家科学技术进步奖一等奖的获奖荣誉证书。

- 12 月 5 日，被湖北省职称改革工作领导小组聘为湖北省档案专业高级职务评审委员会委员。
- 12 月 29 日，被空军政治学院聘为空军政治学院图书档案系名誉主任、兼职教授。

■ 1987

- 2 月 10 日，被武汉大学聘为教授(聘书 100051 号)。

  3 月 7 日，被湖北省科学技术编辑学会首届理事会推选为湖北省科学技术编辑学会理事会理事。

- 3 月 27 日，写完《情报语言学基础》书稿(该书稿在《情报检索语言》一书基础上增补修订而成)。该书稿由武汉大学出版社于 1987 年 11 月出版。
- 4 月 7 日，被北京图书馆聘为《中国分类主题词表》编委会副主编。
- 4 月 30 日，写完《情报语言学基础学习指导书》一书。该书由武汉大学出版社于 1987 年 10 月出版。

  4 月，被湖北省图书资料专业职称改革工作领导小组聘为湖北省图书资料专业高级职务评审委员会成员。

- 4 月，调至空军政治学院工作。

- 5月28日，写完《情报语言学基础问题选讲》一书。该书由武汉大学出版社于1987年10月出版。
- 8月下旬，正式到空军政治学院图书档案系工作，任系主任、教授。在该系工作至2001年3月退休。

  11月10日，被空军政治学院聘为空军政治学院中级专业职务评审委员会委员。

  11月11日，获全国文献工作标准化技术委员会颁发的表彰为文献工作标准化做出了贡献的荣誉证书。

  12月26日，经上海市图书馆学会理事会讨论通过，增补为当届理事。

■ 1988

- 3月19日，经中国人民政治协商会议上海市委员会第六届常务委员会决定，担任上海市政协第七届委员会委员。

  4月5日，被国家标准局聘为全国文献工作标准化技术委员会第五分委员会委员。
- 4月19日，被中国图书馆学会第三届理事会聘为中国图书馆学会学术研究委员会副主任。
- 4月，被北京图书馆聘为《中国图书馆图书分类法》第三届编委会副主编。
- 6月，《文献工作研究》创刊，任主编；1993年第3期起改任名誉主编，直至2000年第6期。
- 8月20日，被中国人民解放军空军高级专业技术职务评审委员会评为教授(专业技术职务资格证书编号：空131099)。

  8月31日，被空军政治部聘为空军图书档案专业职务评审委员会委员。

  10月12日，被中国大百科全书总编辑委员会聘为中国大百科全书图书馆学编辑委员会委员。

  12月19日，被军用主题词表编制委员会办公室聘为《军用主题词表》编制工作顾问。

■ 1989

5 月 3 日，被中国社会科学院文献情报中心聘为《社会科学叙词表》顾问。

• 9 月，开始主编《空军政治学院图书档案系教学大纲》，至 1992 年 4 月共编 20 种。

10 月，参与编制的 WD-ZBJ 中文文献自动标引检索系统获武汉大学颁发的武汉大学优秀科技成果奖三等奖。

10 月，《情报检索语言》一书获中国图书馆学会颁发的中华人民共和国成立 40 周年、中国图书馆学会成立 10 周年图书馆学、情报学优秀著作奖。

■ 1990

6 月 30 日，获中共空军政治学院纪律检查委员会颁发的空军政治学院 1990 年度为政清廉、艰苦奋斗先进团以上干部荣誉证书。

12 月 30 日，被上海市文化局聘为上海市图书资料专业高级专业技术职务任职资格评审委员会委员。

■ 1991

1 月 8 日，空军政治学院学位评定委员会通知，已被空军学位领导小组批准为空军政治学院学位评定委员会委员。

3 月 8 日，被空军政治学院聘为空军政治学院中级专业技术职务评审委员会委员。

3 月 20 日，被国防科学技术情报学会《情报科学技术》编辑部聘为《情报科学技术》编委会编委。

5 月，参与编制的 WD-CBZ 纯标识型文献情报检索系统获武汉大学颁发的武汉大学优秀科技成果奖三等奖。

5 月，被中国科学院文献情报中心聘为图书馆学专业攻读硕士学位研究生吕植扬毕业论文答辩委员会委员。

6 月 30 日，获军用主题词表编制委员会颁发的表彰作为《军用主题词表》技术顾问做出了贡献的荣誉证书。

- 10月1日，因在发展高等教育事业中做出的贡献，获国务院政府特殊津贴(证书(91)军0952号)。

■ 1992

3月16日，被国家技术监督局聘为全国文献工作标准化技术委员会五分会委员。

- 4月1日，被中国索引学会聘为中国索引学会常务理事、副理事长。

5月4日，被中国人民大学图书馆聘为《中国人民大学图书馆图书分类法》修订委员会顾问。

- 6月26日，加入国际知识组织学会(ISKO)，会员号：352。

10月，被文化部图书馆司聘为《中国图书馆图书分类法》第四届编委会委员。

10月，被中国图书馆学会学术研究委员会聘为中国图书馆学会学术研究委员会委员。

- 11月21日，参加中共中央总书记、中央军委主席江泽民接见驻沪部队师以上干部(合影为第3排右起第14人)。

■ 1993

- 2月5日，经中国人民政治协商会议上海市委员会第七届常务委员会决定，担任上海市政协第八届委员会委员。

4月20日，被中国图书馆学会学术研究委员会聘为中国图书馆学会学术研究委员会分类、主题与编目研究组顾问。

8月，《图书改编(藏书重行分类)方案探讨》一文获图书馆建设编辑部颁发的《图书馆建设》1991—1992年度优秀论文奖。

12月，《工具书功能索引》一文获上海市图书馆学会、上海图书馆、图书馆杂志编辑部颁发的《图书馆杂志》1992—1993年度优秀论文奖。

■ 1994

3月，被中国索引学会聘为《二十世纪中国学术论著目录索引丛书》编委。

9 月 27 日，获空军政治学院颁发的校庆四十周年纪念荣誉证书。

- 11 月 2 日，《档案检索》一书获空军政治学院颁发的空军政治学院优秀教学成果奖二等奖。

12 月 5 日，《论后控制词表》一文获空军政治学院颁发的空军政治学院 1992. 12—1994. 5 科研成果(论文类)二等奖。

■ 1995

1 月 18 日，获空军政治学院教务部颁发的空军政治学院研究生科研指导奖。

5 月 18 日，《当代中国的分类法和主题词表》一文获中国图书馆学会学术委员会和 1996 北京国际图联大会组委会秘书处颁发的 1996 北京国际图联大会征文优秀论文奖。

10 月，获中国书林编译中心《中国大百科专家人物传集》编委会颁发的中国大百科专家人物传集入集证书。

12 月，《图书馆藏书增加主题检索途径的模式》一文获上海市图书馆学会、上海图书馆、图书馆杂志编辑部颁发的《图书馆杂志》1994—1995 年度优秀论文奖。

■ 1996

6 月，被文化部图书馆司聘为《中国图书馆图书分类法》编辑委员会第五届委员会顾问。

- 8 月下旬，参加 1996 北京国际图联大会，并在分组会上发表《当代中国的分类法和主题词表》一文(由汪东波宣读)。

9 月，被《当代图书馆学百家文选》编委会聘为《当代图书馆学百家文选》学术顾问委员会委员。

- 10 月，因在编制《中国分类主题词表》工作中做出的贡献，获国家科委、国防科工委、中国科学院、中国科协、国家自然科学基金会颁发的国家优秀科技信息成果奖二等奖。

■ 1997

• 1月23日，写完《情报语言学基础(增订二版)》书稿(增补稿)。该书稿由武汉大学出版社于1997年9月出版。

2月26日，《当代中国的分类法和主题词表》一文获空军政治学院颁发的空军政治学院1994.7—1996.6年度优秀科研成果二等奖。

5月12日，被军用主题词表编制管理委员会聘为全军军用主题词表编制管理委员会技术顾问。

9月10日，《情报语言学基础》课程建设获空军司令部、空军政治部颁发的1997年军队院校军队级教学成果三等奖(获奖证书和奖章)。

11月18日，被上海市学位委员会聘为图书馆情报与档案学学科评议组成员。

■ 1998

1月20日，《学科-事物概念组配型检索语言》一文获图书馆杂志编辑部颁发的《图书馆杂志》1996—1997年度优秀论文奖。

3月，被上海图书馆、上海市图书馆学会聘为《图书馆杂志》副主编。

9月，获杨浦区房屋土地管理局、空军政治学院信息管理系颁发的拥军助教助学奖励基金特别奖。

10月，《报纸文献是一种极为丰富而未被充分开发的信息源——关于发展报纸文献索引和数据库的思考》一文获中国索引学会颁发的"全国新闻数据库和报纸索引技术研讨会"论文一等奖。

10月，《报纸文献数据库的字段设置》一文获中国索引学会颁发的"全国新闻数据库和报纸索引技术研讨会"论文二等奖。

10月，《报纸文献的著录和编码探讨》一文获中国索引学会颁发的"全国新闻数据库和报纸索引技术研讨会"论文二等奖，

10月，《报纸所载文学作品的主题标引》一文获中国索引学会颁发的"全国新闻数据库和报纸索引技术研讨会"论文三等奖。

■ 1999

- 1月25日，《学科-事物概念组配型检索语言》一文获空军政治学院颁发的空军政治学院1996.7—1998.6优秀科研成果(论文类)一等奖。

  1月25日，《情报语言学文献库》获空军政治学院颁发的空军政治学院1996.7—1998.6优秀科研成果(著作类)二等奖。

  1月，《自然语言检索中各种因素对检索效率的影响》一文获中国"九五"科学研究成果选编辑部颁发的中国九五科学研究成果选优秀论文奖。
- 6月7日，空军政治学院举行"张琪玉教授七十华诞庆祝会暨文集首发式"，参加全国第三次情报检索语言发展方向研讨会的全体代表应邀参加了庆祝会，中国图书馆学会、国家图书馆、上海图书馆和上海科技情报所、全军军用主题词表编管会、中国索引学会、北京大学信息管理系、华东师范大学情报学系等单位和个人以及学生发来了贺信，赠送了贺礼和花篮。
- 6月17日，空军政治学院院长、政委正式宣布，上级已批准我的专业技术等级为3级(副军级)。
- 6月，上海电视台制作了《情报语言学泰斗——记空军政治学院张琪玉教授》录像片，并在"当代军人"节目第465期播出。

  7月30日，被深圳市巨灵信息产业有限公司聘为情报检索特约顾问。
- 10月，《告别手工索引时代—— 一名中国索引学会会员的思考》一文获中国索引学会颁发的"中国索引学会第四届年会暨学术讨论会"论文二等奖。

  10月，《汉语题内关键词索引的第三种编制方法》一文获中国索引学会颁发的"中国索引学会第四届年会暨学术讨论会"论文优秀奖。
- 11月22日，编完《情报语言学词典》一书。该书由北京图书馆出版社于2000年7月出版。

■ 2000

1月28日,《概念或标识自动转换技术的应用》一文获图书馆杂志编辑部颁发的《图书馆杂志》1998—1999年度优秀论文奖。

- 12月18日,《张琪玉情报语言学文集》一书获南京政治学院颁发的南京政治学院第四届优秀科研成果奖(著作类)一等奖。
- 12月18日,《我国情报语言20年来的进步和向21世纪前进的目标》一文获南京政治学院颁发的南京政治学院第四届优秀科研成果奖(论文类)一等奖。

■ 2001

- 1月,空军政治部批准退休。
- 3月10日,南京政治学院上海分院政委、院长正式宣布批准退休。

4月29日,被中国改革发展丛书编纂委员会在《当代中国人才库》首发式上评为“跨世纪优秀人才”(荣誉证书和奖章)。

- 6月17日,《情报检索语言》一书被收入上海社会科学院“社会科学在线”发布的《20世纪中国学术名著精华目录》。该目录的图书馆学情报学部分共收录8种著作,包括:叶德辉《书林清话》(1920);杨昭哲《图书馆学》(1923);杜定友《校雠新义》(1930);蒋元卿《中国图书分类之沿革》(1937);张照、程德清《中国人民大学图书馆图书分类法》(1953);余嘉锡《目录学发微》(1963);张琪玉《情报检索语言》(1983)。

■ 2006

- 8月,《图书内容索引编制法》一书由化学工业出版社出版。

■ 2009

- 6月,《张琪玉索引学文集》一书由国家图书馆出版社出版。

■ 2013

6月,《张琪玉情报语言学著作目录》著者自刊。

■ 2014

- 6 月，《张琪玉文集》(上下册)一书由国家图书馆出版社出版。
- 6 月 21 日，“张琪玉情报语言学思想研讨会”在上海成功举办。会议由解放军南京政治学院主办、南京政治学院上海校区军事信息管理系承办。这是一场专门研究和探索张琪玉教授学术思想和学术理论成就的盛会，来自海内外的著名学者、军内外图书情报机构的领导、高等院校专家教授、张琪玉教授的学生和国家社会科学基金一般项目“张琪玉学术思想研究”部分成员等共计 50 多位来宾出席了会议。在大会上，85 岁高龄的张琪玉教授作了主旨发言(由包冬梅宣读)，就自己终其一生研究的情报语言学的学术观点、治学道路、思想脉络及其学术理论成就进行了总结汇报，并殷切期望各位专家学者将情报语言学研究继续推向前进，发扬光大。

附录二　张琪玉学术著作编年目录（1952—2017）

说明：

本目录以年代为序，收录张琪玉1952年至2017年期间公开发表的著作、论文和译文。

本目录著作部分，不包括张琪玉主编、参编、合写的著作。

本目录由五个部分组成：张琪玉著作编年目录；张琪玉论文编年目录；张琪玉译文(包括译著)编年目录；张琪玉通讯访谈编年目录；张琪玉自述学术思想编年目录。

1. 张琪玉著作编年目录

1973

[1] 张琪玉. 列宁与图书馆(文献目录)[M]. 吉林市图书馆油印本，1973.

1983

[2] 张琪玉. 情报检索语言[M]. 武汉：武汉大学出版社，1983.

1984

[3] 张琪玉. 中国图书馆图书分类法(第二版)索引[M]. 北京：书目文献出版社，1984.

1985

[4] 张琪玉.《情报检索语言》学习辅导[M]. 武汉：《湖北高校图

书馆》杂志社，1985.

1987

[5] 张琪玉. 情报语言学基础[M]. 武汉：武汉大学出版社，1987.

[6] 张琪玉. 情报语言学基础问题选讲[M]. 武汉：武汉大学出版社，1987.

[7] 张琪玉. 情报语言学基础学习指导书[M]. 武汉：武汉大学出版社，1987.

1988

[8] 张琪玉. 张琪玉论文选[M]. 成都：成都东方图书馆学研究所出版社，1988.

1997

[9] 张琪玉. 情报语言学基础(增订二版)[M]. 武汉：武汉大学出版社，1997.

1999

[10] 张琪玉. 张琪玉情报语言学文集[M]. 北京：北京图书馆出版社，1999.

2000

[11] 张琪玉. 情报语言学词典[M]. 北京：北京图书馆出版社，2000.

2004

[12] 张琪玉，侯汉清. 情报检索语言实用教程[M]. 武汉：武汉大学出版社，2004.

2006

[13] 张琪玉. 图书内容索引编制法：写作和编辑参考手册[M]. 北京：化学工业出版社，2006.

2009

[14] 张琪玉. 张琪玉索引学文集[M]. 北京：国家图书馆出版社，2009.

2014

[15] 张琪玉. 张琪玉文集(上下册)[M]. 北京：国家图书馆出版社，2014.

2. 张琪玉论文编年目录

1952

[1] 张琪玉. 当文化的花朵开遍祖国的时候——我热爱祖国图书馆事业[J]. 北京大学《沙滩年青人》1952 年国庆特刊.

1953

[2] 张琪玉. 好高骛远就学不好功课[J].《中国青年报》1953 年 5 月 5 日.

1954

[3] 张琪玉, 成素梅. 北京图书馆中文图书读者目录的改组(毕业论文)[J]. 手稿存北京大学图书馆学系.

1955

[4] 张琪玉, 李枫. 我们对于公共图书馆某些工作的意见[J]. 图书馆工作, 1955(1).

[5] 张琪玉.《图书馆工作》编者按(关于杰斯林科《论苏联图书分类法草案》[J]. 图书馆工作, 1955(1).

[6] 张琪玉. 开架借阅与读书指导的矛盾[J]. 图书馆工作, 1955(5).

[7] 张琪玉. 苏联图书馆学书籍中译本简目[J]. 图书馆工作, 1955(3).

1956

[8] 张琪玉. 图书室是农村俱乐部的重要组成部分[J]. 农村文化工作通讯, 1956(4).

[9] 张琪玉. 新疆维吾尔自治区第一届公共图书馆干部训练班(简讯)[J]. 农村文化工作通讯, 1956(6).

1957

[10] 张琪玉.《乌鲁木齐市图书馆通讯》发刊词[J]. 乌鲁木齐市图书馆通讯, 1957(1).

[11] 张琪玉. 配合向科学进军从何着手[J]. 乌鲁木齐市图书馆通讯, 1957(1).

[12] 张琪玉. 乌鲁木齐市图书馆馆际合作工作组在做些什么[J]. 乌鲁木齐市图书馆通讯, 1957(1).
[13] 张琪玉. 图书馆学图书目录[J]. 乌鲁木齐市图书馆通讯, 1957(2-3).
[14] 张琪玉. 什么是"集中编目"? 我们能做这项工作吗? [J]. 乌鲁木齐市图书馆通讯, 1957(2-3).
[15] 张琪玉. 图书馆干部培养工作需要进一步加强[J]. 乌鲁木齐市图书馆通讯, 1957(4-5).

1958

[16] 张琪玉. 努力为发展农业而服务, 为农民群众的需要而服务[J]. 新疆图书馆通讯(维吾尔文版), 1958(1).

1959

[17] 张琪玉. 社社建立图书馆网 掀起全民读书运动[J]. 群众俱乐部, 1959(3).
[18] 张琪玉. 使图书为政治、生产和科学研究服务, 市各图书馆展开协作[J]. 乌鲁木齐日报, 1959 年 5 月 24 日第 3 版.
[19] 张琪玉. 好事一定要办好[J]. 图书馆协作快报, 1959(1).
[20] 张琪玉. 新疆维吾尔自治区图书馆集体借书办法[J]. 新疆维吾尔自治区图书馆 1959 年 11 月油印.

1960

[21] 张琪玉. 自治区图书馆办图书站、阅览站、借书站的体会[J]. 新疆维吾尔自治区文化厅 1960 年刊印.

1961

[22] 张琪玉. 新疆维吾尔自治区图书馆会议制度(草案)[J]. 新疆维吾尔自治区图书馆 1961 年 3 月油印.
[23] 张琪玉. 新疆维吾尔自治区图书馆组织条例(草案)[J]. 新疆维吾尔自治区图书馆 1961 年 3 月油印.
[24] 张琪玉. 新疆维吾尔自治区图书馆学习制度(草案)[J]. 新疆维吾尔自治区图书馆 1961 年 3 月油印.
[25] 张琪玉. 新疆维吾尔自治区图书馆阅览规则(草案)[J]. 新疆维吾尔自治区图书馆 1961 年 3 月油印.

[26] 张琪玉. 新疆维吾尔自治区图书馆图书站建立办法(草案)[J]. 新疆维吾尔自治区图书馆 1961 年 3 月油印 .
[27] 张琪玉. 新疆维吾尔自治区图书馆关于工作人员借书的规定[J]. 新疆维吾尔自治区图书馆 1961 年 12 月油印.
[28] 张琪玉. 新疆文献工作问题[J]. 新疆维吾尔自治区图书馆 1961 年 12 月油印.
[29] 张琪玉. 为科学研究和生产技术发展服务的问题[J]. 新疆维吾尔自治区图书馆 1961 年 12 月油印.
[30] 张琪玉. 新疆维吾尔自治区图书馆藏书补充登记(注销)编目工作顺序[J]. 新疆维吾尔自治区图书馆 1961 年 12 月油印.
[31] 张琪玉. 新疆维吾尔自治区图书馆目录制度[J]. 新疆维吾尔自治区图书馆 1961 年 12 月油印.
[32] 张琪玉. 新疆维吾尔自治区图书馆关于杂志报纸工作的规定[J]. 新疆维吾尔自治区图书馆 1961 年 12 月油印.
[33] 张琪玉. 新疆维吾尔自治区图书馆关于工作统计的规定[J]. 新疆维吾尔自治区图书馆 1961 年 12 月油印.
[34] 张琪玉. 新疆维吾尔自治区图书馆关于藏书使用手续的规定[J]. 新疆维吾尔自治区图书馆 1961 年 12 月油印.

1962

[35] 张琪玉. 新疆维吾尔自治区图书馆关于划分汉文普通图书和杂志的办法[J]. 新疆维吾尔自治区图书馆 1962 年 2 月油印.
[36] 张琪玉. 新疆维吾尔自治区图书馆为科学技术工作者服务的暂行办法[J]. 新疆维吾尔自治区图书馆 1962 年 2 月油印.
[37] 张琪玉. 新疆维吾尔自治区图书馆关于档案工作的规定[J]. 新疆维吾尔自治区图书馆 1962 年 3 月油印.

1964

[38] 张琪玉. 文献检索和国际十进分类法(提纲)[J]. 吉林市科学技术委员会情报研究室 1964 年 7 月刊印.
[39] 张琪玉. 目录的特征——谈谈充分发挥书目检索工具的作用[J]. 图书馆, 1964(4).

1965

[40] 张琪玉. 试谈在情报服务工作中做好调查研究的几点方法[J]. 科技情报工作，1965(6).

1971

[41] 张琪玉. 一般复分表(草稿)[J]. 图书分类法编辑组 1971 年 8 月油印.

[42] 张琪玉. 关于分类标记问题[J]. 图书分类法编辑组 1971 年 8 月油印.

1972

[43] 张琪玉. 关于全国图书统一编号的建议(附：给郎杰、胡耀辉同志的信)[R]. 1972 年 4 月存手稿.

[44] 张琪玉. 图书分类法草案修改工作的具体要求[J]. 图书分类法编辑组 1972 年 9 月油印.

[45] 张琪玉. 图书分类法座谈会纪要[J]. 图书分类法编辑组《简报》，1972(4).

1973

[46] 张琪玉. 吉林市图书馆科学技术文献服务室关于与各单位建立书刊资料借阅和交流关系的试行办法[J]. 吉林市图书馆 1973 年 4 月油印.

[47] 张琪玉. 图书馆的期刊工作(提纲)[J]. 吉林市图书馆 1973 年 4 月油印.

1977

[48] 张琪玉. 办好农村图书室 为普及大寨县服务[J]. 武汉大学图书馆学系 1977 年 1 月刊印.

[49] 张琪玉. 农村科技情报工作[J]. 武汉大学图书馆学系 1977 年 3 月刊印.

[50] 张琪玉. 科技图书资料的分类[J]. 武汉大学图书馆学系 1977 年 9 月油印.

1978

[51] 张琪玉. 图书情报工作计算机化资料目录[J]. 武汉大学图书馆学系 1978 年 5 月油印.

1979

[52] 张琪玉. 积极开展图书馆学研究，为实现新时期的总任务做出贡献[J]. 黄石市图书馆《图书馆工作》，1979(1).

[53] 张琪玉，卢子博. 图书馆与科学技术现代化[J]. 四川图书馆学报，1979(2).

[54] 张琪玉. 文献情报存贮检索系统结构方案探索——以图书馆学情报学文献情报存贮检索系统的设计为例[J]. 湖北省图书馆学会1979年年会论文选.

[55] 张琪玉. 图书馆学情报学文献分类表[J]. 湖北省图书馆学会1979年年会论文选.

1980

[56] 张琪玉，黄宗忠. 图书馆学教育的回顾与展望[J]. 图书馆学通讯，1980(3).

[57] 张琪玉. 试论我国图书馆现代化的目标、道路及方法[J]. 四川图书馆学报，1980(4).

[58] 张琪玉. 分类目录产生漏检和误检的原因[J]. 图书情报知识，1980(1).

[59] 张琪玉，邹华享. 标准资料的管理[J]. 图书情报知识，1980(2).

[60] 张琪玉.《中国图书馆图书分类法索引》编制规范(草案)[J].《中国图书馆图书分类法》编辑委员会1980年油印.

[61] 张琪玉. 关于分类法和词表标准化的几点建议[J]. 武汉大学图书馆学系1980年12月油印.

1981

[62] 张琪玉. 情报检索语言大纲[J]. 图书馆学刊，1981(3).

[63] 张琪玉. 情报检索语言大纲(续完)[J]. 图书馆学刊，1981(4).

[64] 张琪玉，周六炎. 专业情报机构文献资料分类的特点[J]. 情报科学，1981(2).

[65] 张琪玉. 用《汉语主题词表》可编制什么样的检索工具[J]. 图书馆学刊，1981(1).

[66] 张琪玉. 图书馆现代化(提纲)[J]. 武汉大学图书馆学系1981年4月油印.

[67] 张琪玉. 在图书馆学教育问题座谈会上的发言[J]. 图书情报知识, 1981(2).

[68] 张琪玉.《图书馆学刊》编者按(受学刊编辑部委托而写)[J]. 图书馆学刊, 1981(3).

[69] 张琪玉. 关于《中华人民共和国各民族的名称及其代码》和《中国民族名称罗马字母拼写法和缩写》两个国家标准草案征求意见稿的修改意见[J]. 1981年8月存手稿.

1982

[70] 张琪玉. 体系分类法中"集中与分散"的矛盾[J]. 图书馆杂志, 1982(1).

[71] 张琪玉. 关于文献工作标准体系图和标准化项目表的修改增补方案[J]. 广东图书馆学刊, 1982(1).

[72] 张琪玉. 认识分类表的内部规律性是辨类的基本方法[J]. 图书馆学刊, 1982(2).

[73] 张琪玉(署名: 竹林). 字顺检索系统不宜纯按汉语拼音排列[J]. 图书情报知识, 1982(1).

[74] 张琪玉. 文献分类标引规范(国家标准草案)(第三稿, 征求意用)[J]. 全国文献工作标准化技术委员会第五分委员会1982年12月油印.

[75] 张琪玉(署名: 文竹). 全国文献工作标准化技术委员会第五分委员会扩大会议在福州举行[J]. 图书情报知识, 1982(1).

[76] 张琪玉. 体系分类法中的交替法[J]. 图书情报知识, 1982(2).

[77] 张琪玉(署名: 淡竹).《中国图书馆图书分类法》和《中国图书资料分类法》联合索引编制完成[J]. 图书情报知识, 1982(4).

1983

[78] 张琪玉. 论情报检索语言的研究、创制与普及[J]. 图书情报知识, 1983(4).

[79] 张琪玉. 新建专业教研室应把教学放在首位[M]// 武汉大学教务处. 庆祝武汉大学建校七十周年教学经验交流会文集. 武汉大学教务处刊印, 1983.

1984

[80] 张琪玉. 中国图书馆图书分类法(第二版)索引编制说明[M]// 中国图书馆图书分类法编辑委员会. 中国图书馆图书分类法(第二版)索引. 北京: 书目文献出版社, 1984.
[81] 张琪玉. 列宁与图书馆[J]. 图书馆学通讯, 1984(2).
[82] 张琪玉. 纯标识检索系统还有实用价值—— 一个计算机应用课题的重新提出[J]. 山东图书馆季刊, 1984(3).
[83] 张琪玉. 情报检索语言方法综述[J]. 图书情报知识, 1984(1).
[84] 张琪玉. 请图书馆、情报、档案、出版各界都来关心文献工作术语的标准化工作[J]. 图书情报知识, 1984(1).

1985

[85] 张琪玉. 关于情报语言学[M]// 张琪玉.《情报检索语言》学习辅导. 武汉:《湖北高校图书馆》杂志社, 1985.
[86] 张琪玉. 给李兴辉同志的信[J]. 图书情报知识, 1985(3).
[87] 张琪玉. 文献主题的构成因素及层次[J]. 图书情报知识, 1985(1).
[88] 张琪玉. 情报检索语言中语词标识的功能与局限——关于主题法性能的几点分析[J]. 湖北高校图书馆, 1985(1).
[89] 张琪玉. 情报与文献工作词汇: 文献和资料的收集、识别与分析(国家标准草案第一稿)[J]. 图书情报知识, 1985(1).
[90] 张琪玉, 曾蕾. 体系分类法中的模糊现象及其消除方法[J]. 图书情报知识, 1985(2).
[91] 张琪玉. 关于《中图法》增加组配成分的可能性和方法的探索[J]. 北图通讯, 1985(3).
[92] 张琪玉. 提高情报检索效率是情报检索语言研究的根本目的——答黄立军同志[J]. 图书情报知识, 1985(3).
[93] 张琪玉. 关于主题词型手工检索系统标引工作的几点建议

[J]. 北图通讯，1985(4).

1986

[94] 张琪玉. 情报检索语言自学考试大纲(湖北省高等教育自学考试图书馆学专业1986年下半年考)[J]. 图书情报知识，1986(3).

[95] 张琪玉. 情报检索语言语法体系初探[J]. 图书馆理论与实践，1986(3).

1988

[96] 张琪玉. “情报语言学基础”课程中一些容易被混同和误解的概念[J]. 图书馆理论与实践，1988(2).

1989

[97] 张琪玉. 情报检索语言的国家特点、时代特点和自然语言特点[J]. 图书馆理论与实践，1989(4).

1990

[98] 张琪玉. 我国情报检索语言四十年文献简述[M]// 张琪玉，等. 情报检索语言论文选. 北京：书目文献出版社，1990.

[99] 张琪玉. 关于文献分类标准化的设想和建议[J]. 图书情报论坛，1990(1).

[100] 张琪玉. 情报检索语言的易用性问题[J]. 云南图书馆，1990(4).

1991

[101] 张琪玉.《通用汉语著者号码表》编制工作的进展[J]. 江苏图书馆学报，1991(6).

[102] 张琪玉. 情报检索语言表达概念的迟钝性及其克服方法[J]. 上海高校图书情报学刊，1991(4).

[103] 张琪玉. 情报检索语言在档案工作领域应用的进展[J]. 文献工作研究，1991(6).

1992

[104] 张琪玉. 中文同类书排列规则——通用汉语著者号码表(国家标准草案送审二稿)[M]//刘湘生. 通用汉语著者号码表. 北京：海洋出版社，1992.

[105] 张琪玉. 图书改编(藏书重行分类)方案探讨[J]. 图书馆建设, 1992(1).

[106] 张琪玉. 工具书功能索引——关于编制“工具书之工具书”的设想[J]. 图书馆杂志, 1992(1).

[107] 张琪玉. 体系分类法的准则和惯例[J]. 晋图学刊, 1992(4).

[108] 张琪玉. 汉语检索词词素轮排索引编制法探索[J]. 图书与情报, 1992(4).

[109] 张琪玉. 充分利用入口词原理[J]. 图书馆论丛, 1992 年试刊号.

1993

[110] 张琪玉. 体系分类法的准则和惯例(续)[J]. 晋图学刊, 1993(1).

[111] 张琪玉. 情报检索语言·分类检索语言·主题检索语言[G]//中国大百科全书·图书馆学情报学档案学. 北京: 中国大百科全书出版社, 1993.

[112] 张琪玉. 分类标记原理与方法概述[J]. 图书馆, 1993(1).

[113] 张琪玉. 情报检索语言中轮排的原理和方法[J]. 图书馆建设, 1993(1).

[114] 张琪玉. 中华人民共和国国家标准——文献分类标引规则(送审稿)[M]//刘湘生. 文献分类岗位培训教程. 北京: 华艺出版社, 1993.

[115] 张琪玉. 张琪玉自传[J]. 晋图学刊, 1993(2).

[116] 张琪玉. 试论隐含主题[J]. 图书馆理论与实践, 1993(2).

[117] 张琪玉. 关于索引学研究和索引工作开展的设想与建议[J]. 江苏图书馆学报, 1993(1).

[118] 张琪玉. 汉语关键词法探讨[J]. 图书馆论坛, 1993(1).

[119] 张琪玉. 关于《双表列类法评析和新法探索》的通信[J]. 图书馆理论与实践, 1993(3).

[120] 张琪玉.《中国图书馆图书分类法(R 类)与医学主题词表(MeSH)、中医药学主题词表对应表》简介和读后感[J]. 当

代图书馆，1993年(1).
[121] 张琪玉.《中国图书馆图书分类法二三版改版实用手册》简介[J]. 图书情报论坛，1993(2).
[122] 张琪玉. 呼唤图书馆学情报学专业教育的调整和变革[J]. 上海高校图书情报学刊，1993(2).
[123] 张琪玉. 中国索引学会简介[J]. 曾蕾，译. Knowledge Organization，1993(3).
[124] 张琪玉. 人一机结合的题内关键词索引可回避汉语分词难题[J]. 图书馆杂志，1993(4).
[125] 张琪玉. 一个精心设计的索引体系[J]. 上海高校图书情报学刊，1993(4).

1994

[126] 张琪玉. 论后控制词表[J]. 图书情报工作，1994(1).
[127] 张琪玉，刘湘生.《中国分类主题词表》说明[M]//《中国图书馆图书分类法》编委会. 中国分类主题词表. 北京：华艺出版社，1994.
[128] 张琪玉. 一部精心设计的检索语言工具书[J]. 大学图书馆学报，1994(5).
[129] 张琪玉. 主题标引过程对主题目录结构和功能的影响[J]. 情报理论与实践，1994(5).
[130] 张琪玉. 情报文献工作标准化是图书情报档案工作现代化的迫切需要[J]. 上海高校图书情报学刊，1994(2).
[131] 张琪玉. 全国索引成果展评会概况[J]. 情报资料工作，1994(4).
[132] 张琪玉. 论索引项[J]. 图书馆杂志，1994(5).
[133] 张琪玉. 情报检索语言原理的一致和方法的差异[J]. 图书馆建设，1994(1).

1995

[134] 张琪玉. 主题目录中地名主题词用法的探讨[J]. 图书馆论坛，1995(1).
[135] 张琪玉. 情报检索中的语言保证问题(《检索语言讲座》第1

讲)[J]. 情报理论与实践, 1995(1).
[136] 张琪玉. 检索效率及其影响因素(《检索语言讲座》第 2 讲)[J]. 情报理论与实践, 1995(2).
[137] 张琪玉. 一种精心设计的文摘刊物——《中国导弹与航天文摘》[J]. 情报科学技术, 1995(2).
[138] 张琪玉. 主题目录与《中国分类主题词表》[J]. 上海高校图书情报学刊, 1995(3).
[139] 张琪玉. 情报检索语言的词汇、语法及词典(《检索语言讲座》第 3 讲)[J]. 情报理论与实践, 1995(3).
[140] 张琪玉. 分类法与分类表(《检索语言讲座》第 4 讲)[J]. 情报理论与实践, 1995(1).
[141] 张琪玉. 图书馆藏书增加主题检索途径的模式[J]. 图书馆杂志, 1995(1).
[142] 张琪玉. 主题法与词表(《检索语言讲座》第 5 讲)[J]. 情报理论与实践, 1995(5)
[143] 张琪玉. 论自由标引[J]. 图书馆学刊, 1995(5).
[144] 张琪玉. 分类法主题法一体化自动标引系统的基本原理和方法[J]. 图书馆论坛, 1995(6).
[145] 张琪玉. 分类号-主题词对应表(《检索语言讲座》第 6 讲)[J]. 情报理论与实践, 1995(6).

1996

[146] 张琪玉. 走向 21 世纪的中国情报检索语言和情报语言学[M]//辛希孟. 中国图书情报工作文库. 北京: 中央编译出版社, 1996.
[147] 张琪玉. 钟情事业就是走向成功之路[M]//俞君立. 中国当代图书馆界名人成功之路. 武汉: 武汉大学出版社, 1996.
[148] 张琪玉. 主题标引的原理和方法(一)[J]. 图书馆学刊, 1996(1).
[149] 张琪玉. 主题标引的原理和方法(二)[J]. 图书馆学刊, 1996(2).
[150] 张琪玉. 自然语言与人工语言的对应转换——情报检索语言

走向自动化之路[J]. 中国图书馆学报, 1996(1).
[151] 张琪玉. 组配及其演变(《检索语言讲座》第 7 讲)[J]. 情报理论与实践, 1996(1).
[152] 张琪玉. 文献标引(《检索语言讲座》第 8 讲)[J]. 情报理论与实践, 1996(2).
[153] 张琪玉. 自然语言在情报检索中的应用(《检索语言讲座》第 9 讲)[J]. 情报理论与实践, 1996(3).
[154] 张琪玉. 谈一点拙见(关于“信息”与“情报”两个名词以及图书馆学、情报学、文献学等相关学科群)[J]. 图书情报工作, 1996(2).
[155] 张琪玉. 情报检索与用户教育(《检索语言讲座》第 10 讲)[J]. 情报理论与实践, 1996(4).
[156] 张琪玉. 情报检索语言的标准化与兼容化(《检索语言讲座》第 11 讲)[J]. 情报理论与实践, 1996(5).
[157] 张琪玉. 情报检索语言领域的学术讨论与发展趋势(《检索语言讲座》第 12 讲)[J]. 情报理论与实践, 1996(6).
[158] 张琪玉. 祝贺与希望——为空军政治学院图书档案系建系十年而写[J]. 文献工作研究, 1996(4).
[159] 张琪玉.《英汉—汉英文献信息词典》评介[J]. 图书情报工作, 1996(6).
[160] 张琪玉. 情报检索语言走向自动化之路与《中图法》发展新目标[J]. 北京图书馆馆刊, 1996(4).
[161] 张琪玉. 推广文献索引计算机编制法是促进我国索引事业发展的一项重要措施[J]. 图书与情报, 1996(1).

1997

[162] 张琪玉. 情报检索语言中聚类的原理和方法[J]. 北京图书馆馆刊, 1997(1).
[163] 张琪玉. 用 WPS 文字处理软件编制简单电子索引的方法[J]. 图书馆杂志, 1997(3).
[164] 张琪玉. 自然语言检索中各种因素对检索效率的影响[J]. 情报理论与实践, 1997(5).

［165］张琪玉. 字面成族原理与应用［J］. 高校图书情报学刊，1997(3).
［166］张琪玉. 学科-事物概念组配型检索语言——关于情报检索语言的遐想与求索［J］. 图书馆杂志，1997(2).
［167］张琪玉. 叙词表的分面化改造［J］. 图书馆论坛，1997(6).
［168］张琪玉. 探索 21 世纪的情报检索语言［J］. 北京大学学报：信息管理系建系五十周年专刊，1997.
［169］张琪玉. 人工语言与自然语言、先控制与后控制的界限在计算机系统中可淡化或取消［J］. 图书馆杂志，1997(5).
［170］张琪玉. 世纪之交中国情报语言学发展之路［J］. 图书馆杂志，1997 年理论学术年刊.

1998

［171］张琪玉. 自然语言检索研究进展［M］// 武汉大学图书情报学院图书馆学情报学研究所. 知识信息管理研究进展. 武汉：武汉大学出版社，1998.
［172］张琪玉. 汉语题内关键词索引的一种编制方法［J］. 图书馆理论与实践，1998(1).
［173］张琪玉. 缺乏抽词词典是自动抽词标引难以普及的主要原因［J］. 图书与情报，1998(2).
［174］张琪玉. 文献题名自动抽词—分类标引系统［J］. 图书馆杂志，1998(1).
［175］张琪玉. 汉语题内关键词索引的另一种编制方法［J］. 图书馆理论与实践，1998(4).
［176］张琪玉. 概念或标识自动转换技术的应用［J］. 图书馆杂志，1998(6).
［177］张琪玉. 情报语言学领域亟待研究且潜藏较富的课题［J］. 图书馆杂志，1998 年理论学术年刊.

1999

［178］张琪玉. 情报语言学文献分类表［M］// 张琪玉. 张琪玉情报语言学文集. 北京：北京图书馆出版社，1999.
［179］张琪玉. 报纸文献是一种极为丰富而未被充分开发的信息

源——关于发展报纸文献索引和数据库的思考[J]. 图书馆杂志，1999(2).
[180] 张琪玉. 一个优秀的叙词机助标引系统[J]. 图书馆杂志，1999(1).
[181] 张琪玉. 积极为自然语言与情报检索语言的结合创造条件——建议大量编制自然语言词表(上)[J]. 图书馆杂志，1999(9).
[182] 张琪玉. 积极为自然语言与情报检索语言的结合创造条件——建议大量编制自然语言词表(下)[J]. 图书馆杂志，1999(10).
[183] 张琪玉. 我国情报语言 20 年来的进步与向 21 世纪前进的目标[J]. 图书馆，1999(4).
[184] 张琪玉. 刘国钧先生对我国情报检索语言发展的贡献[M]//北京大学信息管理系，等. 一代宗师：纪念刘国钧先生百年诞辰学术论文集. 北京：北京图书馆出版社，1999.
[185] 张琪玉. 汉语题内关键词索引的第三种编制方法[J]. 图书馆杂志，1999(11).
[186] 张琪玉. 中国情报语言 20 世纪回顾[J]. 图书与情报，1999(1).

2000

[187] 张琪玉. 告别手工索引时代—— 一名中国索引学会会员的思考[J]. 情报资料工作，2000(1).
[188] 张琪玉. 古籍索引的一个范例——介绍《古今图书集成》电子版的索引数据库[J]. 图书馆杂志，2000(5).
[189] 张琪玉. 关于我国网络信息检索工具开发与改进的思考[J]. 图书馆杂志，2000 年理论学术年刊.

2001

[190] 张琪玉. 网络信息检索工具增强关键词检索功能的措施[J]. 图书馆杂志，2001(1).
[191] 张琪玉. 走向自然语言与情报检索语言结合之路[J]. 图书馆理论与实践，2001(2).

[192] 张琪玉. 基于自由标引的索引体系和分类体系[J]. 图书馆学刊, 2001(6).
[193] 张琪玉. 网络信息检索用语言的发展趋势[J]. 图书馆杂志, 2001(3).
[194] 张琪玉. 现代的索引就是数据库[J]. 图书馆杂志, 2001(12).
[195] 张琪玉.《中国大百科全书》光盘版索引体系分析[J]. 图书馆杂志, 2001(10).

2002

[196] 张琪玉. 网络信息检索工具的竞争力要素[J]. 江苏图书馆学报, 2002(2).
[197] 张琪玉. 网络信息检索工具开发的方针和策略[J]. 江苏图书馆学报, 2002(3).
[198] 张琪玉. 网络信息检索工具的分类体系[J]. 江苏图书馆学报, 2002(4).
[199] 张琪玉. 索引的结构[J]. 图书馆学刊, 2002(1).
[200] 张琪玉. 情报语言漫笔(A)[J]. 图书馆理论与实践, 2002(1).
[201] 张琪玉. 情报语言漫笔(B)[J]. 图书馆理论与实践, 2002(2).
[202] 张琪玉. 情报语言漫笔(C)[J]. 图书馆理论与实践, 2002(3).
[203] 张琪玉. 情报语言漫笔(D)[J]. 图书馆理论与实践, 2002(4).
[204] 张琪玉. 情报语言漫笔(E)[J]. 图书馆理论与实践, 2002(5).
[205] 张琪玉. 情报语言漫笔(F)[J]. 图书馆理论与实践, 2002(6).
[206] 张琪玉. 字面相似聚类法辅助构造词族表、分面类表和自动标引[J]. 图书馆论坛, 2002(1).
[207] 张琪玉. 情报检索全过程中概念与标识的对应转换[J]. 图

书与情报，2002(2).
[208] 张琪玉. 索引和数据库的选题与设计[J]. 图书馆学刊，2002(5).
[209] 张琪玉. 情报语言以及图书情报之杂思偶想录(1)[J]. 江西图书馆学刊，2002(4).
[210] 张琪玉. 网络信息检索工具的热门类目[J]. 图书馆杂志，2002(8).
[211] 张琪玉. 概念分面组配型自动分类系统[J]. 图书馆学刊，2002(6).
[212] 张琪玉. 因特网大众分类法的本质属性[J]. 图书馆杂志，2002(11).

2003

[213] 张琪玉. 一部影响深远的图书分类著作——刘国钧教授《图书怎样分类》出版 50 周年[J]. 图书与情报，2003(1).
[214] 张琪玉. 情报语言以及图书情报之杂思偶想录(2)[J]. 江西图书馆学刊，2003(4).
[215] 张琪玉.《中国索引》发刊词[J]. 中国索引，2003(1).
[216] 张琪玉. 专著索引[J]. 江西图书馆学刊，2003(2).
[217] 张琪玉. 一种重要的网络资源——《中国财经报刊数据库》[J]. 图书馆杂志，2003(3).
[218] 张琪玉. 深圳南山图书馆网站上的《中国图书情报书目数据库》[J]. 中国索引，2003(1).
[219] 张琪玉.《中国索引》栏目[J]. 中国索引，2003(1).
[220] 张琪玉(署名：竹林). 文献检索与利用课程研究资料索引(1998-2002)[J]. 中国索引，2003(2).
[221] 张琪玉. 振兴索引学术研究，根本在于拓宽研究领域[J]. 中国索引，2003(2).
[222] 张琪玉. 索引：面向 21 世纪[J]. 中国索引，2003(2).
[223] 张琪玉. 知识诚可贵 索引价亦高——简论索引的功用[J]. 中国索引，2003(3).
[224] 张琪玉. 关于专著索引上网[J]. 中国索引，2003(4).

[225] 张琪玉. 亟须建立一个免费资源分类目录式网站[J]. 中国索引，2003(4).
[226] 张琪玉. 情报语言漫笔(G)[J]. 图书馆理论与实践，2003(1).
[227] 张琪玉. 情报语言漫笔(H)[J]. 图书馆理论与实践，2003(2).
[228] 张琪玉. 情报语言漫笔(I)[J]. 图书馆理论与实践，2003(3).
[229] 张琪玉. 情报语言漫笔(J)[J]. 图书馆理论与实践，2003(4).
[230] 张琪玉. 情报语言漫笔(K)[J]. 图书馆理论与实践，2003(5).
[231] 张琪玉. 情报语言漫笔(L)[J]. 图书馆理论与实践，2003(6).
[232] 张琪玉. 索引名词简释(1)索引类型[J]. 中国索引，2003(2).
[233] 张琪玉. 索引名词简释(2)索引类型(续)[J]. 中国索引，2003(3).
[234] 张琪玉.《年鉴索引编纂问题及其解决方案》一文的启示[J]. 中国索引，2003(4).

2004

[235] 张琪玉(署名：余晖). 生活服务数据库[J]. 中国索引，2004(2).
[236] 张琪玉. 因特网大众分类法的标准化问题[J]. 中国索引，2004(1).
[237] 张琪玉. 文献标引是需要智慧的近乎艺术创造的处理过程[J]. 图书馆杂志，2004(3).
[238] 张琪玉. 全文检索系统的检索性能[J]. 江西图书馆学刊，2004(3).
[239] 张琪玉. 索引法也是一种研究方法[J]. 中国索引，2004(2).

[240] 张琪玉(署名:《中国索引》编辑部). 索引服务是中国索引学会走向社会的主要道路[J]. 中国索引, 2004(1).
[241] 张琪玉. 文献的可标引内容[J]. 中国索引, 2004(1).
[242] 张琪玉(署名:《中国索引》编辑部). 推广实用性较大的文献索引与数据库[J]. 中国索引, 2004(2).
[243] 张琪玉. 词素轮排索引法在构词词典编排中的应用[J]. 中国索引, 2004(3).
[244] 张琪玉(署名:竹林). 用数据库编一本个人专用词典[J]. 中国索引, 2004(2).
[245] 张琪玉(署名:余晖). 用索引法管理家庭剪报[J]. 中国索引, 2004(2).
[246] 张琪玉. 基于含糊抽词的汉语题内关键词索引与数据库分析[J]. 中国索引, 2004(2).
[247] 张琪玉. 图书索引软件的功能要求与编制难题[J]. 中国索引, 2004(3).
[248] 张琪玉. 题名关键词与正文关键词检索性能的差别[J]. 中国索引, 2004(4).
[249] 张琪玉(署名:《中国索引》编辑部). 索引工作的性质与索引工作者劳动的性质[J]. 中国索引, 2004(3).
[250] 张琪玉(署名:余晖). 20 世纪 20—30 年代我国的索引运动:回顾与启示[J]. 中国索引, 2004(3).
[251] 张琪玉(署名:竹林). 图书索引编制法[J]. 中国索引, 2004(3).
[252] 张琪玉(署名:余晖). 为期刊目次页加一个页边关键词索引[J]. 中国索引, 2004(3).
[253] 张琪玉. 文献标引中人与计算机的分工协作[J]. 中国索引, 2004(4).
[254] 张琪玉. 关于自然语言检索问题[J]. 图书馆论坛, 2004(6).
[255] 张琪玉(署名:中国索引学会、《中国索引》编辑部). 关于改进图书馆学情报学期刊年度索引的倡议[J]. 中国索引,

2004(3).
[256] 张琪玉. 编制期刊年度主题索引和著者索引的应用程序[J]. 中国索引, 2004(4).
[257] 张琪玉(署名:《中国索引》编辑部). 索引要走向社会[J]. 中国索引, 2004(4).

2005

[258] 张琪玉. 索引名词简释:(3)索引结构、索引语言和索引编制过程[J]. 中国索引, 2005(2).
[259] 张琪玉. 索引名词简释:(4)索引结构、索引语言和索引编制过程(续)[J]. 中国索引, 2005(3).
[260] 张琪玉. 因特网大众分类法—— 一种独创的分类法[J]. 江西图书馆学刊, 2005(1).
[261] 张琪玉. 分类浏览型网络信息检索工具的主要缺陷[J]. 中国索引, 2005(1).
[262] 张琪玉. 专题索引编制法[J]. 中国索引, 2005(2).
[263] 张琪玉. 索引的生命力[J]. 中国索引, 2005(1).
[264] 张琪玉. 寻找更佳结合模式是情报检索语言创新的主流[J]. 图书馆杂志, 2005(2).
[265] 张琪玉. 书目、题录、专著索引、文本检索系统的联系与区别[J]. 中国索引, 2005(2).
[266] 张琪玉. 容错措施与标准化[J]. 中国索引, 2005(3).
[267] 张琪玉. 索引与期刊[J]. 中国索引, 2005(3).
[268] 张琪玉. 期刊年度索引版面的压缩方法[J]. 中国索引, 2005(1).
[269] 张琪玉. 索引与辞书[J]. 中国索引, 2005(3).
[270] 张琪玉. 索引与图书[J]. 中国索引, 2005(2).
[271] 张琪玉. 索引版面中的心理学和美学现象[J]. 中国索引, 2005(2).
[272] 张琪玉(署名:《中国索引》编辑部). 四种索引标准综述[J]. 中国索引, 2005(1).
[273] 张琪玉. 关于新闻标题改写原则与方法的探讨[J]. 中国索

引，2005(2).
[274] 张琪玉. 人名录配置索引的必要性[J]. 中国索引，2005(4).
[275] 张琪玉. 因特网大众分类法若干问题的探讨[J]. 图书馆论坛，2005(6).

2006

[276] 张琪玉. 检索标识的专指度[J]. 江西图书馆学刊，2006(2).
[277] 张琪玉. 药品与疾病关联索引[J]. 中国索引，2006(1).
[278] 张琪玉. 文献题名初步研究[J]. 江西图书馆学刊，2006(3).
[279] 张琪玉. 自由标引中标引副标题概念词的问题[J]. 中国索引，2006(1).
[280] 张琪玉. 中国索引事业：当前格局与问题[J]. 图书馆杂志，2006(1).
[281] 张琪玉. 虚拟文集与虚拟文集内容索引[J]. 中国索引，2006(1).
[282] 张琪玉. 论索引的两大基本类型[J]. 图书馆理论与实践，2006(5).
[283] 张琪玉. 图书内容索引的标引深度问题[J]. 中国索引，2006(2).
[284] 张琪玉.《图书内容索引编制法》前言与目录[J]. 中国索引，2006(4).
[285] 张琪玉. 索引员署名的意义[J]. 中国索引，2006(2).
[286] 张琪玉. 带附加信息的图书内容索引[J]. 中国索引，2006(2).
[287] 张琪玉. 标引词倒置法研究[J]. 中国索引，2006(4).
[288] 张琪玉. 计算机排序还不能完全自动化[J]. 中国索引，2006(3).
[289] 张琪玉. 楼市索引的结构设计分析[J]. 中国索引，2006(3).
[290] 张琪玉. 学习图书内容索引标引经验的一种方法——索引还

原法[J]. 中国索引，2006(4).

2007

[291] 张琪玉. 期刊索引配置方案的选择[J]. 中国索引，2007(1).
[292] 张琪玉. 新闻索引的特殊性[J]. 中国索引，2007(4).
[293] 张琪玉. 利用 WORD 和 WPS 编制汉语题内关键词索引[J]. 中国索引，2007(3).
[294] 张琪玉. 谁来编图书内容索引[J]. 中国索引，2007(1).
[295] 张琪玉. 图书内容索引事业：我国可能采取什么模式[J]. 中国索引，2007(2).
[296] 张琪玉. 全文检索与索引[J]. 图书馆杂志，2007(11).
[297] 张琪玉. 关于图书内容累积索引数据库的设想[J]. 中国索引，2007(4).

2008

[298] 张琪玉. 学术性索引的一个范例——《泰山研究资料索引》[J]. 中国索引，2008(2).
[299] 张琪玉. 一种少年读物的内容索引[J]. 中国索引，2008(1).
[300] 张琪玉. 关于图书内容索引的稿酬[J]. 中国索引，2008(1).
[301] 张琪玉. 索引工作者需要懂一点情报语言学[J]. 中国索引，2008(3).
[302] 张琪玉. 我国情报检索语言在进步中——两部新分类法的特点[J]. 图书馆杂志，2008(7).
[303] 张琪玉. 文献篇目数据库犹如做表格索引游戏[J]. 中国索引，2008(4).

2009

[304] 张琪玉. 关于学术性专著深度标引的设想[J]. 中国索引，2009(2).
[305] 张琪玉. 关于我国实施索引员资格认证和专业培训的思考[J]. 中国索引，2009(1).

[306] 张琪玉. 影响我一生的一本书[J]. 图书馆杂志，2009(6).
[307] 张琪玉. 专题索引仍有价值[J]. 中国索引，2009(3).
[308] 张琪玉.《情报检索语言与信息组织探微》序[J]. 图书情报知识，2009(4).
[309] 张琪玉. 编制教材索引为大学生服务[J]. 中国索引，2009(4).

2010

[310] 张琪玉. 情报语言学[G]//中国科学技术情报学会和中国国防科技信息学会. 中国情报学百科全书. 北京：中国大百科全书出版社，2010.
[311] 张琪玉. 情报检索语言[G]//中国科学技术情报学会和中国国防科技信息学会. 中国情报学百科全书. 北京：中国大百科全书出版社，2010.
[312] 张琪玉. 因特网大众分类法[G]//中国科学技术情报学会和中国国防科技信息学会. 中国情报学百科全书. 北京：中国大百科全书出版社，2010.
[313] 张琪玉. 自然语言检索·自然语言词表·后控制词表[G]//中国科学技术情报学会和中国国防科技信息学会. 中国情报学百科全书. 北京：中国大百科全书出版社，2010.
[314] 张琪玉. 分类检索语言·主题检索语言·分类法主题法一体化检索语言[G]//中国科学技术情报学会和中国国防科技信息学会. 中国情报学百科全书. 北京：中国大百科全书出版社，2010.
[315] 张琪玉. 标题法·单元词法·叙词法·关键词法[G]//中国科学技术情报学会和中国国防科技信息学会. 中国情报学百科全书. 北京：中国大百科全书出版社，2010.
[316] 张琪玉. 索引与地图的结合[J]. 中国索引，2010(1).
[317] 张琪玉. 产品说明书内容索引[J]. 中国索引，2010(3).

2011

[318] 张琪玉. 吸引志愿者的力量发展索引事业[J]. 中国索引，2011(1).

2013

[319] 张琪玉. 索引事业繁荣的标志[J]. 中国索引，2013(4).

2014

[320] 张琪玉. 我的情报语言学研究[J]. 图书馆杂志，2014(9).

2016

[321] 张琪玉. 《地方文献分类表》的编制方法[J]. 中国索引，2016(1).

2017

[322] 张琪玉. 《图书馆杂志》越办越好[J]. 图书馆杂志，2017(2).

3. 张琪玉译文(包括译著)编年目录

1954

[1] 恩·姆·梅捷庚. 区图书馆工作计划[M]. 张琪玉，译. 北京：中央人民政府文化部社会文化事业管理局出版，1954.

1955

[2] 特·弗·克留格尔. 开放书架的借书制度[J]. 张琪玉，译. 图书馆工作，1955(4).

1957

[3] 兹·恩·安巴祖. 苏联图书馆目录的作用和性质[M]// 张琪玉、李枫，译. 北京图书馆. 图书馆目录(上册). 北京：中华书局，1957 .

[4] 博物馆藏品的组成、补充、登记和调拨基本条例(俄罗斯苏维埃联邦社会主义共和国文化部修订颁布)[J]. 张琪玉、韩承铎，译. 博物馆译丛，1957(1).

[5] 扎·尼·安巴祖勉. 分类目录总计划[J]. 张琪玉，译. 乌鲁木齐市图书馆通讯，1957(1).

[6] 弗·耶林，耶·特罗伊茨卡雅. 图书馆员的政治学习是做好图书馆工作的决定条件[J]. 张琪玉，译. 乌鲁木齐市图书馆通讯，1957(6).

1958

[7] 格·谢梅诺娃. 怎样组织图书馆委员会的工作[J]. 张琪玉，译. 乌鲁木齐市图书馆油印，1958年2月.

[8] 斯·斯米尔诺娃. 技术书籍宣传经验简介[J]. 张琪玉，译. 图书馆工作，1958(2).

1960

[9] 苏联共产党中央委员会关于全国图书馆事业状况及改进措施的决议[J]. 张琪玉，译. 新疆维吾尔自治区图书馆油印，1960年2月.

1963

[10] 叶·瓦西里也娃-切博塔辽娃. 书目工作自动化[M]. 张琪玉，译. 1963.

1964

[11] Н. В. Крылова. 美国出版的《科学引文索引》[J]. 张琪玉，译. 综合科技动态 情报工作，1964(5).

1965

[12] А. А. 斯莫尔耶夫斯基，等. 国外书目在自然科学藏书补充工作中的利用[J]. 张琪玉，译. 图书馆工作参考资料，1965(6).

[13] И. К. 朱尤斯，А. Ю. 坎茨列里斯. 苏联地区性科技情报所的咨询服务工作[J]. 张琪玉，译. 综合科技动态 情报工作，1964(5).

[14] Л. В. 马列夫. 保加利亚的科技情报机构[J]. 张琪玉，译. 综合科技动态 情报工作，1965(6).

[15] Я. А. 什聂依杰尔曼. 苏联科学研究所情报室的工作[J]. 张琪玉，译. 综合科技动态 情报工作，1965(8).

[16] А. И. 米哈依洛夫. 科学情报工作与图书馆工作的关系[J]. 张琪玉，译. 综合科技动态 情报工作，1965(11).

[17] О. Е. 布雷-施马利扬. 科学研究所情报室参与研究课题计划的拟定[J]. 张琪玉，译. 综合科技动态 情报工作，1965(12).

1966

[18] И. 朱尤斯，A. 米库达. 苏联波罗的海沿岸各共和国的专利情报工作[J]. 张琪玉，译. 综合科技动态 情报工作，1966(1).

[19] Ю. Е. 罗津费里德. 莫斯科机床联合工厂技术情报与发明创造科的工作[J]. 张琪玉，译. 综合科技动态 情报工作，1966(2).

[20] Ю. Х. 洛克申，Н. А. 阿尔费耶娃. 研究所情报室参加科学研究和试验设计工作[J]. 张琪玉，译. 综合科技动态 情报工作，1966(2).

[21] Е. Н. 莫罗佐娃. 科学技术图书馆在情报工作中的作用[J]. 张琪玉，译. 综合科技动态 情报工作，1966(4).

[22] Г. П. 福诺托夫. 图书馆与情报机构的相互关系[J]. 张琪玉，译. 综合科技动态 情报工作，1966(4).

[23] Р. С. 吉良列夫斯基，А. И. 切尔耐. 新型文献索引[J]. 张琪玉，译. 综合科技动态 情报工作，1966(5).

[24] О. Е. 布雷-什马利扬. 工业企业技术情报室的组织机构[J]. 张琪玉，译. 综合科技动态 情报工作，1966(6).

[25] А. Т. 巴霍尔科夫. 苏联利哈乔夫工厂的科技情报工作[J]. 张琪玉，译. 综合科技动态 情报工作，1966(7).

1978

[26] А. Я. 弗利德曼. 列宁与科学技术情报和宣传工作问题[M]//张琪玉，译. 武汉大学图书馆学系. 国外图书馆学情报学参考资料(三). 1978.

[27] 瑞典科学图书馆的自动化[M]//张琪玉，译. 武汉大学图书馆学系. 国外图书馆学情报学参考资料(三). 1978.

[28] 法国图书馆的自动化[M]//张琪玉，译. 武汉大学图书馆学系. 国外图书馆学情报学参考资料(三). 1978.

[29] 苏联和东欧各国图书馆工作的自动化[M]//张琪玉，译. 武汉大学图书馆学系. 国外图书馆学情报学参考资料(三). 1978.

1983

[30] 苏联图书馆图书分类法：基本大类和部分二级类目[M]//张琪玉，译. 武汉大学图书馆学系研究室. 国外图书情报文摘(三). 1983.

[31] 苏联图书馆图书分类法：地区复分表[M]//张琪玉，译. 武汉大学图书馆学研究室. 国外图书情报文摘(三). 1983.

[32] 苏联图书馆图书分类法：Ж/О 技术、技术科学(说明：4. 技术各类间划分界限的主要问题)[M]//张琪玉，译. 武汉大学图书馆学研究室. 国外图书情报文摘(三). 1983.

[33] 苏联图书馆图书分类法：Ж/О 技术、技术科学(基本类目)[M]//张琪玉，译. 武汉大学图书馆学研究室. 国外图书情报文摘(三). 1983.

[34] 苏联图书馆图书分类法；M9 摄影电影技术(详表)[M]//张琪玉，译. 武汉大学图书馆学研究室. 国外图书情报文摘(三). 1983.

[35] 苏联图书馆图书分类法：Ч73 图书馆事业、图书馆学(详表)[M]//张琪玉，译. 武汉大学图书馆学研究室. 国外图书情报文摘(三). 1983.

[36] 苏联图书馆图书分类法：Ч75 目录学(详表)[M]//张琪玉，译. 武汉大学图书馆学研究室. 国外图书情报文摘(三). 1983.

[37] 苏联图书馆图书分类法：Ч23 科学情报工作(详表)[M]//张琪玉，译. 武汉大学图书馆学研究室. 国外图书情报文摘(三). 1983.

[38] 苏联图书馆图书分类法：Ж/О 技术、技术科学(专用复分表)[M]//张琪玉，译. 武汉大学图书馆学研究室. 国外图书情报文摘(三). 1983.

[39] 苏联图书馆图书分类法：Я 综合性图书(详表)[M]//张琪玉，译. 武汉大学图书馆学研究室. 国外图书情报文摘(三). 1983.

4. 张琪玉通讯访谈编年目录

1996

[1] 吴建中，张琪玉. 情报检索语言的发展趋势——关于图书馆未来的对话之九[J]. 图书馆杂志，1996(4).

2001

[2]张欣毅，张京生. 走向自然语言与情报检索语言结合之路——与我国著名情报语言学家张琪玉教授的通讯访谈[J]. 图书馆理论与实践，2001(2).

2010

[3] 韩淑举. 学为人师 行为世范——访南京政治学院上海分院军事信息管理系教授张琪玉先生[J]. 山东图书馆学刊，2010(5).

5. 张琪玉自述学术思想编年目录

1993

[1] 张琪玉. 张琪玉自传[J]. 晋图学刊，1993(2).

1996

[2] 张琪玉. 钟情事业就是走向成功之路[M]//俞君立，等. 中国当代图书馆界名人成功之路. 武汉：武汉大学出版社，1996.

1999

[3] 张琪玉. 张琪玉与情报语言学学科建设[M]// 张琪玉. 张琪玉情报语言学文集. 北京：北京图书馆出版社，1999.

2006

[4] 张琪玉. 在武汉大学开创情报语言学教学和研究的回忆[J]. 图书馆论坛，2006(6).

2009

[5] 张琪玉. 情报语言学的若干研究心得和收获——张琪玉学术思想自述[J]. 图书情报工作，2009(20).

2014

[6] 张琪玉. 我的情报语言学研究[J]. 图书馆杂志，2014(9).

[7] 张琪玉. 张琪玉的情报语言学思想(为吴仲强编写《中国图书馆学思想史》提供的素材)[M]//张琪玉. 张琪玉文集(上下册). 北京：国家图书馆出版社，2014.

[8] 张琪玉. 张琪玉学术传记资料(根据《军队图书馆人物志》的要求编纂)[M]//张琪玉. 张琪玉文集(上下册). 北京：国家图书馆出版社，2014.

附录三　张琪玉学术思想研究文章编年目录（1988—2021）

说明：

本目录以年代为序，收录 1988 年至 2021 年期间，图书情报学界专家、学者专门研究张琪玉教授学术思想的研究文章。30 多年来，我国图情专家、学者发表了专业性研究文章 46 篇，人们从情报语言学产生的渊源及其机遇、情报语言学分期及其研究特点、情报语言学学科建设、情报语言学检索效率、情报语言学课程建设、情报语言学研究方法、理想情报检索语言结构模式、分类检索语言、主题检索语言、自然语言检索、索引学、网络信息检索工具、情报语言学实践、情报语言学研究风格等诸多方面对张琪玉教授的学术观点、治学道路、学术思想脉络、学术理论成就、学术观点创新及其在相关学科建设方面的贡献等进行了全面完整的追踪、整理、提炼和总结。目的就是要彰显张琪玉教授的学术思想、学术成就和学术精神，使其得以传承和发扬光大。现分别介绍如下：

1988

[1] 金铭. 一个人与一门学科——记张琪玉教授[J]. 黑龙江图书馆，1988(1)：54-58.

金铭是我国最早研究张琪玉教授情报语言学思想成就的学者。他在文章中，回顾总结了张琪玉教授的理想追求、人生经历和对所从事的图书馆事业的炽热之爱；展示了张琪玉教授十几年来构建创制情报语言学学科理论体系的治学道路、学术研究方法以及所取得的学术理论贡献。文章作者认为：张琪玉教授之所以能构成情报语言学的理论体系并不断使其完善，一个关键因素就在于他发现了一些具有特殊功能的专门研究方法，以及善于综合运用这些研究方法。

1991

［2］王松林. 记在学术研究领域不断开拓进取的张琪玉教授［J］. 图书馆工作与研究，1991(4)：23-27.

文章作者王松林是张琪玉教授在空军政治学院图书档案系的同事，一起共事执教多年。他从“锐意改革，不断进取”“深谋远虑，抓好基础”“老骥伏枥，开拓进取”三个视野角度，阐述和总结了张琪玉教授1987年7月调到空军政治学院图书档案系后为我军图书情报事业和档案事业作出的巨大学术成就。

1995

［3］卢明世. 我所了解的张琪玉［J］. 图书馆建设，1995(4)：78-79.

文章作者卢明世是张琪玉教授在吉林省吉林市图书馆工作期间的同事。我们知道，张琪玉教授从1962年6月至1976年9月期间，他一直在吉林市图书馆的“吉林市科技文献服务室”从事情报检索服务工作，较早接触了“情报检索”“检索效率”等学科概念，为其日后创制“情报检索语言”奠定了坚实的基础。在文章中，卢明世从“严谨刻苦、专心致志”“超前意识”“一丝不苟”“强烈的事业心、责任感”“执着的追求、无私的奉献”五个方面向我们披露了张琪玉教授在吉林市图书馆工作期间感人至深的学术经历、学术造诣和学术成就。如：在不足三平方米的小屋里编制出《列宁与图书馆(文献目录)》；发表著译达28篇，内容涉及图书馆学、情报学的许多领域，其中涉及情报语言学学科领域的有7篇文章，构成了《情报检索语言》一书的嫩芽。

1999

［4］曹树金，罗春荣，汪东波. 开创情报语言学的新天地——论张琪玉教授对情报语言学的新贡献［J］. 中国图书馆学报，1999(5)：72-77.

文章作者曹树金、汪东波不仅是我国当代情报语言学家，而且还是张琪玉“情报语言学学术共同体”重要成员。长期以来，致力于情报语言学理论探索和实践研究，为丰富和完善我国情报语言学学科体系建设作出了重要贡献。在文章中，他们采用文献研究的方法，重点探索和研究了张琪玉教授近些年来在自然语言检索、情报检索语言和标引自动化、未来情报检索模式等方面深化和拓展情报语言学研究所取得的理论突破和学术成就，目的就是要彰显张琪玉教授对情报语言学的新贡献。

2000

［5］田书格. 一部经典之作的由来——评张琪玉教授的《情报语言学基础》［J］. 图书情报工作，2000(9)：92-93.

文章作者田书格认为，1997 年 9 月由武汉大学出版社出版的张琪玉教授的《情报语言学基础》(增订二版)是我国唯一一部全面、系统论述情报语言学的理论、方法、内容与最新发展趋势的经典之作。并从“结构完整、体系严谨”“内容丰富、新旧并举”“语言平实、逻辑性强”“常变常新、长保权威”四个方面对其进行评论与介绍。

2001

［6］夏有根，颜务林，王静儿. 我国情报语言学的开拓与发展之路——《张琪玉情报语言学文集》简介［J］. 图书情报工作，2001(11)：90-92.

1999 年由北京图书馆出版社出版的《张琪玉情报语言学文集》是张琪玉教授情报语言学阶段性重要研究成果。文章作者从“我国情报语言学的开拓”“自然语言检索”“情报检索语言和标引自动化”“未来理想情报检索语言”四个方面高度评价张琪玉教授在情报语言学方面所取得的研究成果。

2009

［7］曹树金，姚瑶. 中国当代索引学的精髓——张琪玉教授的索引学思想研究［J］. 图书馆论坛，2009(6)：189-193.

这是一篇专门研究张琪玉教授索引学思想的重要论文。文章作者曹树金、姚瑶认为：张琪玉教授在研究情报语言学取得巨大成就的同时，将其研究延伸到索引学领域，大力倡导索引现代化，强调现代的索引就是数据库。其索引学思想主要贡献表现在四个方面：一是成功将情报语言学应用于索引学研究；二是强调索引研制的创新性和计算机化；三是既着眼于宏观研究，更注重于微观探讨；四是积极推广优秀索引作品。

[8] 陈湘. 浅析张琪玉的“检索效率”理论[J]. 情报探索，2009(5)：76-77.

文章作者陈湘认为，张琪玉教授是我国情报语言学的开创者，为我国情报检索研究的开拓、发展和现代化作出了突出的贡献。他所提出的“检索效率”理论，对于进一步推进我国情报语言学的深入研究、开拓发展，繁荣情报事业具有重要意义。并从“检索效率理论的背景”“检索效率理论的特点”“检索效率理论的影响”三个方面对张琪玉教授的“检索效率”思想进行了专门探索与研究。

[9] 白国应。张琪玉文献分类思想的发展——从文献分类法到情报检索语言[J]. 重庆图情研究，2009(1)：1-7.

文章作者白国应是我国著名的图书馆学家、情报语言学家和文献分类学家。他在文章中，采用文献研究的方法，专门研究了张琪玉教授学术研究的重大转变，即从研究文献分类法到情报检索语言的思想发展，并从 10 个方面，高度概括和梳理了张琪玉教授在文献分类学和情报检索语言领域所取得的理论贡献和学术思想成就，为我们进一步研究和探究张琪玉教授治学道路、学术历程有一定参考价值。

2010

[10] 王崇良，韩爱萍. 张琪玉文献分类学思想研究[J]. 图书馆杂志，2010(10)：6-9，32.

这是一篇专门研究张琪玉教授文献分类学思想的重要论文。文章作者王崇良、韩爱萍从 7 个方面对张琪玉教授在文献分类学领域所取得的学术思想成就进行了重点梳理和诠释，全面系统地揭示了张琪玉教授在文献分类学领域的理论贡献和学术成就，充分肯定了他为中国当代文献分类学的创立、发展和确立所作出的卓越贡献。

2011

[11] 王崇良，韩爱萍. 张琪玉情报语言学思想研究[J]. 图书

馆，2011(4)：57-60.

这是一篇专门研究张琪玉教授情报语言学思想的重要论文。文章作者王崇良、韩爱萍从10个方面对张琪玉教授在情报语言学领域所取得的学术思想成就进行了重点梳理和诠释，全面系统地揭示了张琪玉教授在情报语言学领域的理论贡献和学术成就，充分肯定了他为中国当代情报语言学的创立、发展和完善所作出的重要理论贡献以及对我国文献标引检索实践所产生的巨大影响。

2012

[12] 王崇良，韩爱萍. 张琪玉索引学思想研究[J]. 中国索引，2012(3)：3-10.

这是一篇专门研究张琪玉教授索引学思想的重要论文。文章作者王崇良、韩爱萍从三个时期(第一个时期为20世纪60年代初期；第二个时期为20世纪90年代初期和中期；第三个时期为21世纪初)9个方面对张琪玉教授在索引学领域所取得的学术思想成就进行了阐述和诠释，全面系统地揭示了张琪玉教授在索引学领域的理论贡献和学术成就，充分肯定了他为中国当代索引学的创立和发展所做出的重要理论贡献以及对我国数据库建设事业的繁荣与发展所做出的卓越贡献。

2014

[13] 韩建新. 论张琪玉对情报语言学学科建设的贡献[J]. 图书馆杂志，2014(10)：41-48.

这是一篇专门研究张琪玉教授情报语言学学科建设思想的重要论文。文章作者韩建新不仅是张琪玉教授在南京政治学院上海校区军事信息管理系工作时的同事，而且还是国家社会科学基金一般项目“张琪玉学术思想研究”课题组主要成员。他在文章中，将张琪玉教授确定为我国著名的图书馆学家、情报语言学家，情报语言学的奠基者和开拓者。认为其学科建设理论成就主要表现在：创造性地构建了系统、完善的情报语言学学科知识体系；拓展了情报语言学的研究范围，提升了情报语言学的学术辐射力；以自己的学术魅力吸引一批学者形成了情报语言学学术共同体。为我国情报语言学的发展作出了不可磨灭的贡献。

［14］周军. 张琪玉情报语言学方法论思想的哲学思考［J］. 图书馆杂志，2014(10)：35-40.

这是一篇专门研究张琪玉教授情报语言学方法论的重要论文。文章作者周军是张琪玉教授在南京政治学院上海校区军事信息管理系工作时的同事、教授、博士生导师。他在文章中，将张琪玉教授情报语言学方法论思想看成是张琪玉情教授情报语言学思想的重要组成部分，其主要内容包括关于情报语言学研究过程中认识活动的目的方向、途径、方法(含策略、手段、工具)及其操作程序等理论的科学思维结果。认为他的情报语言学方法论思想具有十分鲜明的科学性、实践性和指导性，体现出明显的特征，对于发展完善情报语言学学科理论体系和推动情报检索语言建设与应用实践具有重要价值，对于促进学科建设和科研工作者的学术研究活动也有积极的启示作用。

［15］包冬梅. 张琪玉学术思想在知识组织发展与应用中的彰显［J］. 图书馆杂志，2014(10)：27-34.

这是一篇专门研究张琪玉教授学术思想在知识组织发展与应用的重要论文。文章作者包冬梅不仅是张琪玉教授在南京政治学院上海校区军事信息管理系工作时的同事，而且也是国家社会科学基金一般项目“张琪玉学术思想研究”课题组主要成员。他在文章中，重点选取了网络信息检索、术语网络服务、数据库资源揭示与挖掘利用等目前知识组织领域的研究热点，找寻张琪玉教授在相应的自然语言检索、术语学和索引学等方面彰显其理论引领价值的学术思想和观点，并阐述在实践中的发展和应用，以示在当前崇尚知识组织技术与应用的时期，回望、巩固和融汇理论基础的重要性。

［16］郭丽芳，温国强. 张琪玉教授对中国索引学会和中国索引事业的贡献［J］. 图书馆杂志，2014(9)：18-24，65.

这是一篇专门研究张琪玉教授创办中国索引学会以及对中国索引事业贡献的重要论文。文章作者郭丽芳、温国强从“创立中国索引学会”“创办《中国索引》杂志”“推动中国索引事业标准化进程”“指明中国索引学会转型与发展之路”“倡导索引走向社会、走向大众、走向生活”“重视各类型索引知识和技术的研究与实践”6 个方面对张琪玉教授在中国索引事业领域所取得的学术思想成就进行了阐述和诠释，并以大量事实充分证明张琪玉教授是当之无愧的中国索引学会的创立者，《中国索引》杂志的创办者，中国索引标准化的倡导者，中国索引事业发展的指导者，索引服务社会的传播者，索引知识技术的研究者和实践者。

［17］汪东波，卜书庆. 源于实践 指导实践的理论——从应用的视角评析张琪玉情报语言学理论［J］. 图书馆杂志，2014(9)：14-17，39.

这是一篇从应用的视角，研究和探索张琪玉教授理论来源于实践又用于指导实践的重要论文。文章作者汪东波和卜书庆是我国著名的情报语言学家和实践家，他们从"分类法主题法一体化理论与《中国分类主题词表》的研制""分类表编制原理与《文献分类标引规则》国家标准制定""分类法编制中的双表列类技术与《中图法》法律类的编制实践""索引学理论与《〈中图法〉(第二版)索引》的编制"4个方面，分析了张琪玉教授情报语言学理论在近几十年来我国情报检索语言主要工具、索引工具以及标引文献主题的国家标准的编制中发挥的至关重要作用，以及该理论对图书馆现实工作和图书馆事业发展的指导意义，从而来评价张琪玉情报语言学理论的效用和价值。

［18］曾蕾. 超越时空的思想智慧和理念——有感于张琪玉教授创建情报语言学学科领域之巨大意义［J］. 图书馆杂志，2014(9)：8-13.

这是一篇专门研究和探索张琪玉教授情报语言学学科建设的重要论文。文章作者曾蕾是张琪玉教授的大弟子，美国著名情报语言学理论家。他在文章中，站在国际化的平台上，从国际化的视野并结合其多年以来在国际知识组织领域的研究和活动，通过对主要相关英文著作和英美国家及国际标准的发表时间与内容的观察来讨论张琪玉教授开拓情报检索语言研究领域的意义和对情报语言学学科建设的贡献。研究结果证明，张琪玉教授的思想智慧和理念是超越时空的，是走在世界前列的。

［19］周爱武，周军，韩建新. 张琪玉情报语言学思想研讨会

侧记[J]. 中国图书馆学报，2014(4)：129-130.

这是一篇梳理和总结 2014 年 6 月由解放军南京政治学院主办、南京政治学院上海校区军事信息管理系承办的“张琪玉情报语言学思想研讨会”综述文章。文章概述了 85 岁高龄的张琪玉教授发表的重要讲话内容，经过与会专家学者的充分讨论，会议达成了 9 点共识：一是会议首发的《张琪玉文集》(上下卷)可将其看着张琪玉教授情报语言学学术思想的总结，还可视之为情报语言学的专业百科全书以及情报语言学学术编年史；二是张琪玉教授思想解放，最早破除思想禁锢，独辟蹊径，开创了具有中国特色的情报语言学；三是张琪玉教授情报语言学理论体系是他在武汉大学工作期间构建并完善的，他的情报语言学思想是(武大)“珞珈学派”的重要组成部分；四是张琪玉教授情报语言学理论是接地气的理论，它源于丰富的实践经验，又对实践具有积极的指导作用；五是张琪玉教授情报语言学思想已在军用信息检索语言、证券市场、资本市场、电子商务、档案检索、领导学等领域得到应用，还要进一步扩大应用范围，适应大数据时代需要，继续向前发展；六是张琪玉教授情报语言学思想具有强烈的中国特色，是中国学者创立的一门学科，它应该走出国门，走向世界，争取在国际学术界的话语权；七是张琪玉教授勤奋创新、做人做事做学问高度统一，实事求是不跟风，独立思考不赶时髦；八是张琪玉教授构建的研究方法影响了整整一代情报语言学研究者，具有方法论的价值，可以运用到许多学术研究和实际工作中；九是张琪玉教授情报语言学思想穿越时空，理念超前，是一个学术富矿，值得我们不断地深入挖掘。

[20] 戴维民. 张琪玉情报语言学思想十论[J]. 图书馆杂志，2014(6)：4-13.

这是一篇专门研究和探索张琪玉教授情报语言学思想的重要论文。文章作者认为，张琪玉教授以提高检索效率为根本目的，以结构功能分析为主要方法，从构建情报检索语言概念体系入手，通过对各种情报检索语言以及自然语言在情报检索中的应用问题进行统一研究，完成了全新的情报语言学课程内容体系建设，进而完成了情报语言学学科的创建，并不断拓展其应用领域。因此，他从“课程论”“学科论”“语言论”“自然语言论”“方法论”“检索效率论”“术语论”“索引论”“理想论”“风格论”等10个方面评述了张琪玉教授情报语言学思想。

［21］包冬梅. 传承学术思想 弘扬治学精神 推动情报语言学发展——张琪玉情报语言学思想研讨会论文综述［J］. 图书馆杂志，2014(11)：107-112.

这是一篇梳理和总结2014年6月在上海成功举办的“张琪玉情报语言学思想研讨会”综述文章。文章作者包冬梅根据会前收到的研究文章，综述了本次研讨会主要论文的基本论点。这些论文介绍了张琪玉教授开拓情报检索语言研究领域的意义和对情报语言学学科建设的贡献，阐述其学术思想和研究方法的深远影响，论述其广博、深透、求真、务实、创新的学术品质和研究风格，并探讨情报语言学在各行业领域中的应用，以及情报语言学未来发展的思考。

［22］曹树金，罗春荣，马翠嫦. 浅析张琪玉教授情报语言学研究方法在其研究中的应用［J］. 数字图书馆论坛，2014(8)：33-43.

这是一篇专门研究和探索张琪玉教授情报语言学研究方法及其应用的重要论文。文章作者曹树金是中国当代著名的情报语言学理论家。他将张琪玉教授构建的一整套情报语言学专用研究方法分为四种类型(即“元方法”“通用方法”“一般方法”“其他研究方法”)，并对各种方法的基本原理及其在研究中的实际运用进行分析和总结，从情报语言学研究方法应用的角度深入体会张琪玉教授的学术精神，探讨研究方法对于理论和实践的意义及其对图书情报学研究的启示。

［23］侯汉清，薛春香. 论张琪玉先生超前的情报语言学思想［J］. 数字图书馆论坛，2014(8)：27-32.

这是一篇专门研究和探索张琪玉教授超前的情报语言学思想的重要论文。文章作者侯汉清是中国当代著名的情报语言学理论家。他在文章中，从张琪玉先生创立情报语言学学科的历史背景入手，重点选取张琪玉先生关于“情报检索语言的提出”“情报检索语言的性质”“情报检索语言与自然语言”“文献标引自动化”等影响情报语言学发展方向的 4 个关键性问题，通过结合情报语言学的发展进程、计算机和网络环境下自然语言检索系统的发展、图书情报领域文献自动标引的实践，论述张琪玉先生超前的情报语言学思想和相关的具有前瞻性的研究成果。为我们呈现了张琪玉先生如何突破“三性原则”的怪圈，纠正情报语言学的研究方向，以及如何身体力行探索和指引图书情报界的学人在计算机化、网络化信息环境中，走出一条不同于计算机学界的信息加工、组织和检索之路。

［24］黄如花，李白杨，夏立新. 试论张琪玉先生情报语言学研究的特点［J］. 数字图书馆论坛，2014(9)：12-17.

这是一篇专门研究和探索张琪玉教授情报语言学研究特点的重要论文。文章作者黄如花是武汉大学信息管理学院教授、博士生导师。她在文章中，结合张琪玉教授情报语言学研究的相关成果，采用文献调研、对比研究等方法，回顾张琪玉教授情报语言学从创建、发展到成熟的历程，重点从“发展性”“辩证性”“系统性”“前瞻性”四个角度全面分析张琪玉教授在情报语言学及其相关研究领域的研究特点，彰显其理论贡献和学术成就。

［25］张正强. 论张琪玉教授开创的情报语言学在中国文件/档案领域中的应用［J］. 信息管理，2014(4)：29-40，60.

这是一篇专门研究和探索张琪玉教授情报语言学在中国文件/档案领域应用的重要论文。文章作者张正强是南京政治学院军事信息管理系教授、博士生导师。他在文章中，从空间视角的宏观及微观层次上，从时间视角的学科发展观方面全面深入地论述了张琪玉教授所开创的情报语言学在中国文件/档案领域中广泛应用的起源、发展及最新进展。文章从一个侧面反映了张琪玉教授情报语言学对档案学学科所产生的辐射作用和对档案学学科发展的影响。

［26］韩建新，周军. 张琪玉情报语言学思想研讨会综述［J］. 信息管理，2014(6)：1-5，17.

这是一篇梳理和总结 2014 年 6 月在上海成功举办的“张琪玉情报语言学思想研讨会”综述文章。文章作者阐述了这次学术研讨会召开的现实和时代意义，介绍了研讨会基本情况，梳理了研讨会专家发言的基本观点。尤其是专家们从不同的角度、不同的视野对张琪玉教授创立的情报语言学以及对军队图书档案事业所做出的重要贡献进行了充分肯定和高度赞扬。

［27］傅亮. 情报语言学的环境趋势及其对策思考——对张琪玉教授情报语言学思想的再思考［J］. 信息管理，2014(4)：18-23.

这是一篇专门研究和探索未来情报语言学发展方向的重要论文。文章作者傅亮从情报语言学的外围环境要素，包括文献信息资源、标引、检索系统、情报需求等要素进行了系统审视和深入剖析，并对每一个要素的发展趋势进行了分析总结，提出要在情报语言学中增加“用户使用经验信息”这样一种新微观结构，与现有的微观结构结合起来，构建新型的情报检索语言，同时提出将“用户”要素强势介入情报检索全过程，以帮助情报检索突破现有困境。这是对网络环境下理想情报检索语言探索的延续与发展。

［28］李莉. 略论军队院校图书馆智慧型文献标引人员的素质与培养——对张琪玉教授关于文献标引人员智慧论述的几点思考［J］. 信息管理，2014(4)：14-17，54

这是一篇专门研究和探索军队院校图书馆文献标引人员素质的重要论文。文章作者李莉是中国人民解放军国防大学教授。她通过学习张琪玉教授关于文献标引工作的有关论述，结合本人20余年来的文献标引工作实践，从分析军队院校图书馆文献标引工作及人员现状入手，就军队院校图书馆智慧型文献标引人员应具备的素质及培养途径问题提出若干思考。

［29］王海岚. 信息素质教育中情报检索语言知识的传播与普及——张琪玉先生关于情报检索语言教育论述及其深远影响［J］. 信息管理，2014(4)：24-28.

这是一篇专门研究和探索情报检索语言知识传播与普及中的信息素质教育的重要论文。文章作者王海岚在研读张琪玉教授《论情报检索语言的研究、创制与普及》等经典文献基础上，深入思考张琪玉教授关于情报检索语言教育与普及工作的指导思想，结合本人情报检索语言教育与普及的教育实践体会，从源起、探究和新径三个方面，探讨了信息素质教育中情报检索语言知识传播与普及工作的新要求、新发展和新环境等。

2015

［30］司莉，杨君正. 张琪玉教授对自然语言检索的研究［J］. 数字图书馆论坛，2015(2)：43-48.

这是一篇专门研究和探索张琪玉教授自然语言检索的重要论文。文章作者司莉是武汉大学信息管理学院教授、博士生导师。她在文章中，从5个方面较为全面地总结了张琪玉教授在自然语言检索方面的学术思想，包括提出自然语言在情报检索中的应用方式、影响自然语言检索效率的因素与对策研究、对自然语言检索应用的评价、对自然语言检索控制措施的研究以及对自然语言检索发展前途的见解等。

2016

［31］王崇良，等. 张琪玉理想情报检索语言结构模式思想研究［M］//南京政治学院军事信息管理系. 张琪玉情报语言学思想研讨会论文集. 北京：国家图书馆出版社，2016：60-67.

这是一篇专门研究和探索张琪玉教授理想情报检索语言结构模式的重要论文。文章作者王崇良在研读张琪玉教授《学科-事物概念组配型检索语言》《探索21世纪的情报检索语言》等文献基础上，就其所创制的理想结构模式的设计思路(包括：研究时限、设计核心理念、设计起因、设计核心方法、设计核心措施手段、设计目标、研究结论)进行了系统审视和深入剖析，认为他关键是把握了四点：一是继承和借鉴全国现有的情报检索语言研究已取得成果，实行"优缺点互补"，实现分类法主题法一体化，是其关键；二是精心设计，巧妙构思，对概念进行分面化处理，设置"学科面部分和事物面部分"，是其核心；三是不断开拓与创新，设置"概念代码"，令其固定不变，始终与某一概念相对应，不变的概念代码是这种语言的主体，在其系统内部使用，标引人员和检索人员仍使用分类号和语词进行操作，是其精髓；四是利用计算机网络通信技术的便捷以及数据库技术的支持，动态链接、动态显示、动态对应转换，是其本质。使我们对"学科-事物概念组配型检索语言"有了更为深入的了解和认识。

［32］韩爱萍，王崇良，彭莲好. 张琪玉对自然语言检索发展

前途的见解[M]//南京政治学院军事信息管理系. 张琪玉情报语言学思想研讨会论文集. 北京：国家图书馆出版社，2016：100-108.

这是一篇专门研究和探索张琪玉教授自然语言检索的重要论文。文章作者韩爱萍在研读张琪玉教授自然语言检索学术论文基础上，结合自然语言已广泛应用于网络信息资源和数据库资源检索的客观实际，从自然语言检索应用方式、自然语言检索效率、后控制词表、汉语关键词、自由标引、自动抽词与自动分词、自然语言走向等 12 个方面进行了系统审视和深入剖析，重点阐述和诠释了张琪玉教授对自然语言检索的理论贡献和学术成就。

[33] 洪漪. 情报检索语言在临床信息系统和放射医疗信息交流中的应用[M]//南京政治学院军事信息管理系. 张琪玉情报语言学思想研讨会论文集. 北京：国家图书馆出版社，2016：118-130.

这是一篇专门研究和探索情报检索语言应用于医疗信息管理行业领域的重要论文。文章作者洪漪是张琪玉教授在武汉大学招收培养的硕士研究生，1998 年赴美，并在美国威斯康星大学获得医疗信息学博士学位，现就职于美国医学信息分析有限公司。她在文章中，结合本人在医疗信息管理领域的研究与实际工作经验，介绍了情报检索语言在医疗信息管理中的应用，特别是在临床医疗信息系统中的运用，着重介绍了国际通用的医疗信息检索语言在国外的应用情况。该文从行业实践研究的视角，认为情报检索语言在医疗信息交换和管理中位于数据处理的核心地位，是医疗数据库和信息系统的语言保障，对医疗信息管理的规范化起着极为重要的作用。

[34] 李为. 我和情报检索语言的故事——兼述检索语言在中国资本市场的应用[M]//南京政治学院军事信息管理系. 张琪玉情报语言学思想研讨会论文集. 北京：国家图书馆出版社，2016：131-146.

这是一篇专门研究和探索情报检索语言应用于中国资本市场行业领域的重要论文。文章作者李为是张琪玉教授在武汉大学招收培养的硕士研究生，现就职于中国证监会信息中心。她在文章中，结合本人在中国证监会的工作实践，重点阐述了如何在资本市场实践和应用张琪玉教授情报语言学思想，并对资本市场检索语言

(XBRL 可扩展的商务报告语言)的构成、特点、应用前景和发展方向进行了系统论述。认为张琪玉教授 20 世纪 80 年代关于情报检索语言发展和应用的一系列论述及预测，经过资本市场的实践和应用，都被证明是可行的和正确的。惊叹老师的预见性，惊叹老师的思想可以穿越时光。

[35] 李国秋. 基于张琪玉情报语言学思想的《中国金融叙词表》编制实践[M]//南京政治学院军事信息管理系. 张琪玉情报语言学思想研讨会论文集. 北京：国家图书馆出版社，2016：147-157.

这是一篇专门研究和探索情报检索语言应用于《中国金融叙词表》编制实践的重要论文。文章作者李国秋是张琪玉教授在武汉大学招收培养的硕士研究生，现就职于上海大学，是图书情报档案系教授。她在文章中，就覆盖证券、期货、基金等金融领域的《中国金融叙词表》编制实践进行了介绍，认为该表是在张琪玉教授情报语言学思想指导下成功编制的，全表由五大部分有机构成：关键词索引、分类索引、字顺主表、参照系统以及使用说明。充分体现了张琪玉情报语言学思想对于该表编制和标引方面的指导作用。

[36] 邓顺国，罗源. 因特网大众分类法在电子商务网站中的应用研究[M]//南京政治学院军事信息管理系. 张琪玉情报语言学思想研讨会论文集. 北京：国家图书馆出版社，2016：158-162.

这是一篇专门研究和探索因特网大众分类法应用于电子商务网站的重要论文。文章作者邓顺国是华南师范大学经济与管理学院教授。他在阐述因特网大众分类法相关理论的基础上，分析了因特网大众分类法在电子商务网站中的应用情况，认为其存在缺陷。为了更有效地组织电子商务网站信息资源，建议在借鉴传统文献分类法长处、发挥现有大众分类法优势的基础上，着重在科学性、实用性、动态性、易用性等方面加以改进，并提出了 4 条改进措施。

[37] 贺广明. 善良、宽厚，严谨、踏实——张琪玉老师对学生的深远影响[M]//南京政治学院军事信息管理系. 张琪玉情报语言学思想研讨会论文集. 北京：国家图书馆出版社，2016：185-188.

这是一篇专门研究和探索张琪玉教授师德品格的重要论文。文章作者贺广明是张琪玉教授在武汉大学招收培养的硕士研究生，青岛大学商学院教授。他在文章中，主要聚焦于张琪玉教授在教育方面的精神、理念、态度和行为。通过对张琪玉教授的治学态度、高标准和严要求、尊重和关爱学生等场景的再现与回顾，彰显其治学精神、教学相长和人格魅力。认为他的善良、宽厚、严谨、踏实的教师品格永远值得我们铭记，是学生真正的良师益友。

2018

［38］王崇良，余朝晖. 张琪玉情报语言学研究方法的理论探索及其应用研究［J］. 湖北科技学院学报，2018(2)：150-156.

这是一篇专门研究和探索张琪玉教授情报语言学研究方法的重要论文。文章作者主要聚焦于张琪玉教授情报语言学研究方法的理论探索和应用研究。认为其研究方法凝聚着他的学术功底、学术智慧、学术敏锐观察力和学术创新能力，通过自身的感悟和凝练，使之成为情报语言学研究领域的方法论。一方面，张琪玉教授情报语言学理论产生得益于他的研究方法；另一方面，张琪玉教授情报语言学研究方法丰富和完善了他的理论体系，特别值得我们后学科研工作者学习、体味和借鉴。

［39］王崇良，余朝晖. 张琪玉“检索效率”思想研究［J］. 荆楚学刊，2018(2)：86-91.

这是一篇专门研究和探索张琪玉教授“检索效率”思想的重要论文。文章作者主要聚焦于张琪玉教授“检索效率”产生的理论背景、核心观点和重要突破展开研究。通过其研究发现，张琪玉教授从20世纪80年代初期开始，就将“检索效率”定位为情报语言学研究的根本目的和核心问题。视其为学术研究生命线，贯穿学术研究全过程。在其长达30多年的研究历程中，不仅发现了影响情报检索语言“检索效率”的共同规律，找到了有效的改进途径；而且发现了影响自然语言“检索效率”的根本原因，找到了有效的改进途径；同时还发现了影响网络信息检索工具“检索效率”的根本原因，找到了有效的改进途径，他的执着与探索，实现了自己终身“伟大事业”和“中国梦”。

2019

[40] 王崇良，余朝晖. 张琪玉文献分类学思想理论研究[J]. 湖北科技学院学报，2019(1)：145-150.

这是一篇专门研究和探索张琪玉教授文献分类学思想的重要论文。文章作者主要聚焦于张琪玉教授文献分类学理论与方法、《中图法》编制理论与技术方法以及文献分类标准化展开探讨与研究。认为张琪玉教授文献分类学思想是其情报语言学思想的重要组成部分，他的学术观点独具特色、研究角度和视野别出心裁，极具深度和广度，将我国对文献分类学理论与方法的研究，提高到一个崭新的高度，对于我国文献分类学的创立与发展，作出了重要理论贡献。

[41] 王崇良，余朝晖. 张琪玉学术思想分期及其研究特点[J]. 图书馆，2019(6)：7-14.

这是一篇专门研究和探索张琪玉教授学术思想分期及其研究特点的重要论文。文章作者认为张琪玉教授学术研究分期及其研究特点非常明显。总体上可以分为两个时期：1952 年至 1976 年为张琪玉学术研究的第一个时期，即为知识储备积累期。这一时期，张琪玉因形势或需要调动工作单位，其学术研究表现出研究重点随着工作单位变动而转移的特点；1977 年至 2017 年为张琪玉学术研究的第二个时期，即为成果繁荣鼎盛期。这一时期，张琪玉学术研究涉及多个学科专业领域，形成了一个从检索效率的角度来研究各种文献检索方法的学派。其学术研究风格和学术研究特点主要表现在 6 个方面，即：注重研究的深度和广度以及阶段性、系统性、突破性、结论性和前瞻性。

2020

[42]王崇良，余朝晖. 张琪玉主题检索语言思想研究[J]. 湖北科技学院学报，2020(3)：103-109.

这是一篇专门研究和探索张琪玉教授主题检索语言思想的重要论文。文章作者主要聚焦于张琪玉教授主题检索语言理论与方法、主题标引理论与方法、词素轮排索引编制法和入口词理论展开探讨与研究。认为在电子计算机没有出现之前直到 20 世纪 70 年代初期，我国对主题检索语言理论的探讨与研究较少，没有引起图书馆学界重视，而在电子计算机出现之后特别是“748 工程”举全国之力编制《汉语主题词表》，才逐步引起我国图书情报学界专家学者的高度重视和密切关注。张琪玉教授正是在这种大环境背景下，独具慧眼，将主题检索语言和分类检索语言一同研究，取得重大突破，为我国主题检索语言创立与发展作出了重要理论贡献。

2021

[43]王崇良，余朝晖. 张琪玉自然语言检索研究[J]. 湖北科技学院学报，2021(1)：64-71.

这是一篇专门研究和探索张琪玉教授自然语言检索的重要论文。文章作者认为自然语言检索产生于20世纪50年代的情报检索计算机化。如果没有计算机对文献原文的处理，就不可能有自然语言检索的产生。因此，张琪玉教授在情报语言学领域取得辉煌成就的同时，于20世纪90年代，将其研究延伸拓展到自然语言检索领域。重点研究了自然语言检索的应用方式、检索效率、控制措施、发展前途等诸多方面问题，取得了重要理论突破和实质性研究进展。在张琪玉教授看来，自然语言检索要想达到较高的检索效率，得到人们的认可和认同，成为一流的语言工具：走向控制与规范是前提；实现与人工语言对应转换是关键；采用后控制词表、自然语言接口等方法措施是基础；突破自动抽词标引瓶颈是重中之重。从而为我国自然语言检索适应新的网络检索环境作出了重要理论贡献。

[44]王崇良，余朝晖. 张琪玉索引学思想研究[J]. 图书馆，2021(3)：1-7，15.

这是一篇专门研究和探索张琪玉教授索引学思想的重要论文。文章作者认为张琪玉教授是我国最早关注、研究中国索引事业和索引学理论的学者。20世纪60年代初期和中期，他就关注书目检索工具问题，专门探索研究了“组配索引法”编制技术方法；20世纪80年代中期，主持编制出版了《中国图书馆图书分类法(第二版)索引》，开创了《中图法》编制分类法类目索引的先例；20世纪90年代到21世纪初，高度关注中国索引事业发展和索引学理论研究工作，并把索引学看成情报语言学的一个重要应用领域展开了持续研究工作，为中国当代索引学创立与发展作出了重要理论贡献。因此，文章作者主要聚焦于张琪玉教授对索引学理论与方法的研究、索引工作现代化的研究、各类型索引的探索与研究以及索引服务社会的研究等方面进行了较为清晰的揭示和梳理，希望其学术思想、学术精神和学术造诣得到继承和发扬。

[45]郑德俊，朱宇飞，张正慧等. 基于引用内容分析法的张琪玉学术贡献研究[J]. 图书馆杂志，2021(3)：4-12.

这是一篇基于引用内容分析法理论专门研究和探索张琪玉教授学术贡献的重要论文。文章作者郑德俊是南京农业大学信息管理学院教授、博士生导师。他在文章中，以张琪玉教授的学术论文为研究对象，综合利用引用内容分析方法，识别张琪玉教授的学术论文的引用特点；同时整理引用张琪玉教授学术论文的施引文献，形成可视化的分析结果，非常有助于清晰观测张琪玉教授学术发展脉络和学术贡献。在文章作者看来，借助引用内容分析方法：一方面可以分析出张琪玉教授学术论文所参考引用的特征以“知其来路”；另一方面则可获取这些学术论文的被引文献，分析其被引学科分布、被引位置分布、被引内容和核心观点、被引内容的时效特点等特征，从而“明其去处”。研究发现，张琪玉教授不仅为情报语言学学科体系的创建提供引领性的理论贡献，也为情报检索语言的实践发展提供可供传承的方法论指导。

[46]王崇良，余朝晖. 张琪玉情报语言学学科建设思想研究[J]. 图书馆杂志，2021(3)：13-24.

这是一篇专门研究和探索张琪玉教授情报语言学学科建设思想的重要论文。文章作者认为情报语言学学科建设，在我国进行专门研究起步较晚，发端于1980年3月张琪玉教授撰写完成的《情报检索语言》专著以及他该年在武汉大学图书馆学系科技情报专业和图书馆学专业开设的“情报检索语言”课程；成熟于1997年9月张琪玉教授撰写完成的《情报语言学基础》(增订二版)专著。情报语言学学科建设是在张琪玉教授本人以及众多志同道合的专家学者共同努力和辛勤耕耘下，在不断创新与突破的基础上创制和完善的。其学科建设成就性标志表现为：学科体系的创制、完善和课程开设；研究队伍不断发展壮大，并在国内多个单位形成了以张琪玉教授为核心代表的情报语言学学术共同体；研究方法获得重大突破，研究领域不断拓展延伸；理论性研究成果源源不断；应用性研究领域辐射宽广。从而使我国情报语言学学科建设在世界“知识组织”领域占有非常重要的地位，使我国情报语言学学科建设的理论研究水平和应用研究领域迅速接近世界研究水平。张琪玉教授不仅创制和完善了情报语言学学科体系，而且在其相关学科领域研究都有重要突破，取得了辉煌的学术成就和重要理论贡献。基于此，文章作者采用 7 幅图示加文字说明的形式，从“情报语言学学科建设”“情报语言学学科体系形成、发展、完善”“分类检索语言”“主题检索语言”“自然语言在情报检索中的应用”“索引学”“网络信息检索工具”等方面，对张琪玉教授在情报语言学学科建设思想进行了较为清晰的揭示和梳理。目的就是为了便于人们直接直观地熟悉和掌握他在情报语言学学科建设等相关学科领域的治学道路、学术思想脉络、重要学术观点、重要学术理论成就和重要学术观点创新。

附录四　张琪玉学术思想采访录

说明：

张琪玉教授是我国图书情报学界学术研究的常青树，活到老、学到老、研究到老的杰出代表人物之一。他不仅是中国当代情报语言学的开山鼻祖和奠基者，而且还是中国当代最著名的情报语言学理论家。一生专情学术、治学严谨、心无旁骛、硕果累累。张琪玉教授的学术思想成就和理论贡献早就引起了人们的高度重视和密切关注，人们通过通讯采访和专访方式对其进行了 4 次正式采访(其中：3 次通讯采访，1 次专访)。

本采访录，收录了 1996 年吴建中通讯采访《情报检索语言的发展趋势——关于图书馆未来的对话之九》；2001 年张欣毅、张京生通讯采访《走向自然语言与情报检索语言结合之路——与我国著名情报语言学家张琪玉教授的通讯访谈》；2010 年韩淑举通讯采访《学为人师 行为世范——访南京政治学院上海分院军事信息管理系教授张琪玉先生》；2013 年王崇良专访。

1. 吴建中通讯采访

吴建中：男，1956 年出生，汉族，1982 年毕业于华东师范大学，获文学硕士学位，1992 年获英国威尔士大学哲学博士学位，1990—1991 年任职于威尔士国家图书馆。2002 年 1 月起任上海图书馆馆长、上海科技情报研究所所长。社会职务有：中国图书馆学会副理事长、上海市图书馆行业协会会长，曾任国际图联管委会委员(2001—2005)，出版有《21世纪图书馆新论》《国际图书馆建筑大观》《转型与超越：无所不在的图书馆》《知识是流动的》等著作20余本，论文200余篇。

1.1　吴建中：20世纪80年代初，张教授针对当时人们把注意力集中在体系分类法的思想性方面而使图书分类研究陷入所谓“三性(思想性、科学性、实用性)”怪圈的问题，指出“要改变研究方向，把研究的重点转移到如何提高情报检索语言的检索效率方面来”，并独辟新路，开创“情报语言学”，提出从更高的层次对分类、主题法等各种检索方法进行统一研究。张教授的这一开拓性研究对我国情报检索语言领域的理论与实践起到了积极的导向和推动作用。我想首先请教一下，为什么要提出情报检索语言的概念，它与分类法、主题法是什么关系？

张琪玉：我认为，分类法也好，主题法也好，都是情报检索系统的组成部分，都是在寻求更佳的检索效果中创制出来的，所以它们的基本原理是一致的。只是它们在表达各种概念及其相互关系时和在解决对它们提出的那些共同要求时所采取的方法不同，才形成了不同的类型和语种。在情报检索语言的概念下对它们进行综合研究，可以找出它们之间最本质的东西以及结构和功能上的相同或相异之处，概括出影响检索效率的共同规律。总之，情报检索语言是表达一系列概括文献情报内容的概念及其相互关系的概念标识系统，其职能是作为情报检索系统的语言保证，它的核心问题是检索效率。

1.2　吴建中：张教授能不能给我们谈谈当今情报检索语言的主流是什么？

张琪玉：这要从两个方面来谈：一是目前在文献数据库的标引方面，世界各国都主要使用叙词语言。《叙词表指南》收录有500多种世界各国的叙词表。我国也主要使用叙词语言，十多年来，为了适应建立数据库的需要，我国编辑出版了上百种汉语叙词表。叙词语言比较适应计算机检索系统的组配检索；二是在图书馆藏书目录的标引方面，美、加、澳等国主要使用标题词语言，我国和独联体国家以及英国主要使用分类检索语言。这与各国图书馆使用情报检索语言的传统有关。

1.3 吴建中：你能否告诉我们世界上这几年情报检索语言发展的一些主要情况？

张琪玉：可以概括地说：一是国外，特别是图书情报事业发达的美国，对自然语言在情报检索中应用的研究很活跃，这是他们研究的超前性，这已成为国外情报语言学研究的热点。但至今未见公认的振奋人心的突破性进展。自然语言检索实验系统达到上千个，这类实验目前处于这样的困境：以自然语言研究的主要方面——自动标引来说，“在某种意义上恰似机械鸟的制造，经过 1/4 世纪的试验，有些外貌开始像鸟，有些能够模仿几声鸟鸣，有些能扑打一番翅膀，但至今还没有一只会飞会鸣”，“绝大多数自动标引系统始终未能走出实验室大门，投入使用”(储荷婷：《自动标引的主要方法》，载《情报学报》1993 年第 12 卷 3 期)。由于自然语言检索的方案很多，需要弄清其孰优孰劣，因此对各种自然语言系统的评价试验，也是自然语言研究的一个重要方面。在自然语言接口等与人工语言结合使用的方面，则已有很多成绩；二是自然语言的初级应用(如关键词检索、文本匹配查找)迅速扩大，但一些著名的检索工具和数据库并无放弃人工语言的迹象。新的情报检索语言语种仍有创制，原有的情报检索语言语种仍在修订更新，但对情报检索语言新类型的研究已较少；三是在情报检索语言易用化和兼容方面的研究甚多，而且有些是很新颖的。

1.4 吴建中：那么，计算机技术的发展是如何影响情报检索语言的呢？

张琪玉：我曾在《情报语言学基础》一书第 11 章中概括说明过这种影响：50 年代开始的情报检索计算机化，促进了情报检索语言的创新和改造，使词表、分类表向机编化和机读化方向发展，使文献标引和索引编制走向自动化，使自然语言检索得以实现，使多种语言的结合使用成为可能，使检索方法有了很大的进步，并正在使情报检索语言的应用范围扩大(例如开始应用于情报研究和文献计量)。特别是自然语言在情报检索中的应用，使情报检索系统的语言保证不再局限于情报检索语言。同时，情报检索计算机化对情报检索语言提出了许多新课题，并提出了许多新方法和新条件。总之，情报检索计算机化对情报语言学的发展产生了极为深刻的影响。甚至可以说，情报检索计算机化是加速情报语言学形成过程的一个重要因素。可以预见，情报检索计算机化今后将会更快、更广阔、更深入地得到发展，情报语言学也将会有更快的进步。

1.5　吴建中：一些研究认为，在某些情报检索系统中分类法与词表已无必要使用，张教授的观点如何？

张琪玉：如果说是在某些系统，这是正确的，我赞同这个观点。的确，在某些系统，如报纸数据库，甚至大型综合性期刊论文数据库等，用别的语言比用分类法和词表这类语言工具更合适。但如果把某些系统改为在大多数系统或在一切系统(有些自然语言检索研究者曾这样认为)，那就不正确了。如藏书实体的组织(这也是一种系统)仍然需要分类表，藏书目录的组织，也以使用分类表和词表为好。专利检索系统，不用分类法是不可想象的。一些高要求的检索系统，仍然需要人工语言。为了提高自然语言的检索效率，需要采取后控制措施，特别是采用后控制词表。其实，后控制词表，按其原理和功能，也可以认为它仍然是一种情报检索语言。将来有可能使用一些人工语言与自然语言结合的、带有自然语言换词、换号功能的分类表和词表。语义关联对情报检索是绝对必要的，但既可以在先控制系统中，也可以在后控制系统中。

1.6　吴建中：张教授，怎样来看待分类法和词表今后的发展趋势？

张琪玉：我认为是一体化，是各种类型分类检索语言的一体化，各种类型主题检索语言的一体化，分类检索语言与主题检索语言的一体化。理想的情报检索语言应是：①既可从学科、专业角度检索，又可从事物角度检索；②既可按系统入手检索，又可按字顺入手检索；③既可先组式使用，又可后组式使用；④既可进行专指性检索，又可进行泛指性检索；⑤既可用词进行标引和检索，又可用号码进行标引和检索；⑥既可用人工语言进行标引和检索，又可用自然语言进行标引和检索。在计算机语言中这是有可能的，因为构成这种理想语言的方法和技术已经存在。我认为理想的情报检索语言应是“学科-事物”型检索语言。它由学科分类系统面和事物分类系统面构成，两个面可互相组配。当按学科聚类时，借助于事物及其部分面进行复分；当按事物聚类时，借助于学科及其问题面进行复分。

1.7　吴建中：有研究表明，无语义关联、无控制的词汇也能使用，而且在某些情况下要比有语义关联、有控制的词汇使用情况更好，我们还可以看到使用自然语言的数据库数量正在上升。有鉴于此，我们能不能说在未来文献数据库中自然语言的使用将占统治地位呢？

张琪玉：有些研究的结论是令人振奋的，但并没有得到多次的普遍的证实，我认为那些结论有点言过其实。还有些文章往往只是引用那些研究结论，而并没有亲自去检验过那些结论的可靠性。对自然语言的研究无疑是一个正确的方向，这里我绝没有意思去否定这个方向。相反，觉得我国对自然语言的研究很不够，与国外有不小差距，应加强这方面的研究。但你说的“无语义关联、无控制的词汇也能使用”，我觉得可以这样说，至于“比有语义关联、有控制的词汇使用情况更好”，就很难说了。目前未见充足的普遍的证实。我认为，自然语言有优点，也有缺点。单纯使用自然语言是取其长（如时差短，对处理人员要求不高，特别是成本低），而在某些方面则容忍其短，放弃某些质量要求。自然语言要全面胜过人工语言是不可能的，除非它引进许多情报检索语言的原理和方法，而不是单纯的自然语言。自然语言缺少控制。而对于高要求的检索来说，控制是绝对必要的（如果无控制更好，全世界的情报检索早已全面自然语言化了）。检索中需要对表达文献情报内容的语言进行控制，只是控制的程度可随不同要求而异。怎样控制，控制到什么程度，这倒是一个需要研究的问题。使用自然语言的数据库正在增长，这是事实。而且可以说，情报检索系统一直在向增加自然语言检索功能的方向发展，目前国外大多数数据库都提供自然语言检索途径。但是，要区别是单纯使用自然语言的数据库，还是自然语言与人工语言并用的数据库。即使是30%的数据库单纯使用自然语言，60%的数据库自然语言与人工语言并用，10%的数据库单纯使用人工语言，这样，使用自然语言的数据库占了90%，而使用人工语言只占70%，那也不能说，自然语言占了统治地位。因为自然语言与人工语言在检索中的作用是不能相提并论的(凡并存者，自然语言都只是补充的地位)。现在使用自然语言的系统往往并不放弃人工语言，这是一个充分的证明。只有原来使用人工语言的系统都放弃使用(或大多数放弃使用)人工语言而改用自然语言了，才能说明自然语言全面好于人工语言，占统治地位了。自然语言的根本缺点——词汇无语义关联、无控制，并不因为使用计算机和各种检索算法而不再存在了。

1.8　吴建中：在自然语言系统中存在着哪些尚未解决的问题呢?

张琪玉：自然语言在情报检索中的应用面临着下列两个难题：一是如何从自然语言文本中抽出最能准确、充分地表达文献有价值内容的词以及这些词与检索课题有效匹配的问题。这个问题的复杂性在于文献作者的用词无明显的规律性，以及作为人类社会现象的自然语言不可能用纯自然科学的方法去研究解决。这个问题同机器翻译的性质类似。如果去追求百分之百的自动化，至少在短期内是无希望解决的(当然，自然语言自动处理的现有的一些中间成果也还是有实用价值的)。如果采用人机结合的路线，则可以较为容易一些；二是克服自然语言由于不规范和缺乏语义关联性而对检索不利的问题。克服这个难题也是不能完全用自动化方法的。使用后控制词表可能解决这个问题，而且后控制词表兼有自然语言与人工语言的性质和优点。但后控制词表的编制需要人的参与，只可能做到半自动化(兰开斯特曾提出用积累检索提问素材的办法自动编制后控制词表，其可行性十分有限)。除此之外，对中文来说还有一个汉语分词的问题。由于在汉语中，词与词之间没有分隔符号，一个汉字可以同其他许多汉字进行组合构成不同含义的词和词组，因此，计算机难于识别一个句子中哪个汉字或哪几个汉字的组合是词而自动把它们分离出来，也难于准确区别有用词与无用词。所以，直接利用汉语进行检索(在文本中进行语词匹配查找和单汉字检索除外），首先必须解决把汉语句子用计算机自动切分成词的技术问题，这称为汉语分词技术。十几年来，进行了大量的双语分词技术研究，提出了许多分词方案。总的来说，在这方面已取得了很大进展，现在距离解决汉语自动分词的问题已不会太远了。但这个问题的解决，只是达到了拼写文字国家的起点水平。拼写文字中未解决的上述两个问题仍有待我们去解决。

2. 张欣毅、张京生通讯采访

张欣毅：男，1957 年出生，汉族，河北武邑人，1981 年毕业于武汉大学图书馆学系。曾任中国图书馆学会理事，宁夏图书馆学会副理事长，宁夏图书馆常务副馆长，研究馆员，《图书馆理论与实践》杂志主编。已发表论文 90 余篇，出版专著、合著 7 部，参与主持国家级课题 5 项。

张京生：男，1953 年出生，回族，河北省南皮县人，《图书馆理论与实践》杂志副主编，研究馆员，主要从事图书馆学、古籍整理、地方文献等方面的研究。

2.1 张欣毅、张京生：您是中国图书馆学界、情报学界最负盛誉的专家之一。您以自己卓尔不群的学识建构起了具有中国特色的情报语言学理论体系，并在众多的实践应用领域取得了可观的成就。令我们感佩的是，您从不故步自封，始终关注着相关研究领域的最新发展趋向。早在 1996 年、1997 年，您就着眼于 Internet 的发展，提出了 21 世纪情报语言学带有方向性的 7 个基本问题。这里，我们想请先生结合您自己的研究选题谈谈近几年在这 7 个基本问题方面的理论研究或实践探索上有哪些新发展。

张琪玉：1996 年以来，我在《情报检索语言的发展趋势（与吴建中的对话）》《世纪之交中国情报语言学发展之路》《情报语言学领域亟待研究且潜藏较富的课题》《我国情报语言 20 年来的进步与向 21 世纪前进的目标》等文章中提出过关于 21 世纪情报检索语言和情报语言学的前进方向的个人观点。近年来，我的确对情报检索语言从计算机化过渡到网络化的新环境下的发展相当关注，把自己的研究方向调整到适应未来新的需要。我主要在自然语言检索、自然语言与情报检索语言的结合、未来的情报检索语言模式、网络资源检索工具等方面做了一些研究探讨，具体研究课题主要有：自然语言检索中各种因素对检索效率的影响、网络资源检索工具增强关键词检索功能的措施、人工语言与自然语言或先控制与后控制的界限在计算机系统中可淡化或取消、概念或标识自动转换技术的应用(自然语言与人工语言的自动对应转换及自然语言接口)、分类法主题法一体化自动标引系统、文献题名自动抽词-分类标引系统、缺乏抽词词典是自动抽词标引难以普及的主要原因、自然语言词表、后控制词表、基于模糊抽词原理的人-机结合的汉语题内关键词索引系统(我设计了三种模式)、自由标引等。这些研究课题是互相关联的，其核心可以概括为：用情报检索语言原理来改进自然语言检索，促进自然语言与情报检索语言结合，向与自然语言融合的未来情报检索语言方向发展。在这方面，我认为发展自然语言词表是一个关键性的环节。

如果说，在1983年，我认为“关于扩大研究范围，似乎也应把对自然语言检索法的研究包括进去。电子计算机检索技术的发展，为自然语言检索法开拓了光明的前景。自然语言检索法最终是否能取代以及何时能取代人工语言即情报检索语言，目前下结论还为时过早。但是，人工语言和自然语言相结合，既是严密的人工语言，又尽量利用自然语言作为辅助，无疑有助于检索效率的提高，因而是情报检索语言发展的正确方向。”那么，近些年，我对这个问题有了进一步明确的认识。即：自然语言的未来与情报检索语言的未来在某种意义上可以说是同一个问题。情报检索过程绝对不能没有控制。完全无控制的自然语言在理论上固然说不通，在实践中也未见证明其在主要方面，即在检全率和检准率方面确实优于情报检索语言。这就是说，自然语言不可能全面取代情报检索语言，淘汰情报检索语言。但从另一方面看，在计算机检索的条件下，自然语言有许多重要的优点，故它也必然会更进一步得到发展。

其实，自然语言检索系统与情报检索语言检索系统并不是决然对立的。既然两者各有优点而不可能互相取代，为什么不可以使两者结合或融合呢？自然语言或情报检索语言的未来将是自然语言的情报检索语言化或情报检索语言的自然语言化。在两者完全融合的新型情报检索语言普及以前的趋势可能是下列三种情况并存：情报检索语言与自然语言在一个检索系统中并用，情报检索语言增加自然语言成分，自然语言适当引进情报检索语言的原理与方法。

我认为：自然语言在情报检索中的应用面临着以下两个难题：一是如何从自然语言文本中抽出最能准确、充分地表达文献有价值内容的词，以及这些词与检索课题有效匹配的问题。这个问题的复杂性在于文献作者的用词无明显的规律性以及作为人类社会现象的自然语言不可能用纯自然科学的方法去研究解决。这个问题同机器翻译的性质类似。如果去追求百分之百的自动化，至少在短期内是无希望解决的(当然，自然语言自动处理现有的一些中间成果还是有实用价值的)；二是克服自然语言由于不规范和缺乏语义关联性而对检索不利的问题。克服这个难题也是不能完全用自动化方法的。除此以外，对中文来说还有一个汉语分词的问题。而这个问题的解决，只是达到了拼写文字国家的起点水平，拼写文字中未解决的上述两个问题仍有待我们去解决。

所以，我对纯粹的仅仅借助于计算机技术的自然语言检索(或者说不利用情报语言学原理控制的自然语言检索)“在短期内的完满实现”并不抱乐观的态度。我越来越觉得亟须从情报语言学角度深入研究自然语言检索方法，把情报语言学的原理和方法引进自然语言检索的研究。正是这样，我近年的研究重点转移到了自然语言在情报检索中的应用方面。

我近年的另一项研究是对“学科-事物概念组配型情报检索语言”的研究，这是对未来情报检索语言模式的探寻。我把这个课题称为“遐想”——情报语言学的遐想。我对这个课题的思考和求索始于在武汉大学期间，但一直没有找到完满的实现方法，因此，到1997年发表两篇文章时，已相隔了十多年。这种情报检索语言的本质属性可以归纳为：学科聚类系统与事物聚类系统的结合、先组式语言与后组式语言的结合(确切地说是体系分类法与组配分类法的结合)、人工语言与自然语言的结合、号码标识与语词标识的结合、不变概念代码与可变概念体系的结合。这种情报检索语言模式的主要实现方法可概括为“分面分析+概念代码+概念对应转换+数据库技术”。这种情报检索语言是：分类法与主题法彻底一体化的，充分发挥情报检索语言对知识进行系统组织和对自然语言进行规范控制功能的，用户可十分方便地进行标引和检索的，概念可不断增补及概念的代表词可进行更换的，用户区别不出是自然语言还是人工语言而其实是由严密的人工语言控制的，修订不受已标引文献所牵制，故分类体系可逐步完善的，并可以挂接英文索引、分子式索引等以及可用于机助标引的。

1999 年我用了约 7 个月的时间，专心地对网络资源检索工具做了比较全面的研究，写了多篇文章，其中的一篇《网络信息检索工具增强关键词检索功能的措施》，已在《图书馆杂志》2001 年第 1 期发表。我发现，国外种类繁多、五彩缤纷的语词检索方法，都是为增强关键词检索功能而采取的措施。那些检索方法从其实质而言都属于关键词检索一类，都是对关键词检索从某个方面的改进。所以可以说，该文是对国外关键词法(也就是自然语言检索)研究成果的综述。另一篇《关于我国网络信息检索工具开发与改进的思考》也将发表在《2000 年理论学术年刊》。

2.2　张欣毅、张京生：我们注意到，您自 20 世纪 90 年代以来，把相当一部分注意力投向索引学研究。当然，您始终强调索引学是与情报检索、情报语言学、目录学、文摘学、图书编辑学等交叉的一个研究领域，这体现着您以情报语言学为核心去“会通”诸多相关领域的一以贯之的思想与思路。最近，有专家提出把“元数据”(Metadata)作为图书馆学在网络环境下新的知识生长点(参见本刊 2000 年第 5 期吴慰慈先生访谈录)加以研究。我们认为“元数据”问题似乎与情报语言学、索引学有着远比图书馆学更为直接、更具亲和力的内在联系。这里请教一下您对这个问题的看法。

张琪玉：我的确很注意索引学，因为索引是情报语言学成果的一个主要的应用方面。我一直认为，数据库是信息时代的索引，现代的索引就是数据库。过去时代出现的一切索引，也都可以以数据库形式实现。索引学的一切成果都可应用于数据库。我所特别关注的是索引的创新(如《论索引项》和《工具书功能索引》等文)。数据库的出现为索引的创新提供了无穷的可能性，正待我们去发掘。

元数据与情报语言学、索引学的确有比之与图书馆学更为直接的关系。元数据与 MARC 的记录项目(或者说著录元素)类似，是一种文献著录标准。元数据的提出，首先是为了鼓励作者和出版者或网页制作者以搜索引擎软件(自动资源发现工具)能收集的形式来提供元数据，鼓励包含有元数据元素模块的网络出版工具的创造，从而进一步简化元数据记录的创建工作。元数据可以规范网页的格式和项目的内容，通过修饰词丰富项目内容，并便于各种格式之间的转换，从而提高用搜索引擎软件自动建立的网络资源检索工具的索引数据库的质量，最终提高关键词检索的质量。我认为元数据中的“主题”项尤为重要，该项目规定要使用某些种比较通用的分类表和词表，也就是情报检索语言。这实际上是对“人工语言不适用于网络环境”的观点的否定，说明自然语言和人工语言对网络资源的检索都不可少，并隐含着人工语言比之自然语言对保证网络资源的标引和检索的质量具有更大的重要性的意思。

2.3 张欣毅、张京生：在我刊 20 年的发展历程中，始终得到了您的关怀与支持。您不但每每受邀为我刊审阅有关情报语言学方面的来稿，还为我刊赐以您的大作多次。借此专访的机会，我刊全体同仁特向您致以真挚的谢忱。去年的 6 月 7 日是您的七十大寿，70 高龄的您接受我刊的通讯访谈，这不是一件容易的事。前面我们谈论了一些专业问题，下面换个轻松一些的话题，请您谈谈您的近况，尤其是退休生活与健康情况。我刊全体同仁并代表我刊的广大读者借此话题遥寄对您的关切与景仰之情。

张琪玉：贵刊奋发图强的办刊精神和严肃认真的办刊作风，一直为我所敬佩，刊物办得很有起色。我曾有多篇文章能借贵刊篇幅发表，在此，我倒是应该向贵刊同仁表示谢意!

我是 1930 年 6 月 7 日生的，已过了 70 周岁。由于部队领导的器重，目前暂缓退休，并给我出版等方面的支持。我脱离讲坛已有数年，但一直未停止对情报语言学的研究。我在体格上已远不如前，但在学术研究中似仍有精力，好像还没有脱离学术生涯的第二个黄金时期。对你们的关切，我深表感谢！

3. 韩淑举通讯采访

韩淑举：女，1962 年出生，汉族，山东省图书馆研究馆员，中国图书馆学会学术委员会图书馆法律与知识产权研究专业委员会委员，发表论文 47 篇。研究方向：图书馆法，图书馆史，文献学。

3.1　韩淑举：张老您好！谢谢您能接受我们的采访。采访前我查阅了不少您的材料，但是关于您的中学阶段却少有提及。您是从哪里上的中学？是什么时候考上北京大学的？当时为什么会选择图书馆学专业？

张琪玉：我没有读过高中。初中一、二年级是在青年中学和成义中学读的（两校都在上海市区，当时是沦陷时期）；初中三年级是在大团中学和海东中学读的（两校都在江苏南汇大团镇，现属上海市南汇区，当时抗战刚胜利）。这四所中学都是私立的，设施和教师水平都一般。我的成绩也平平。初中毕业后，家庭无力再供我上学。我考进浦东地方建设公司交通事业部工作。那是一个公路交通企业，总部设在南汇周浦镇。我在该公司工作了五年（1946—1951），主要是管理汽车零配件。我曾于 1950 年报考中央税务学校，被录取，但放弃了，因我对税务兴趣不大。1951 年又以同等学力参加统考，报考北京大学图书馆学系，也被录取了。

我选择北大图书馆学专业有多个原因：一是我喜欢图书；二是浦东地方建设公司有一个相关单位——中国建设服务社浦东工作站，设有一个图书馆，向周浦居民开放。中华人民共和国成立后，该单位撤销，图书馆的藏书交给公司。公司里的几个青年职员和我用业余时间继续开放这个图书馆约一年，为周浦居民服务，所以，我对图书馆工作有些了解和喜欢；三是更主要的原因是我读了苏联华西里青科著、舒翼翚译的《苏联图书馆事业概观》（1949 年 12 月新华书店出版）。这本书影响了我一生。这本书使我了解认识了图书馆工作的重要意义。这就是我为什么选择了图书馆学专业。我在报名单上填了北大图书馆学系和哲学系两个志愿，并附了一句：

“如果我成绩及格，希望分配在图书馆学系”。结果真的考取了北大图书馆学系，从此就与图书馆事业结下了不解之缘，决定了我的人生道路。北大毕业后，我先后在中央文化部社会文化事业管理局图书馆管理处、新疆维吾尔自治区图书馆、吉林市图书馆、武汉大学图书情报学院、空军政治学院图书档案系（现南京政治学院上海分院军事信息管理系）工作到2001年（71岁）退休，退休后仍在研究情报语言学（图书馆学的分支学科），一直没有脱离图书馆事业这个领域。

3.2　韩淑举：当时北大图书馆学系开设了什么课程？有哪些老师？他们对您以后的教学和研究有些什么影响？

张琪玉：开设的专业课有：图书馆学概论（刘国钧先生主讲），图书馆藏书（陈鸿舜先生主讲），图书分类（刘国钧先生主讲），图书编目（刘国钧先生主讲），读者工作（范希芬先生主讲），目录学（王重民先生主讲），中国书史（刘国钧先生主讲），中国古籍（王利器先生主讲）等。

除上面提到的以外，还有：王凤翥、陈绍业、张荣起、关懿娴、邓衍林、孙云畴、张树华等先生。

北大对我来说是一片新天地，我在那里的3年得到了学术的熏陶。图书馆学系的老师们教我怎样做一个诚实的知识分子，教我怎样做学问，传授给我必要的专业知识，把我引向了走向图书馆事业的大道，引进了图书馆学的殿堂，为我能成为一名图书馆学专家创造了条件。后来我在教学和科研上之所以能作出一些成绩，首先应归功于他们给我奠定了坚实的基础。

3.3　韩淑举：您曾在新疆维吾尔自治区图书馆和吉林市图书馆工作过二十多年，这么多年的公共图书馆工作实践对您以后的教学、治学有什么影响？

张琪玉：二十多年的图书馆实践（包括在文化部社会文化事业管理局图书馆管理处），我担任的职务和所接触的工作十分广泛，有许多经验，这对我后来教学和治学有不少帮助。特别是在吉林市图书馆工作的十多年，我搞“吉林市文献服务室”（吉林市图书馆与吉林市科委合办的设在吉林市图书馆的文献情报服务机构），所积累的情报工作和文献检索的知识和经验，对后来在武汉大学教学和科研特别是开设“情报检索语言”课程有莫大的帮助。

3.4　韩淑举：您是何时去武汉大学任教的？在武汉大学工作了多少年？

张琪玉：我1946年开始工作，2001年退休，一生工作共约51年，包括：浦东地方建设公司5年，文化部将近1年半，新疆维吾尔自治区图书馆将近6年半，吉林市图书馆将近13年，在武汉大学11年，南京政治学院14年。我是1986年8月到武汉大学任教的，在武大工作到1987年暑假。

3.5　韩淑举：我们都知道您主要是研究情报语言学的，是该学科领域的开拓者，出版了《情报检索语言》《情报语言学基础》《情报语言学词典》《情报语言学实用教程》等一系列的情报语言学著作，请问您为什么选择这个研究方向，在这个领域做了哪些开拓性研究？

张琪玉：我开拓情报语言学学科研究领域的原因是：(1)在北大学习时，我就对图书分类特别感兴趣。毕业后，我一直保持着对这门知识的兴趣，特别是在参加《中图法》编制的过程中，我曾对《苏联图书资料分类法》(ввк)及其他分类法做过比较深入的研究。图书分类法是情报检索语言的主要类型；(2)20世纪60年代初时，我就开始注意情报学特别是情报检索，后来，情报检索成为我的第一兴趣，情报检索知识的核心就是情报检索语言；(3)情报语言学的开拓，渊源于新时期的教育改革。全国科学大会发出了图书情报工作现代化的号召后，武汉大学图书馆学系为了使培养目标适应图书情报工作现代化的需要，着手制订新的教学计划。在讨论课程设置方案时，我建议开设一门“情报检索语言”新课程。这个建议被采纳，列入图书馆学专业和科技情报专业两个专业的本科教学计划，并决定由我来担任这门新课程的教学，预定在1980年下半年开课。于是，我便着手筹备这门课程。这大约是1978年11月的事。1979年下半年，我因患肾结石住院，结果被查出还患有乙型肝炎。因乙型肝炎让我在家养病持续达半年，这正是我静心写作的极好机会。我用了半年多一点时间，于1980年3月17日完成了

《情报检索语言》教材的写作(初稿 1980 年 6 月油印 200 册)。1980 年下半年就如期开课了。情报语言学就是在此基础上发展起来的。(4)当我跨进这个学术领域之后，我发现，这是一片广阔的天地，那里地面上到处散布着矿苗，大有开发的前途，只要辛勤勘探和采掘，肯定会获得很多成果的。同时，我认为，人生很短暂，一个人不能做完一切想做的事，所以只能去做最必要的、最有意义的并且能够做到的事情。做学问，要有个专业范围，在专业范围内力求深而广。于是，我坚定地选择了情报语言学这个学术领域，对它可以说“情有独钟”。

我在这个领域所做的工作，犹如在植物学和动物学的基础上建立生物学，是对各种生物作统一研究。“情报检索语言”课程以及情报语言学的特色，是对各种类型的情报检索语言以及自然语言在情报检索中的应用问题做统一研究。我发现，分类法也好，主题法也好，其他文献内容的检索方法也好，它们都是情报检索系统的组成部分，都是在寻求更佳的检索效果中创制出来的，都是表达一系列概括文献情报内容的概念及其相互关系的概念标识系统，其职能是作为情报检索系统的语言保证，其核心问题是检索效率。所以，它们的基本原理是一致的，只是它们在表达各种概念及其相互关系时，和在解决对它们提出的那些共同要求时所采取的方法不同，才形成了不同的类型和语种。在情报检索语言的概念下，对它们进行综合研究，可以找出它们最本质的东西，以及它们在结构和功能上的相同或相异之处，概括出它们影响检索效率的共同规律，以及有效地改进和创新的途径。

我把各种类型的分类法、主题法以及其他从内容出发的检索方法都看作情报检索中的语言工具，概括出它们的四项基本功能，即：(1)对文献的情报内容(及某些外表特征)加以标引；(2)对内容相同及相关的情报加以集中或揭示其相关性；(3)对大量情报加以系统化或组织化；(4)便于将标引用语和检索用语进行相符性比较。

我把情报检索语言看作情报检索中的语言工具进行研究，另辟蹊径，从而回避了分类法“思想性、科学性、实用性”“三性原则”

的争论，这一争论前后持续达 20 多年，但始终不能得出一个能够真正指导分类法向正确方向发展的明确结论。

我把情报检索语言仅仅看作情报检索中的语言工具，在写完于 1983 年 8 月 30 日的《论情报检索语言的研究、创制与普及》一文中总结了自己对情报检索语言研究的观点，提出“我们的情报检索语言研究必须开辟新路”，即：第一，要改变研究方向，把研究的重点转移到如何提高情报检索语言的检索效率方面来；第二，要扩大研究范围。研究范围的偏窄，对解决我国的情报检索问题极为不利。目前，要特别重视研究情报检索语言中的组配原理及组配型的分类法和主题法。关于扩大研究范围，也应把对自然语言检索法的研究包括进去。人工语言和自然语言相结合，既是严密的人工语言，又尽量利用自然语言作为辅助，无疑有助于检索效率的提高，因而是情报检索语言发展的正确方向；第三，要改进研究方法，采取结构功能分析法及其各种衍生方法；第四，要吸取国外的研究成果，但不要以此代替对中国情报检索语言特殊问题的研究。

3.6　韩淑举：您在《中国图书馆图书分类法》编辑组时间长达二十几年，主持《中图法(第二版)索引》的编制工作，并因此荣获国家科学技术进步奖。请您谈谈在这方面的工作。

张琪玉：《中国图书馆图书分类法》是一项集体创作，编辑组已有四十年的历史，参加过工作的人员已难以回忆，估计有近百人，绝大部分为各单位兼职人员，各届数量不等。我是 1971 年开始起就参加的，到 2000 年换届时退出，其中绝大部分届的活动我都参加了。我在编辑组曾参加过《中图法》的设计起草和综合定稿(我是综合组成员之一)、修订、宣传推广、编写培训教材、培训、推进标准化等工作。1980 年，《中图法》编委会委托武汉大学图书馆学系编制《中国图书馆图书分类法(第二版)索引》(它是《中图法》及其详本《资料法》的联合索引)，从 1981 年 2 月末至 1982 年 9 月初，我全过程主持了该索引的编制工作。主持中图法索引的编制工作是我在情报语言学方面的一项重要科研工作。

《中图法》1985 年获国家科学技术进步奖一等奖，有五位个人获奖者，我是其中之一。

3.7 韩淑举：您曾在武汉大学图书馆学系、南京政治学院上海分院军事信息管理系任教多年，早在1979年就开始招收情报检索语言方面的研究生，为图书馆学界培养了许多优秀的学生，能介绍一下这方面的情况吗？

张琪玉：经学校批准，我于1979开始招收情报检索语言方向的研究生。由于考试成绩未达到要求，第一、二两次的考生均未录取。1981年录取2名硕士研究生(其中1名学习不到1年后被送出国留学)，1983年录取3名，1984年录取5名(其中1名送出国留学)，1985年录取9名(其中1名送出国留学)。这样，除派送出国留学的以外，我在武汉大学期间实际共培养情报检索语言方向硕士研究生16名。另外，在空军政治学院图书档案系(即现南京政治学院军事信息管理系)，1988年录取2名，1992年录取4名，共6名。情报检索语言方向研究生的教学工作对我的情报语言学研究起了很大的推进作用。靠一本本科教材是不可能培养研究生的，研究生教育应该有更高的层次。这样就要求我更深入地开拓这个学术领域。对情报语言学领域的加强研究，使我能较顺利地完成研究生教学任务。研究生教学任务的压力，则使我专心致志地在这个新的学术领域里向深广两个方向开拓。

当时，我教研究生课程的方式之一是讲专题，专题力求新颖和具有深度，运用情报语言学的多种研究方法来讲授，除传授比本科水平更丰富的知识外，使研究生在研究方法上有所领悟，培养他们的学术兴趣和进行独立研究的能力。那些专题的讲稿和讲授提纲，有许多后来改写成论文发表。

我指导的研究生都比较“争气”，成才率相当高。其中，曾蕾在国际图书情报学术界有一定知名度；有3位现在是图书情报系(信息管理系)主任，还有一位曾当过系主任；大部分现在是教授；有多名博导；还有2名在重要单位担任相当重要的职务。

3.8 韩淑举：您在繁重的教学、科研之余，还兼任了很多社会工作，您是怎么看待社会兼职的？

张琪玉：(1)我真正意义上的“社会兼职”很少，非本单位的工作绝大多数是参加学术活动。我认为参加学术活动和学术组织的工作不能算是社会工作；(2)我认为我领的是国家给的工资，我应当为国家工作，不管是本单位的还是非本单位的工作，都是国家的工作，都应统筹兼顾，分轻重缓急去做。

3.9　韩淑举：我感觉情报检索语言研究比较困难，但您老持之以恒几十年研究不辍，在学术上作出了卓越的贡献，肯定有不少科学的研究方法，这方面您有哪些经验供后学晚辈参考？您对新一代的图书馆学人有什么样的希望？

张琪玉：做任何学问都一定要有有效的研究方法，否则事倍功半，难能成功。而且，研究各种学问的方法不能千篇一律，每种学问都有合适的研究方法。我正是找到了合适的研究方法，或者说找到了正确的研究方向、研究路线，研究才能继续进行，几十年不辍，保持信心，取得成效。

我们研究情报检索语言，目的在于提高检索效率。检索效率主要是由情报检索语言的功能产生的。产生情报检索语言功能的宏观结构和微观结构的状况，是影响检索效率的最主要的因素。所以，结构功能分析法是研究情报检索语言最合适的方法。在研究过程中，我还总结出许多方法，如历史演进研究法、比较研究法、归纳法和演绎法、理想语言设计法、现用语言改进法、原理或方法的移植法、计算机方法、数学方法和统计方法等，我发现，这些方法都是建立在结构功能分析法的基础上的，都是结构功能分析法的衍生方法。这些方法对研究情报检索语言都相当有效。我认为，要在某一领域有所发现，有所发明，有所创造，有所前进，首先要对这个领域有浓厚的兴趣，情有独钟，其次是要有合适的研究方法。而且，合适的研究方法是要在研究过程中发现的。

3.10　韩淑举：办刊人对刊物很感兴趣，我知道您曾先后担任过《图书情报知识》《文献工作研究》的主编，对专业期刊的编辑工作相当熟悉。您认为应该怎样办好图书馆学专业期刊？对我们这些编辑人员有什么好的建议？

张琪玉：我还担任过一段《中国索引》的主编以及一些刊物的编委等。但是，可以说我都没有担任好。我觉得，办好一份刊物很不易，要办出特色，办出水平，创出“牌子”，非要有十年、二十年的努力不可。办刊开始时的理想主义多半是要落空的，投稿者很少会按刊物的组稿计划和要求写稿，稿件也就很少有选择的可能。必须主动积极地采取多种措施开辟优秀稿件的来源，但约稿又要相当慎重、相当认真。要以题材新、观点新、内容新、方法新的具有创新性的文章作为首选要求，但又要看其是否联系实际、是否符合国情、是否有实际应用可能性作为选稿标准；特别要避免发表把别的学科的概念或理论简单地、生搬硬套地、生吞活剥地搬到图书情报专业领域来的稿件，以免浪费篇幅和助长不良学风。编辑部应有良好的编辑作风，这是至关重要的。编辑部处理稿件的态度，例如，“来搞3个月得不到通知，作者可自行处理”“因编辑部人力、经费有限，谅不退稿，请作者自留底稿”等。这些规定，既不公平，对作者也不友好。尽管编辑部有权决定是否采用，但退还不采用的稿件却是编辑部应尽的义务。至于缺乏退稿经费之类，实属遁词。涉及编辑作风的，还有诸如在对稿件作重大修改时征求作者的意见，排版印刷中的认真态度，来稿登记制度，在录用稿件时人人平等，唯凭质量取舍等。特别要一提的是，对于学术争论和批评的稿件，在编辑时一定要核对被批评者或被引者的原文，看是否与引证有出入，不能“来稿照登，文责自负”，否则，出了错误，对作者、读者和编辑部都不好。另外，编辑部工作也要革新，如利用网络等。编辑工作更要细致。编辑人员对专业期刊的出版动态要相当熟悉。总之，办好一本刊物，我体会非常不易。

韩淑举：谢谢张老，祝您健康快乐。

采访后记：

一次次采访，一次次感动。今天采访张老，我再次感慨万千：一是因为他的学术成就，其所开拓的情报语言学被确认为中国学者自己建立的图书馆学新的分支学科，其中的创新精神自不待言。二是因为他的工作理念，他先后辗转几个省市、几个工作单位，始终敏学笃行。他说：我领的是国家给的工资，我应当为国家工作，不管是本单位的还是非本单位的工作，都应该统筹兼顾，分轻重缓急去做。张老的话朴实却让我久久沉思：现在我们到底缺失了什么？应该怎样对待学习、对待工作、对待生活？

4. 王崇良采访*

王崇良：男，1961 年出生，汉族，湖北红安人，湖北科技学院图书馆研究馆员。*

武汉大学图书馆学专业毕业，文学学士。出版专著二部，主编教材一部，公开发表论文 38 篇。主要学术简历：2001 年，参加俞君立教授主持的国家社会科学基金项目“20 世纪我国文献分类法的发展与 2010 年发展目标研究”课题，批准号为：99BTQ004；2002 年，主持咸宁学院校级重点科研项目《〈中国图书馆分类法〉第四版研究》；2007 年，主持湖北省教育厅人文社会科学研究项目《中国当代文献分类学家学术思想研究》课题，批准号为：2007y138；2013 年主持国家社会科学基金一般项目“张琪玉学术思想研究”，批准号为：13BTQ049。

4.1 王崇良：2013 年 11 月，国家社会科学基金一般项目课题组在南京政治学院上海校区军事信息管理系教研室举行开题报告会时，张琪玉教授抱病在家中接待了我们课题组专访。使我们倍感激动、备受鼓舞。他为人谦和，平易近人，才思敏捷，学识渊博，生命不息，研究不止，令我们终生难忘。张老，我们知道您在情报语言学及其相关学科研究领域硕果累累、成绩斐然、著述等身，那么最能代表、最能反映您老学术思想精髓的文章有哪几篇？

张琪玉：情报语言学是由我开拓的一个新的学科领域，至今不过 35 年的历史。相对于其渊源学科图书分类学来，可以认为是一个从检索效率的角度来研究各种文献检索方法的学派。赞同这个学派观点的同行甚多。它的出现，对我国文献检索的理论和实践，产生了积极的影响。从 1979 年至今几十年来，我一直心无旁骛、情有独钟地在情报语言学这一领域内耕耘不息，进行我的中国梦的历程。

---

* 王崇良采访部分：根据 2013 年 11 月在张琪玉家中采访以及张琪玉《我的情报语言学研究》综合整理而成。

开拓情报语言学的目的，是为了使情报检索语言研究所得知识能很好积累和系统化，并使这门学科能有计划地继续发展。我的载于《中国情报学百科全书》中的《情报语言学》和《情报检索语言》这两个长词条，就是情报语言学研究所得知识的系统化的高度压缩。另外，下列几篇文章，是我研究情报语言学所写的核心文章，可以认为是我主要的学术思想：(1)《论情报检索语言的研究、创制与普及》；(2)《情报语言学的若干研究心得和收获——张琪玉学术思想自述》；(3)《寻找更佳结合模式是情报检索语言创新的主流》；(4)《学科-事物概念组配型检索语言——关于情报检索语言的遐想与求索》；(5)《探索21世纪的情报检索语言》；(6)《对未来分类法的憧憬》。

4.2　王崇良：您老从提高检索系统的检索效率角度，选择了"如何提高检索效率"这个研究课题，并把它看作终生的"伟大事业"，来实现自己的人生价值。现在您老已取得巨大成功，实现了自己的"中国梦"，那么请您老谈谈开拓情报语言学研究的过程要点？

张琪玉：情报语言学研究的根本目的和核心问题是提高情报检索效率。检索效率的大大提高，将使人类知识资源得到更充分的开发利用，帮助检索者大大提高检得(检全又检准)针对性文献的可能，从而促进我国科技进步和社会发展，其重大意义就在于此。

情报检索语言是影响情报检索效率的主要因素，在情报检索语言编制过程、文献标引过程、情报检索过程三个阶段对检索效率都会产生影响。情报检索效率可以说是有关的情报在这三个阶段中不断打折扣不断丢失以后的剩余部分。情报检索语言的编制质量，对于检索效率的影响是先期性的不可逆转的，因而最多最大。

我认为，各种情报检索语言的检索效率是一种检索功能，它是由其结构产生的。情报检索语言的结构，包括微观结构和宏观结构两个层次。微观结构是构成情报检索语言的元素，是产生某种检索功能的基础。若干微观结构的有机结合，成为宏观结构，即结构模式，决定着某种情报检索语言检索效率的整体水平。

我认为检索效率的研究有两个目的，一是提高现有各种情报检索语言的检索效率，二是设计出一种(也许不止一种)检索功能特别多检索效率特别高的理想情报检索语言的结构模式。

要提高检索效率，首先必须弄清各种微观结构的性能和适用范围，才能进行合理使用，构成优秀的结构模式。成年累月，我分析研究了几乎所有情报检索语言微观结构及其在索引和数据库等方面的应用效果，分析了现有各种情报检索语言的功能和局限，在分析研究中若得到一点收获，我就写出来，结果写出了大量文章，来说明应怎样改进它们。并在此基础上，设计出了一种理想情报检索语言的结构模式——学科-事物概念组配型检索语言。

我认为，构成各种微观结构的方法，都很重要。那些方法如：概念的分析与综合，概念的划分与概括，概念组配，概念因素轮排(语词词素轮排、分类号轮排)，概念或标识的对应转换，交替法，优惠类，语词规范，入口词，参照系统，注释方法，聚类方法，概念代码，数据库技术，术语规则等。

我使用理想语言设计法，首先设定若干目标，然后寻找各种适合的微观结构(元素)与其匹配。我正是在寻找各种微观结构巧妙结合的基础上，设计出了一种理想情报检索语言的结构模式——学科-事物概念组配型检索语言。这种检索语言能达到：(1)学科聚类系统与事物聚类系统的结合；(2)先组式语言与后组式语言的结合，体系分类法与组配分类法的结合；(3)人工语言与自然语言的结合；(4)号码标识与语词标识的结合，系统序列与字顺序列的结合；(5)不变概念代码与可变概念体系的结合。因此，它的功能很多，可以适应各种各样的检索要求，检索效率会很高。

目前，这种情报检索语言理想模式的完全实现还有许多工作要做，如编表、编制程序以及人员培训等，还有待用实体来加以证明这种模式的优越性。但可以说，提高检索效率的路径已经找到，那就是使各种微观结构进行巧妙结合，实现优缺点互补。我的探索之路走对了。

我最近还遐想，如果用这种检索语言进行集中标引，再与网络服务结合，就可充分发挥它的优越性，普遍提高检索效率。

提高检索效率的梦想像“十三的月亮”那样将圆而尚未圆，期望对此课题有兴趣的学术知音把这项研究继续推向前进，达到完全成功。

4.3　王崇良：您老不管外界风吹浪打，却始终坚守在情报语言学领域中专注聚焦，耕耘不辍，践行自己的人生诺言，使我国情报语言学学科建设在世界“知识组织”领域占有非常重要的地位，使我国情报语言学学科建设的理论研究水平和应用研究领域迅速接近世界研究水平。请您老介绍其成功秘诀？

张琪玉：我主要抓住三点：一是提出一个全新的概念，即认为分类法等各种检索方法都是“情报检索语言”，它们的职能是满足各种各样的检索要求，要具有相当高的检索效率；二是对各种情报检索语言以及自然语言在情报检索中的应用问题进行统一研究，以探索它们影响检索效率的共同规律和有效的改进途径；三是采取以结构功能分析法为核心的各种研究方法，来弄清情报检索语言的各种微观结构(元素)产生什么功能及适用于什么范围，以便更有效地使用它们，构成理想的情报检索语言结构模式(即宏观结构)。

参考文献

[1] 吴建中，张琪玉. 情报检索语言的发展趋势——关于图书馆未来的对话之九[J]. 图书馆杂志，1996(4)：29-32.

[2] 张欣毅，张京生. 走向自然语言与情报检索语言结合之路——与我国著名情报语言学家张琪玉教授的通讯访谈[J]. 图书馆理论与实践，2001(2)：3-5.

[3] 韩淑举. 学为人师　行为世范——访南京政治学院上海分院军事信息管理系教授张琪玉先生[J]. 山东图书馆学刊，2010(5)：1-8.

[4] 张琪玉. 我的情报语言学研究[J]. 图书馆杂志，2014(9)：4-7.

附录五　张琪玉书信资料

说明：

书信是一种向特定对象传递信息、交流思想感情的应用文书。随着社会的发展，书信有一个新的发展动向，便是因为个人或社会需要而向政府机构、企事业单位、知名学者等提出建议或进行学术交流。本附录收录了1972年到2005年期间，张琪玉教授关于全国图书统一编号建议、关于建立湖北省地方文献检索系统和专门收藏建议以及关于出版《中国图书馆分类法》第五版建议等方面重要书信资料10篇，即：①关于全国图书统一编号的建议（附：给郎杰、胡耀辉同志的信）；②关于建立湖北省地方文献检索系统和专门收藏的建议；③提高情报检索效率是情报检索语言研究的根本目的——答黄立军同志；④关于《双表列类法评析和新法探索》的通信；⑤对《中国图书馆图书分类法公安科学文献分类表》的几点意见；⑥关于普及数据通信知识和扩大公用数据通信服务的几点建议（政协提案）；⑦关于上海图书馆藏书建设的建议（政协提案三件）；⑧在祝寿会上的答谢词；⑨要把刊物办得更好；⑩关于出版《中国图书馆分类法》第五版的建议。目的就是从另一个方面向人们展示张琪玉教授对中国当代图书情报事业发展以及对我国图书情报工作的创新与提高所作出的重要贡献。

关于全国图书统一编号的建议

（附：给郎杰、胡耀辉同志的信）

图书馆藏书整理（分类、编目、加工等）的集中化和统一化，是图书馆斗、批、改中需要解决的一个重要问题。尽快地解决这个问题，是广大图书馆工作者的一致愿望。

图书馆收藏的图书，必须经过整理，才能提供利用。但直到现在，图书馆藏书的整理工作，仍然是手工业方式的。十分烦琐，费时费力。要把成千上万册藏书整理好，需要花费很多人力。这就产生了整理工作与服务工作争人力的矛盾。结果，或者是顾了藏书整理这一方面，削弱了服务工作那一方面；或者则因为缺乏人力来搞整理工作，大量图书积压起来不能利用。手工业方式也不可能有普遍的高质量。

与手工业方式并存的就是各搞一套，方法繁多，互不通用。读者在这个图书馆学会的一套，到那个图书馆去就不一定能用；这个图书馆的书号，拿到那个图书馆去就找不到书。这对于广大工农兵利用图书馆，以及图书馆的书目参考、联合目录和馆际借书等工作来说，都很不方便。

实践证明，藏书整理的这种手工业方式的、各搞一套的做法，是少慢差费的做法，对图书馆去完成它所担负的“宣传马克思主义、列宁主义、毛泽东思想，为三大革命运动服务的重要任务”，“充分发挥它的作用”，十分不利，与社会主义图书馆事业的进一步发展已不相适应。

解决这些矛盾的正确方法，就是实行藏书整理的集中化和统一化。这里有许多工作要做，例如统一图书分类法和编目法，实行集中分类、编目和加工、出版标准目录等。而全国图书统一编号，则是其中重要的一环，是一项具有根本性的措施。

其实，我国图书统一编号(即为每一种出版的图书编一个统一书号)的制度，早自1955年起就已实行，一直没有间断。问题在于，现行的统一书号是专为出版、发行部门制定的，不符合图书馆方面的要求。所以，这里所建议的全国图书统一编号，实际上只是指希望再增加一种图书馆工作需要的统一书号。

一、全国图书统一编号的优越性

(1)可以方便工农兵利用图书馆。统一书号既然是全国统一的，那就可以印到各种类型的书目资料上。而利用任何一种书目资料所查到的图书号码，到任何一个图书馆去借阅图书，都是适用的。从甲图书馆的卡片目录中抄下的图书号码，同样也可到乙图书馆、丙图书馆去找书。有时因需要某一种特定的图书而利用电话等方式多方询问时，说统一书号也更容易说清楚。这就给全国人民，特别是广大工农兵利用图书馆创造了方便条件。仅从这一点看，全国图书统一编号就有很大的意义。

(2)可以节约用于藏书整理的人力，提高藏书分类、编目的质量。统一书号既然是全国统一的，那就可以在图书出版时直接印到书上各个适当的部位(包括在版权页上加印供各图书馆组织分类目录选用的各种分类号)。这样，图书馆就不必自己编书号了，而像将书号抄录到书上和贴书标等加工手续也可省去。而且，先后入藏的同一种书编号不一致的问题也不会再发生了。图书统一编号和图书集中编目结合起来，就可避免铅印目录卡片的再加工，改进印刷卡片的发行工作，为印刷卡片的推广创造比过去更好的条件。

每一种出版的图书总会有几百、几千个图书馆去收藏，也就是说常常有几百、几千个图书馆要对同一种书进行重复的、烦琐的、手工业方式的整理、加工。实行了图书统一编号和集中编目，就可大大简化各图书馆藏书的整理、加工工作。从全国范围看，就可节约大量人力，并可普遍提高藏书分类、编目的质量，缩短整理、加工的时间。

(3)可以从根本上解决成千上万个中小型群众性图书馆的图书

管理问题。措施是编印各种“标准目录”(指中小型群众性图书馆的基本藏书目录)，各馆可根据该目录上印的统一书号与馆藏核对，在其上做“馆藏”记号后，这种目录就既可作为藏书推荐目录之用，也可向读者报道图书馆所未藏的图书，同时还可作藏书补充的参考。这种“标准目录”可由各省、市、自治区编印，其内容可以用出版新版本的办法不断更新。中小型群众性图书馆藏书按统一书号排架，用“标准目录”代替自编目录，这样，既解决了图书馆管理的技术问题，又保证了流通图书的质量问题，工作就比较容易做了。

(4)可以为图书分类法的不断修订创造条件。任何一种图书分类法(即使是新编的分类法也好)，都需要随着国内外革命斗争形势的变化和世界科学技术的发展而经常进行修订。但是，按照我国图书馆过去普遍实行的分类排架与分类目录完全取得一致的习惯，分类法修订之后，藏书的排架和目录都要重行分类。而藏书排架的重行分类却是十分复杂、困难的，这就牵制着分类法不能作经常、及时的修订。统一书号是一种固定的号码，它既以新编图书分类法的体系为基础，又不是采用它的详细类号，所以，在一开始就打破了我国图书馆的上述那种不合理的旧习惯，使分类排架相对地脱离了分类目录。因此，分类法修订后，只要求将分类目录进行相应的改组，而不改变分类排架。并且，图书在目录中的重行分类，还可用公布统一书号与新、旧分类号的对照表的办法集中解决。这样一来，就把分类法从分类排架的牵制中解放出来，可以及时地、不断地进行修订了。

(5)可以改进藏书的补充、登记、清点和统计。统一书号是图书的简明代号，在补充藏书时，可以很方便地利用它来核对馆藏，查明某一种书是否已经收藏，这对避免不必要的重复和防止必备图书的遗漏，合理使用购书经费，提高藏书质量，是一个有利条件。在利用统一书号的情况下，藏书的登记和清点工作可以简化。统一书号对馆际图书交换调剂和藏书统计也有用处。

(6)可以改进藏书排架。统一书号将是一种既简单而又完善的书号体系，它将比现有的各种书号体系更适合于排架工作的要求。

所以，藏书按统一书号排架，取书和归架都能更为迅速、准确。这不仅可减轻图书馆员的劳动和减少差错，而且也可缩短读者在借书时等待的时间。

(7)可以改进联合目录和馆际借书工作。广泛开展馆际互借，可以使国家的由各种图书馆分散收藏的图书资料在社会主义革命和社会主义建设中得到更充分的利用，这一点是有很大意义的。而发展联合目录工作，特别是编制同一城市各图书馆藏书的联合目录，则是广泛开展馆际互借的一个不可少的条件。有了统一书号，联合目录的编制过程就可大大简化。并且，馆际借书工作的手续也将更为简便。

(8)书目资料上有了统一书号，利用起来更方便，就能更好地发挥其作用。过去，利用非本馆编印的书目资料查到的图书，都要经过再查本馆藏书目录，查出本馆的索书号码，才能把书找出来，这就很不方便。有了统一书号，就可利用它直接到书架上去找书了。

(9)可以解决一个图书馆的藏书合并到另一个图书馆去时需要重行整理的问题。随着社会主义建设事业的发展，常常需要调整一些单位的工作，这就不可避免地会引起图书馆藏书的分合。例如，一些图书馆在“文化大革命”中接收了一批撤销单位的藏书，因为书号不同，就排不到一起。若按统一书号组织藏书，则当两个以上图书馆的藏书合并时，就不会出现一部分藏书需要重行整理的问题。在高等学校等大单位内往往有好几个图书馆、室，统一书号有助于使它们的藏书联结成一个整体。

(10)统一书号将给图书馆工作带来的好处很多，除上述外，还可以举出一些，例如，可利用它来编制比较简明而索引深度较大的参考咨询工具(这工作各馆可分工合作，避免重复浪费)，设计各种能随时反映藏书流通动态的检索系统，以及在图书馆工作机械化方面的应用，等等。

(11)图书出版、发行方面对统一书号的需要，已完全由事实所肯定，现行的统一书号就是因出版、发行系统的需要而编制的。但是，书店至今还没有利用这种号码来排架。如果统一书号的分类更详细一点，书店按号排架，那么，对于读者找书和选书，定会有所帮助，按照写有统一书号的书单为图书馆和读者配书，也可方便些。

(12)同一书号对作者和读者也有用处。例如，在文章和书的引用书目中使用统一书号，读者在查阅原著时就较方便。读者可利用统一书号作内容索引性质的读书笔记，也可按统一书号排列个人的藏书。

二、对统一书号的要求

图书馆书号的结构，都取决于所采用的藏书排架法，统一书号也不能例外。若把各种排架法加以分析比较，就可看出，各种排架法虽各有优点，但分类排架法能将同类图书大体上集中排列在一起，从而便于直接到书架上找书，这一优点是其他任何排架法的优点所不可比拟的。所以，统一书号的结构应以分类排架法为基础。

但是，目前大多数图书馆采用的分类排架法的书号结构存在着两个缺点：(1)由于盲目追求分类排架与分类目录完全一致，结果在使用较详细的分类法的那些图书馆里，书号中的分类号号码很长，不便排检；(2)由于用著者号码来区分同类图书，结果在使用较简略的分类法的那些图书馆里，书号出现大量重复，造成排架紊乱，找书费力，并容易发生差错；有些图书馆为了解决重号问题，规定了许多种附加号码，这又使书号复杂化，增加编号和排架工作的负担。

因此，建议在统一书号中，(1)用简化分类排架的办法缩短分类号(目录可详细分类，读者一般都是通过目录找书的，所以适当简化分类排架是可以的)；(2)用种次号代替著者号来区分同类图书，以保证每一个统一书号只代表某一种特定的图书。

统一书号既然是全国统一的，那就要兼顾大中小各类型图书馆的需要，分类的详略，号码的长短都要适中，使大馆不致嫌分类太粗，小馆不致嫌号码太长。同时，还要照顾到一般人对数字的理解。例如，图书馆习惯使用十进分类法的号码，把 2、31、154 排成 154、2、31 的次序，这与一般人对数字的理解是不一致的。

统一书号的分类号码部分与新分类法的号码要基本一致(没有必要完全一致)，这是为了方便读者和方便图书馆员。

现在提一个统一书号的结构方案，供参考：

2156. 2403

基本上是八位数字，中间用小圆点相隔分为二段。前四位数字是分类号，与分类法号码取得一致。后四位数字是种次号。但其中第五位数字可“综合利用”，即有时可作为分类号再细分一级，有时可分为若干段，每段代表一个或若干个小类，有时则纯粹作种次号使用。

图书馆一般都是把藏书按图书的文种和类型划分为若干部分，这样可集中排架，分别管理，方便使用。在制定统一书号方案时，应考虑到这一问题。为了使各种文字和类型的图书都能纳入统一书号的号码体系，并使书号尽可能简化，在给新编分类法配号时，应尽量节约号码，留出一部分号码来供民族文图书、外文图书以及各种特殊类型的图书编号使用。统一书号的八位数字可以编出一亿个号码，如果其有用率仅为十分之一，容量也就很大，把全国各类型图书馆收藏的中外文图书(已有编号的各国专利和研究报告等除外)都纳入统一书号体系，是有可能的。

除了八位数字和一个小圆点以外，还应规定一些附加符号，以充分发挥统一书号的区分作用和扩大统一书号的使用范围。需要规定附加符号的是：内部和秘密图书、特大开本图书、卷装图书、缩微复制的图书、书的分卷分册和附册、期刊的年卷期和增刊，等等。

统一书号应印在图书封底的右上角、版权页上和正文某一页的下边。在不影响装帧的情况下，最好也印在书脊下端。此外，在版权页上还应加印详细的、完全的分类号(全国现行的几种主要分类法的分类号)，以供各图书馆在组织分类目录或自编书号时使用。

三、两个问题

1. 编号工作组织问题

现行的统一书号，是以每个出版社作为一个编号系统的。各出版社都从 1 号开始编号，顺序编下去就是了，比较简单，不易错乱。但图书馆工作需要的统一书号，却必须以每个类作为一个编号系统，一个类的一系列号码，要给许多出版单位共同使用，头绪很多，只有在有计划地分配和严格地登记的条件下，号码才能不乱。所以，编号工作的组织管理十分重要。关于这个问题，现提出如下解决办法：

北京图书馆版本书库(原文化部出版局版本图书馆)是国家书目登记机构，建议将统一书号的总的管理工作交由该库负责。该库根据出版计划和对出版情况的估计，将若干年内需用的号码一次分配给中央级的各出版社和各省、市、自治区的主要出版社，其他的出版社和出版书刊的单位则向当地主要出版社领取号码(在图书付印时领取)。对于已经出版而漏编号码的图书，由当地主要出版社补编号码。各个分配到号码的出版社应将已使用的号码进行登记，定期向版本书库汇报，并及时寄送样本，以便该库通过它的书目出版物进行公布。为了使图书的分类更正确，对当地已出版而漏编号码的图书掌握得更全面，各地主要公共图书馆应帮助当地的出版社。

国内的科技情报资料是很有用而且数量很大的出版物，建议将这部分出版物也纳入统一书号体系，其所需号码可分配给中央级的各情报所及各省、市、自治区的情报所掌握。

通过新华书店外文发行所进口的图书，应在发行之前印上统一书号。通过其他途径收集到的国外图书，连同新华书店进口的图书，由北京图书馆通过外文图书联合通报公布号码。

对于过去出版的图书，可以编印两种统一书号的对照表及通过某些书目出版物以公布补编的号码。

2. 统一书号使用问题

统一书号实质上是一种排架号码。所以，使用统一书号主要是使用统一书号排架，与分类目录的问题关系不大。

实行全国图书统一编号的目的，固然是为了统一全国图书馆藏书的编号，但这并不意味着全国所有的图书馆都必须改用统一书号排架。各馆可以根据自己的具体情况，决定如何使用统一书号，其办法不外乎下列三种：

(1)完全使用。不仅新出版的图书按统一书号排架，而且把过去出版的图书也按补编的号码改过来。

(2)部分使用。新出版的图书按统一书号排架，过去出版的图书用原来的排架法不改。

(3)不使用。不论是新出版的图书，还是过去出版的图书，都用原来的方法排架。但在这种情况下，也可编制一套按统一书号排列的目录，以便读者从统一书号的角度找书。

就大多数图书馆来说，将是一个从部分使用逐步扩大到完全使用的过程。完全不使用统一书号的图书馆，是不会太多的。

以上是个人的一些想法。这些想法是在多年工作中遇到很多困难和问题之后逐渐形成的。我们现在还没有供图书馆用的统一书号，外国也没有，没有这方面的经验。上面提出的方案和办法，可能很片面。但这是一个很有价值去研究的问题，是一项很有希望的工作。实行全国图书统一编号，有利于图书馆工作的改进和图书馆事业的发展，这一点我是深信的。我们的国家是一个社会主义国家，有党的统一领导，这是有利条件，世界各国还没有的全国图书统一编号，一定能在我们国家实现！所以我把个人粗浅的想法写出来作为建议，供图博口领导研究参考。

张琪玉

1972 年 4 月 19 日

郎杰同志、胡耀辉同志：

你们好！工作一定很忙吧！

我应该做检讨，没有及时完成郎杰同志交给的任务，把全国图书统一编号问题的材料写出来。

吉林省老姜同志从北京回来以后，给我们来电话说，他去图博口时，胡耀辉同志还问起郎杰同志指示我写的那份材料，让我抓紧写出来。中央领导这样重视群众的意见，这对我是一个很大的鼓励和教育。

现在我把材料写好了，随信寄上，供研究参考。

这虽然是一个编号问题，但牵涉的面很广。我对情况了解不够，所提的具体方案和办法可能不切实际。但我觉得这个问题还是很值得去研究的，这项措施实行起来花的力量不大，收获却会不小，是很有希望的一项工作。建议图博口组织有关单位进行全面的调查研究，找出一个完善的解决办法来。

祝你们健康！

并致

敬礼！

吉林市图书馆　张琪玉

1972. 4. 19 晚

写完于 1972 年 4 月 19 日，北京-吉林. 存手稿。

关于建立湖北省地方文献检索系统和专门收藏的建议

目前，我省同全国其他各省、市、自治区一样，正在进行新的地方史志的编纂工作。对地方文献的调查、收集和编目，是编纂地方史志的基础工作。没有充足的地方文献资料作依据，是不可能编纂出高质量的地方史志来的。所以，在修志过程中，对地方文献资料的调查、收集和编目，是一项非做好不可的工作。

但是，地方文献资料不仅对目前的修志工作必不可少，对今后进一步研究我省政治、经济、文化各方面的历史和现状，解决我省两个文明建设中的问题，也将长期有参考价值。所以，借我省编纂地方史志需要的机会，有计划地建立一个比较完善的、可以供我省各有关方面长期查检、使用的湖北省地方文献检索系统和专门收藏，实有重大意义(可以说这是科研工作上的一项基本建设，一举两得)。

我的建议具体如下：

一、关于建立湖北省地方文献收藏

(1)湖北省应当有一个本省地方文献资料的收藏中心。这个中心可设在省图书馆，或省社会科学院图书馆，或暂时设在社会科学院地方志编写组，待该组工作完成后交给某图书馆接办。

(2)因为地方文献资料除极少数可以购买或预订外，绝大多数是有钱也买不到的。各馆分散收藏的地方文献资料，也不可能下一道命令都集中起来。比较可行的办法，是在收藏中心购置一套缩微照相复制设备，对一些必须保存的地方文献资料用缩微复制的办法进行复制，用缩微复制品来建立地方文献收藏(当然，能够购买或预订到的，还是以购买或预订原书刊为好)。

目前购置一套较好的国产缩微照相复制设备约需25000元，中等的约需10000元，简易的约需5000元(均包括简单的胶片冲印设备和阅读设备，但不包括消耗品。采用缩微复制法的成本是最低的，仅为购买原书刊的1~2倍)。建议购买较好的或中等的国产设备。

二、关于建立湖北省地方文献检索系统

(1)有了地方文献资料收藏而没有一个完善的检索系统(即编制得相当好的目录和索引)，还是不能充分发挥地方文献资料的作用的。因此，必须花一定的力量来建立一个这样的系统。

(2)检索系统不仅应收录地方文献中心收藏的文献资料，而且还应收录其他图书馆收藏的文献资料，这样才能全面、完整。

(3)这个检索系统主要由一套文献名称目录(作控制用)、一套文献登记目录和一套组配式分类索引(作检索用)组成。为此需要有一种地方文献分类表，我可以指导我系毕业班学生编制这种专用分类表。使用组配型分类表，今后还可以实现电子计算机检索。无论目前采用手工检索还是今后采用计算机检索，均可达到较高的检索效率。

(4)为保证这一检索系统的质量，应有一名熟悉地方文献的、水平较高的同志主持文献的分类标引工作(这是保证系统质量的关键)。

(5)为建立这一系统，至少还需要2~3名资料工作人员。

三、资源共享

所建立起来的地方文献检索系统和专门收藏，不仅供地方志编写组使用，而且应采取一定方式供社会科学院其他部门研究人员以

及全省各有关单位查检和使用，使其充分发挥作用(本建议的宗旨就在于此)。

武汉大学图书馆学系

张琪玉　1983. 4. 20

写于 1983 年 4 月 19—20 日，武汉. 存手稿。

提高情报检索效率是情报检索语言研究的根本目的

——答黄立军同志

黄立军同志写了《试论体系分类法的主要职能——与张琪玉老师商榷》一文，对我关于现代体系分类法的主要职能应是作为组织分类检索系统的规范的观点持不同的观点，本文是对该文的回答。由于篇幅有限，我只能作提纲式的简略回答，并将我给李兴辉同志的一封信和一段摘录作为本文附录，以进一步说明我的观点和方案。请读者将黄立军同志的文章、本文以及本文中指出的我的教材和有关文章对照阅读，以了解我们观点的异同。

(1)黄立军同志文章中唯一的引证是我的《情报检索语言》教材第 70 页上的一段话。我在那段话中除了概括地表明对现代体系分类法主要职能的观点和指出解决分类目录与分类排架对分类法不同要求的矛盾的一般方针之外，既没有提到关于解决那个矛盾的具体方案，也没有表示对体系分类法和其他各种情报检索语言的褒贬态度。可是，黄立军同志仅仅凭借那段话，就断言我的主张势必会破坏分类排架的稳定性，以及我在褒体系分类法而贬主题法，并且进一步加以发挥，说我的观点“是一种传统的观点，正是这一传统的观点束缚了人们的思想，它是造成长期以来情报检索语言理论研究进展迟缓的原因之一”，云云。

这真使我啼笑皆非。我不知道黄立军同志是不是真的在同我商榷。写商榷文章应当是很认真的，必须弄清楚论战对方的观点和事实，凭丰富的想象是会出偏漏的。请黄立军同志再仔细读一读我教材的全部章节、我给李兴辉同志的信以及下列几篇文章，或者我的其他文章，看能不能从中找到一点证据，可以证明张琪玉的观点确是像你所断言的那种“传统的观点”。那几篇文章是：

a)《论情报检索语言的研究、创制与普及》，载于《图书情报知识》1983 年第 4 期；

b)《情报检索语言中语词标识的功能与局限——关于主题法性能的几点分析》，载于《湖北高校图书馆》1985 年第 1 期；

c)《关于〈中图法〉增加组配成分的可能性和方法的探索》，此文为《中图法》三版修订研讨会会议资料第 19 号，1985 年 5 月，油印本，42 页。

(2)“提高情报检索效率是情报检索语言研究的根本目的”，这就是我的基本观点。在我看来，体系分类法是一种情报检索语言，而作为分类排架的规范不过是它的一种应用而已。脱离了这个基本认识去研究体系分类法，就会迷失方向和失去意义，不能使体系分类法在现代条件下充分发挥其应有的作用。

(3)为了提高体系分类法的检索效率而置分类排架的要求于不顾的做法是一种愚蠢的做法，认为采取提高体系分类法的检索效率的措施必定会破坏分类排架的稳定性而造成严重后果的看法一种天真的看法；担心分类排架的稳定性会被破坏而不让体系分类法改进的方策是下策。应该知道，解决分类目录和分类排架对体系分类法要求不同的矛盾不是只有一种办法。我认为，黄立军同志提出的办法是较差的方案。

(4)情报机构也在普遍使用体系分类法，但它们主要是用于分类检索方面，分类排架问题在那些机构不突出，这一点黄立军同志似乎忽略了；同时，似乎也没有想到在体系分类法中有些并不是主要用于排架的，或不是排架、检索兼顾的。如《中国图书资料分类法》《国际十进分类法》《苏联图书资料分类法》(ББК)详本等*，就是主要用于检索的。也就是说，体系分类法既可以编成主要供分类检索用的，也可以编成主要供分类排架用的，或编成分类检索和分类排架兼用的。此外，一部分类法也可以用不同的版本去满足这两种不同的职能要求。排架简分、目录详分的办法，其原理与一部分

* 后两种是体系-组配分类法，它们既可划归组配分类法一类，也可划归体系分类法一类，并代表了体系分类法的发展方向。

类法编成几个版本的原理相同。

(5)排架简分，目录详分的办法，苏联在全国范围推行已几十年，未听说造成混乱和不便(其实国内一些单位的实践也证明此法可行)。《杜威法》现在分类号中加进了“ ’ ”号，将号码分成几截，也是为了供大、中、小馆，以及供分类目录与分类排架的详分、简分各取所需的意思。特别值得注意的是，《苏联图书资料分类法》(ББК)不仅有满足不同要求的多种详略不同的版本，而且那些版本甚至连大类数目和标记符号都不一致(有的版本 21 大类，用混合标记；有的版本 7 大类，用纯数字标记，但体系仍一致)，他们的做法可能是我们一些同志连相信都不敢相信的。可是，苏联图书馆界却认为这样做“为整个图书馆网使用统一的分类法，创造了初步条件”哩！(请看宋成民《苏联为完善与发展图书分类法所取得的科研成果及其前景》一文，载于《北图通讯》1984 年第 4 期)。在我国图书馆界，认为“分类目录必须与分类排架完全一致，否则就会造成混乱和不便”的观点十分普遍，这倒是一种传统的观点，这种观点确实牢牢地束缚着人们的思想，使我们的体系分类法包袱沉重，迈步不前。不知黄立军同志对这种传统观点是同意的，还是不同意的？

(6)在这信息时代，虽然叙词法随着计算机检索的普及而得到迅速推广，但尚未见分类法即将退出情报检索领域的明显迹象。从上述宋成民同志的文章中可以看到，苏联还在把《ББК》作为第二情报检索语言而积极研究改进，使之适应情报检索计算机化的需要。苏联情报系统也一直在使用《国际十进分类法》。国外对分面叙词表(一种用结构完全的叙词表做索引的组配分类法)的赞美，倒是说明叙词表的编者们意识到主题法也有不足之外，日益重视吸取分类法的原理和方法。

(7)人们总是向往着既有高检索效率又便于使用的情报检索语言。为达到这个目标，我们必须顽强地进行探索。各种情报检索语言都有一定的长处和短处，都有一定的用处，都还有进一步改进的必要性和可能性(关于体系分类法与主题法的优劣，我在《情报检索语言中语词标识的功能与局限》一文中做了分析)。至于未来的情报检索语言，恐怕既不是现在这样的体系分类法，也不会是现在这样的主题法吧！寻找真理的人们不必全走一条道路，也不应该只走一条道路。我们对各种情报检索语言的研究和改进不应偏废，对于自然语言在情报检索中应用的研究也应加强。当然，对于大力推广叙词法，我是非常赞成的。这一点可用我过去的言行作证明。黄立军同志听过我的课，不会不知道这一点吧。

附录一：《中国图书馆图书分类法》编委会扩大会议(1984年12月2—8日，南京)纪要摘录

三、关于三个版本以及增编的期刊分类表的关系问题。讨论决定在分类体系结构和标记制度上，应保持基本一致。但在分类深度、组配复分的范围、复分表现的形式方面，可根据各自的特点，允许有所不同，这主要是考虑到不同版本本身的功能和文献分类的对象而决定的。其中，《中图法》主要是类分“图书”，应起到排架和检索的双重作用，类目序列的深度，一般控制在5~6级，采用组配方法应限定在一定范围内，而不作大的扩展。《资料法》主要类分“文献资料”，应主要起文献检索作用，其分类深度可延伸到8级，不必再多。它所采用的组配复分，可根据需要规定，不受级别限制，也可根据需要采用组配区分符号。

【与黄立军同志提出的解决方案相似的方案，实际上有许多同志曾提出过。这一点，《中图法》编委们是知道的。上述决定的作出，说明编委会没有接受那种方案。上述决定一方面尊重了全国已有数亿册藏书用《中图法》这个分类体系组织分类排架的事实，保持了分类排架的稳定性；另一方面明确肯定了《中图法》这个分类体系有提高检索效率的必要。该决定对两个版本采取不同的修订方针，是一个两全其美的解决方案。从整体上看，却是对《中图法》这个分类体系的解放。】

附录二：张琪玉给《中图法》编委会副主任李兴辉同志的信

李兴辉同志：

你好！两封来信都收到。

我不得不辜负你的盛意邀请，因为工作实在太忙……而到南京一次，至少要十三天时间。考虑再三，只得向你请假，实很抱歉！

几位研究生不愿放弃机会，向专家们学习，向实际学习，所以我还是让他们来了，作为旁听……

两册《关于〈中图法〉修订意见摘要汇编》收到。编得很细仔，很好，你们付出了巨大的劳动。我想，这不仅对修订工作有用，对分类法的研究也是很有价值的。

第三版的修订方针——照顾使用单位的意愿，尽量不做大的变动，以免得不偿失，这是很正确的。理论上的讨论尽管讨论，但修改总得从实际出发。

我的想法，是推行简化排架，简本的基础打得好一点，将来在版编目的书号使用简本。详本目前还是排架、检索两用，将来作为单纯的排架分类法长期保留不废，而作为检索用分类法的功能则让位给新的分类法。一些对检索有力的措施，目前主要让《资料法》去大幅度采用，因为《资料法》较少牵扯，好好改进一下，用它十年或更多一些时间，即用到20世纪末或21世纪初，然后让位给新的分类法（当然《资料法》还得与《中图法》尽量保持一致）。我想，在世界新技术革命形势下，《中图法》《资料法》不管今天修改得怎样好，作为检索用的分类法，将来终究是要被新型分类法所取代的。像杜威法那样用一百多年而“老不死”，实在也是一种悲剧。但是，新型分类法目前还不可能产生，放弃修改《中图法》而想另起炉灶是鲁莽的，因为足以导致突变的理论和技术条件还没有成熟，这从寄来的两册参考资料也可以看出。今天若要立即来编一部新分类法，结果不会比《中图法》前进多少。

但是，理论研究一定要及早进行。最好是鼓励某些单位从编制专业分类法着手做些探索，至少是不要去反对他们，因为这种探索对更前进一步是不可少的，如果说一个工厂今天在生产着很受群众欢迎的新产品，一定还要从今天起就着手研制更新的产品，要看到今天正在生产着的产品以后必然会被淘汰。作为一个国家标准，也决不应是一劳永逸，百年不变的。

总之，从两册资料中可以明确看出，这次修订尽量照顾现状，不做大的更动的方针，我很赞成这个方针。今后如果还有需要我们出一点力的事，可以告知周继良同志，我们一定尽力而为之。

致

敬礼！

张琪玉

1984. 11. 25

【此信写于《中图法》编委会为讨论第三版修订的重大问题而在南京举行的扩大会议前夕，由前去参加会议的周继良同志带交。此信当时仅李兴辉、周继良同志看过，与《中图法》编委会上述决定的作出没有关系，但可以说明我的方案与上述决定的一致性。我清楚地意识到，既必须尊重已有数亿册藏书按照《中图法》体系排架的事实，又必须力求有所改革，为此就要寻找一个最可能被大多数接受的合理解决办法，才能真正有所前进。而用排架简分、目录详分的办法虽好，但暂时很难被接受；让两种版本分别满足稳定排架和提高检索效率的不同愿望，是目前较容易被全国图书馆界和情报界都接受的方案。】

关于《双表列类法评析和新法探索》的通信

《图书馆理论与实践》编辑部：

仇肖群同志的稿子我看了三遍。该文不大能使人一看就明白，不过我还是理解了。

作者的意思是用组配法来代替双表列类法，认为组配法形成的两个体系“可以互换”。作者的这个意见，我同意。组配法确有此优点。至于他提出的具体做法，把( )加印在地区号码下方，倒并不一定是最佳方案。应该补充一点，D(9)方案绝大部分类目也可互换，只是不大直观和不能100%方便地互换而已。

文中有些语句，批评得似乎有些不够中肯，例如：

1. 作者批评说：“众所周知，《中图法》是一部综合性图书分类法，但采用双表列类法却用同等篇幅为专业图书馆服务，岂非有悖宗旨”。其实，《中图法》第一版中，编制原则的第四条就说明要照顾各类型图书馆和情报机构的需要，当然也包括专业图书馆的需要。设一个法律类的第二方案，怎么是“有悖宗旨”呢？我们发现，《杜威法》法律类允许有四种方案，中国台湾地区的分类法(记得是经修订的刘国钧法)法律类允许有两种方案(他们用的方法也属组配法)。其实，作者本人提出的也是两种方案，不也是为专业图书馆服务吗？至于以什么方式为专业图书馆服务以及篇幅问题，并不是实质问题；

2. 作者批评说：“双表法由于其重复列类，导致分类表篇幅的激增”。《中图法》756页，D(9)仅5.5页，怎么叫“激增”？其实，《中图法》至今没有打算在各类都搞双表，而且暂时还没有听说在第二个类准备搞双表。不过，如果确实需要，搞若干双表我认为也是可以的；

3. 作者批评说："双表列类法是完全不足取的"。D(9)是政法专业部门提出要求编的，其草案也是政法专业部门提出的，是否足取，似乎政法专业部门最有发言权。现在，使用单位未提出"完全不足取"而非使用人员却提出"完全不足取"，说这种话是否脱离实际？

4. 作者批评说："事实上，对于专业图书馆来说，要使用D(9)体系，就无法免去大量的改编工作"。作者是否知道，还有排架仍用D9，目录则改组为D(9)一法？上面已指出，D9与D(9)绝大部分实际是可以互换的，改组目录并不十分困难。而且，作者提出用组配法代替双表法，不也是两个方案，也存在着同样的问题吗？作者的批评不也适用于作者自己的方案吗？

总之，作者提出组配法能达到两个方案"可以互换"(确切地说是更方便地、更完全地进行互换)，这的确是优点。从这一点着眼，我认为此文的发表是有一定意义的。至于以上指出的一些语句，请斟酌参考。

此致

敬礼！

张琪玉

1992. 12. 22

对《中国图书馆图书分类法公安科学文献分类表》的几点意见

下列几点意见，供参考：

□ 公安系统是一个大系统，为了满足全国公安系统图书馆和情报资料单位文献分类特别是内容专、数量大的专业情报资料分类的需要，提高分类质量和方便检索利用，单独编制一部专业分类表，是有必要的。

□ 公安专业表利用原有的 7 个分散在 5 处的类号，经过扩充、增补、修改而成，而且通用复分表和标记制度等与综合表尽量取得一致，因而，既可以集中起来成为一部完整的专业分类表，也可以分散开去镶嵌进综合表。这是编制专业表的较好的模式之一，是比较成功的。其编表方法可供以后编制类似情况的专业表时做参考。

□ 公安专业表类目虽比综合表多了 10 多倍，但看来作为一部专业表这种详细程度是需要的。

□ 公安表中相似的类目很多，需要有一个类目内容范围划分规则(可写入编制说明)，并增加相似类目和相似类目群的范围注释及方法注释，以明确类目之间的界限，保证分类标引的一致性和检索效率。

□ 公安表中也遇到一个“集中与分散”的问题(即按学科内容集中还是按国家集中的问题)。建议将属于理论、技术的内容尽量集中到 D035.3 处，在世界、中国和各国的类目下只保留政策、公安法规、制度、组织、行政管理、公安事业概况以及有明显国家特性的内容。像消防管理、交通管理以及公安专业教育训练等国家特点较少、技术和方法成分较多的内容可在 D035.3 处集中，但在分国类目处可设置注释或参照以说明哪些内容集中在 D035.3 处，这样不仅有利于学术研究，也方便一般需要的检索。

□ 在对应列类方面，似应加强，既然是一部专业表，就不必在细目的设置和名称、序列、配号等方面太拘泥于综合表细目的原有情况，应加以调整，充分利用对应列类法，使理论、世界、中国、各国这四大块尽可能地统一起来，增强规律性、助记性和易用性。

□ 犯罪学和刑事侦查学两个类目属公安系统与法制系统交叉，双方是否已取得一致意见。

□ 主表中 D523.3 类名应为“世界公安”，D631 类名应为“中国公安”，D73/77 类名应为“各国公安”。称“××公安”和“××公安事业”，哪个好？

□ 中图法的专业表逐步增多，为保持名称的统一，应及早作出规定。例如，有的称“中国图书馆图书分类法××专业分类表”，有的称“中国图书馆图书分类法××科学文献分类表”等。比较起来，称“××专业分类表”较好，称“××图书分类法××文献分类表”有点不顺。

张琪玉 1994.5.18

关于普及数据通信知识和扩大公用数据通信服务的几点建议

（政协提案）

上海要在全国率先进入信息时代，跻身已经进入信息时代的国际大都市行列，一方面需要大力发展信息产业，建立信息时代的物质基础；另一方面还需提高全体人民的素质，使之能普遍理解和应用信息技术。

在市委和市政府的重视下，上海的信息产业近几年发展很快，已拥有了较多的基本设施；在向人民开展信息技术教育方面，也做了不少工作。今年的上海科技节，已确定以“人类进入了信息时代”为主题，向公众宣传普及现代信息知识，促进本市信息及相关技术的应用和产业的发展，这是很及时的。

前两个多月，市邮电管理局领导来政协介绍本市电信事业发展情况并进行数据通信方面的展示和咨询活动，很受鼓舞。为了使数据通信技术快些在上海人民的工作和生活中得到普遍应用——这正是社会进入信息时代的重要特征，加强宣传推广是十分必要的。为此，针对可视图文业务和电子信箱业务提出以下几点建议：

(1)建立一批公用数据检索服务站(或者说公用终端)，即中间用户。其性质类似公用电话，但管理人员要掌握数据通信知识，这可以通过培训解决。服务站可设在图书馆、电信营业所、车站、码头、机场的问询处、大型百货商店、电脑商店等处。其所需设备可由代理单位或个人承租，其服务应是部分正常收费，部分低收费或免费的。

设立这种公用数据检索服务站的意义在于：①宣传普及数据通信知识，让市民在使用中理解数据通信在信息社会中的重要意义；②目前大多数人作为个人用户独用一个数据通信终端可能在经济上是不合算的，或者是尚无条件。随着使用范围和经济条件的好转，就有可能自己安装一个个人终端。而使用公用终端，可以说是到普遍使用个人终端的过渡阶段。实际上，即使在数据通信十分发达的国家，也有大量数据通信的中间用户(所谓信息经纪人)在进行服务；③公用数据检索服务站最贴近广大市民，在其服务过程中可不断开拓许多新的服务领域和服务方式；④必须指出，各种非保密数据库，均应作为公用数据供检索，使公用数据检索服务的内容丰富，使大多数市民都感到有利用价值而不是与他们毫无关系。

(2)加紧开发公用数据库。据市邮电管理局的宣传品，目前上海可视图文系统提供的公用数据库有邮电指南、上海黄页电话号簿、飞机航班、虹桥机场动态航班信息、列车时刻表、医疗指南(专家门诊)、因公出国签证指南、税务汇编、浦东新区政策法规、浦东投资指南、国家外汇牌价、国家调剂外汇牌价、国际贸易信息、动态股市行情、房地产信息、动态金属交易行情、动态建材交易行情、动态石油交易行情、动态粮油交易行情、全国南北货食品交易行情、长江三角洲商品供求信息、永信电脑信息、邮票市场等共 23 个。可以看出，这些公用数据库主要限于邮电、交通和经济信息诸方面，而且即使在这些方面也不全。例如，在交通方面还没有公路、水路运输和市内交通，在经济方面所缺也很多，至于政法、文教、科技、旅游和日常生活需要等诸多方面尚属空缺。如果公用数据网内容不够丰富，就不可能得到普遍的重视和广泛的利用，就会影响其发展速度，也就不能使上海社会更快地进入信息时代。所以，建议有关部门做出规划，加速公用数据库的建设。

国外电子版的报刊已很普及，我国杭州也已有了电子版的报纸，上海是否可选一种报纸附电子版，或各报的联合电子版，挂接于可视图文系统？

(3)鼓励各单位可供公共利用的数据库入网。目前上海的一些文教科研单位已建有一批文献检索数据库和全文数据库(如上海图书馆的《全国报刊索引数据库》，中国科学院上海化学研究所的《中国化学文献数据库》，中国科学院上海文献情报中心的《中国生物学文献数据库》，上海交通大学的《中国法律信息库》等)，这些数据库的制作目的本来就是为全社会服务的，在入网上应给予鼓励和支持。并应鼓励各单位制作更多的数据库入网。同时，其他省市制作的一些重要数据库(如中国科技信息研究所制作的《中国企业产品数据库》、《中国科研机构数据库》和《全国科技成果数据库》等)，也应尽量吸收入网，使上海的网络取得具有雄厚基础的信息中心的地位。

写于 1995 年 2 月 10—12 日，上海. 存手稿.

关于上海图书馆藏书建设的建议（政协提案三件）

关于上海图书馆应大幅度增加国内出版物收藏的建议

上海图书馆新馆舍的落成是上海市精神文明建设的辉煌成就。市政府将上海图书馆与上海科学技术情报研究所合并，更提高了上海图书馆的重要地位，使它能跻身世界十大图书馆的行列。

上海图书馆现有4000万收藏单位，总量固然巨大，但实际上，近年国内出版物的收藏率（收藏品种占全国出版物品种的百分比）并不高。全国近年每年出版物约10万种，假定6万种不值得收藏，上海图书馆作为全国第二个公共图书馆，至少也应收藏4万种左右。但据了解，该馆近年每年收藏国内版新书只有2万种左右，收藏率不高，仅达到其他省、市级图书馆的同等水平。上海图书馆新馆开馆典礼当天，我曾在该馆电子目录中从著者途径试查自己经正式出版社出版的著作，仅查出2种，实际以第一著者正式出版的就应是7种，这也可作为该馆对国内出版物收藏率较低的旁证。对上海图书馆作为一个在国内国际都占有重要地位的图书馆来说，这是不能忽视的缺陷。尽管该馆有很多国宝级藏书，但其十万读者中绝大多数最需要的毕竟是国内出版物。而且，该馆理应是我国出版物的长期（或永久）保存单位，现在收藏不全，将来是很难补全的。

据悉，上海图书馆每年再增加收藏一两万种国内新出版物，经费方面还是有的，主要是收集渠道不畅，再有就是要增加工作量。该馆主要通过市新华书店采购图书，而新华书店对外地出版的图书只进销路较多的品种，这就成了瓶颈。该馆也派人出差采购图书，但因缺乏系统性，收效不大。而且限于编目部门人力，也不多购。上海图书馆不像北京图书馆那样有国家呈缴本的保障，否则情况也不致如此。

基于以上情况，建议上海图书馆修订藏书建设方针，从对省、市级图书馆的藏书建设要求改为对国家中心公共图书馆之一、世界特大型图书馆之一的藏书建设要求(我仅就对中国境内出版物的收藏而言)。只要明确目标(例如对国内出版物收藏定为每年4万种的计划)，我想以上海图书馆现有的实力，经过努力是可以做到的。

关于请上海市新闻出版局重申地方呈缴本法规的建议

地方文献对本地方经济、文化建设具有重要参考价值，并具有永久保存价值。各省、市公共图书馆是地方文献的指定收藏中心。地方(境内)出版物是地方文献的三个组成部分之一。为使省、市级公共图书馆保证能获得地方出版物，国家新闻出版总署曾同各省、市新闻出版局分别联合发文，要求在当地的出版社将其每种新出版物向省、市图书馆免费缴送若干份(3份?)。这种出版物呈缴制度，在其他国家也是常见的。

据向上海图书馆有关同志探询，该馆近年收到上海境内出版社的缴送本，都只占上海地区出版物总数的1/3。过去曾发生因某些出版物价格昂贵而出版社不愿缴送的事，但近年出版社的经济都并不困难，许多出版社显然是无视这一法规。

建议新闻出版局重申这一法规，范围包括境内出版社的出版物，市属各单位非经出版社出版但具有出版物性质的印刷物，都应免费缴送给上海图书馆长期保存和供读者使用。该法规还应规定上海图书馆具有对未执行该法规的单位进行依法催索的权利。

关于请上海市新闻出版局为上海图书馆申请一份国家呈缴本的建议

上海图书馆虽是上海市的单位，但它也应是属于全国人民的。并且，它是我国跻身于世界十大图书馆行列的一所图书馆，对于国外来说，它是代表着中国水平的。所以，该馆有必要对全国出版物拥有较为完整的收藏。

上海图书馆目前对国内出版物的收藏缺少甚多，其原因是对其他各省、市的出版物收集有种种困难。

解决这个问题的最有效的办法，是分配给该馆一份国家出版物呈缴本。我国现拥有国家呈缴本的有北京图书馆、国家版本图书馆和甘肃省图书馆(为战备需要)三单位。根据上海市图书馆的特殊重要性，获得一份国家呈缴本也是无可厚非的。其他国家也有为像上海图书馆那样相应地位的图书馆规定国家呈缴本的例子(如苏联列宁格勒的谢德林公共图书馆)。

为此，建议市新闻出版局为上海图书馆申请一份国家呈缴本，即使是付费缴送本也好。

写完于 1997 年 2 月 10 日，上海. 存手稿.

在祝寿会上的答谢词

非常感谢会议代表和本院同志们对我生日的祝贺！

非常感谢院系领导为我安排了这个丰富的、有意义的、使我难忘的活动。并且给予支助，使我能亲眼看到我的文集的出版。还有，深圳巨灵信息公司的王总经理专程来上海表示祝贺，真是使我太感激了，我衷心感谢！

人生易老，人的一生极其短暂，今天我进入七十岁的里程，一方面说明这是一个新的开始，另一方面说明我这一生的路已基本走完。

如果说，最美好的人生莫过于：当你在一种有价值的事业中度过了一生。那么，回顾我这一生，能够在我所钟情的、一种很有意义的事业——图书情报事业中度过，能够陶醉于情报语言学的研究，虽然，活得比较辛苦，而不是“潇洒走一回”，但还是很满足，感到很幸福。

我在情报语言学研究中，起了一些开拓的作用，导向的作用，推动的作用，和同志们一起，在同志们的共同努力下，使中国在这一领域与世界的差距较快地缩短，能为振兴中华作出一分微薄的贡献，感到高兴。

情报语言学是一个很有意义的知识领域，我们所研究的，是如何充分利用人类知识财富的问题，在21世纪的知识经济时代，这个知识领域将会有更大的意义。科学上的攀登是无止境的，任何人总要老的，总会有走不动的一天，会落在队伍的后面。年龄是不饶人的，虽然我还要继续攀登，但我大概就要攀登不动了，也很快就会落伍的。但我相信，我们中国的这支研究队伍将永远前进，将会攀登得更快，将会对世界知识组织的知识领域添加更多的贡献。

同志们，再次谢谢大家，也谢谢我的老伴对我40多年的支持。

写完于1999年6月7日，上海. 存手稿。

要把刊物办得更好

《文献工作研究》已经出版了12卷共70期。12年来，在历届编辑部同志们的辛勤努力及全系教师的积极支援下，她不断成长、进步，为全军图书档案事业服务，做出了显著的贡献。当21世纪开始的时候，她决定更名，立意创新，为自己提出新的前进目标，争取作出更大的贡献。这一举措，令人兴奋。在新版问世时，聊寄数语，以表庆贺与期望。

(1)开拓优秀稿件的来源。优秀期刊是由较多优秀稿件组成的。主动积极地开拓优秀稿件的来源，应是提高刊物质量的主要措施。《文献工作研究》12年来一贯的办刊方针，是从部队图书档案工作的实际情况和实际需要出发，坚持把为部队图书档案事业服务放在首位。她所发表的文章，绝大部分是部队图书档案工作人员的写作，内容也以部队图书档案工作为主。这是她所以能为部队图书档案事业的发展作出许多贡献的重要保证。但是，由于部队的图书档案工作者的专业理论水平在总体上与地方的图书档案工作者的专业理论水平有一定差距，再加上刊物服务范围较窄，发行数量不可能很大，使她获取学术水平很高、具有创新性的稿件的机会相对较少，这就使她在质量上要达到与地方优秀刊物的质量并驾齐驱，实有不少困难。但如若让这种状况长期存在下去，则又会使她不能更有力地促进部队的图书档案工作向更高层次发展。所以，在仍然保持以刊发部队稿件为主的原则下，采取多种措施主动积极地去开拓优秀稿件的来源，应是编辑工作改革的主要之点。

(2)掌握好改革创新稿件的选稿标准。图书档案工作需要改革创新，以适应我国改革开放20年来的新形势、新环境。部队的现代化建设，也迫切需要图书档案工作加快改革创新的步伐。过去，

《文献工作研究》是一个偏向于发表实践性文章的刊物，创新性文章相对较少。现在，各种刊物都以多发表题材新、观点新、方法新、内容新的具有创新性的文章作为提高刊物质量的方向。《文献工作研究》无疑也应以此作为追求目标。在这个变革思想异常活跃的大时代，各种新的理论和设想层出不穷。作为刊物编辑部，对于这类新理论、新设想的稿件，应有所鉴别和选择。看其创新是否联系实际，是否符合国情和部队的实际情况，是否有实际应用的可能，刊载那些真正具有创新性的并经过一定程度的实践检验的研究成果。而对于那些把别的学科的概念或理论简单地、生搬硬套、生吞活剥地搬到图书情报专业领域来、还没有经过任何实践验证的文章，应暂缓于以发表，以免会浪费篇幅和助长不良学风。

刊物有必要加强图书档案工作现代化的信息和成果的报道。

(3)加强军队与地方的交流。《文献工作研究》过去为了用更多的篇幅来刊载部队内部的稿件，录用地方稿件较少。久而久之，也就几乎没有地方来稿了。

军队与地方的交流应是双向的。一方面，要把部队图书档案领域的经验和成果向地方同行做介绍；另一方面，要把地方图书档案领域的经验和成果介绍到部队里来。前一种的交流要求刊物尽可能全面和及时地反映部队图书档案领域的新经验和新成果，并扩大刊物对地方的发行量。后一种交流则要求在刊物上多发表地方作者的具有创新性的可以在部队推广应用的经验和成果的文章。这需要有计划地组稿、征稿，也可增设地方新闻专栏，或组织编写一些综述、评述性的文章。

(4)坚持良好的编辑作风。编辑作风至关重要，它直接影响着刊物与作者、读者的关系。一个刊物若没有作者和读者的支持，是很难办好的。《文献工作研究》的编辑作风是较好的，而且近年更有所改进，不断规范化。但是，还有进一步改进的可能。

编辑作风方面最主要的，是编辑部处理投稿的态度。例如，来稿3个月得不到通知，作者可自行处理；因编辑部人力、经费有限，恕不退稿，请作者自留底稿，等等。这些规定，既不公平，对作者也不友好。应当认识，一个刊物发表来稿，这不是对作者的恩赐。尽管编辑部有权决定来稿是否采用，但退还不采用的稿件却是编辑部应尽的义务。至于缺乏退稿经费之类，实属遁词。虽然目前有不少刊物都是这个规矩，已成惯例(这个惯例也为《文献工作研究》采用，不过已从3个月缩短为2个月)。但我总认为，来稿必有反馈，不用稿件及时退还等，并不是过分讨好作者的做法，而是理当如此；若条件更为“优惠”，我想必会使作者们感到亲切。

要使作者和读者感到刊物的良好编辑作风，需要经过较长时间的努力，才能见效。一个很好的例子是宁夏的《图书馆理论与实践》，他们所处的自然条件有较多局限，可以说曾经处于劣势，但经过坚持不懈地保持良好的编辑作风，开拓优秀稿件来源，逐渐办出声誉，终于攀登并保持在全国优秀期刊行列。

涉及编辑作风的，还有诸如在对稿件作重大修改时征求作者的意见，排版印刷中的认真态度，来稿登记制度，在录用稿件时人人平等，唯凭质量取舍等。值得一提的是，对于学术争论和批评的稿件，在编辑时一定要核对被批评者的原文，看是否与引证有出入，不能“照登，文责自负”，其实，出了差错，虽然被批评者不一定会责问编辑部，刊物受损失还是确定无疑的。

(5)注意其他方面的创新和改进。如刊物全文上网，编辑工作计算机化，开辟特色栏目，开辟部队其他图书档案领域的信息报道，使刊物办得生动活泼一些等。

写完于2000年10月31日，上海. 存手稿。

关于出版《中国图书馆分类法》第五版的建议

国家新闻出版总署：

北京图书馆出版社出版的《中国图书馆分类法》，在全国得到了最广泛的使用，成为我国图书馆业务管理中的法规性、标准性工具书。三十多年来，在我国图书馆事业发展中起着不可估量的作用和效益，可以说是图书馆学领域最重要的一部著作，曾获国家科学技术进步奖一等奖。

分类法必须定期、及时修订，以与科学技术和社会的发展与时俱进。该书最近一版(第四版)的出版已有七年，如果把修订所需时间计算在内，即使现在立即启动修订工作，第五版最早也要在2008—2010年才能出版。因此，建议及早将该书第五版列入“十一五”全国重点图书出版计划，以保证该书能及时顺利出版，满足我国图书馆事业在21世纪发展的新要求。

希望该书第五版能有下列改进：

(1)增加自然语言接口功能，这是分类法现代化改造的重要措施。自然语言入口词与分类号的对应详略程度在印刷版索引中与在机读版和网络版中应有所不同。

(2)完善系列产品。该分类法在现有印刷版和机读版的基础上，应再增加一种网络版，以适应我国图书馆已普遍上网的新形势。我所说的网络版，是指其软件功能能在因特网上高效运行的版本，而不是指图书馆界有些同志建议的大众分类法类型的版本。

(3)社会科学部分的加细问题。这个问题在准备第三版时已提出，但当时未能实现。后来编制了中图法的教育专业分类表和公安专业分类表等，仅仅很有限地满足了详细分类的需要。第五版应进一步有所进展。

(4)提高其国际交流功能。《中国图书馆分类法》是目前世界上使用人数最多的五部分类法之一，但其国际交流作用还远不及《杜威十进分类法》《国际十进分类法》和《美国国会图书馆分类法》。我国继续扩大对外开放是基本国策，为适应各个方面进行国际交流的需要，提高《中国图书馆分类法》的国际交流功能是十分重要的。

(5)每次修订例行增删改的内容。

以上五点，(1)(2)(5)三点，似应作为第五版要达到的“硬指标”，力争实现；(3)(4)两点可作为“软指标”，能做到什么程度就做到什么程度。

相信修订后的《中国图书馆分类法》第五版，一定会在21世纪我国图书馆事业建设中继续发挥其重要作用。

特此建议。

此致

敬礼！

南京政治学院上海分院教授

中国索引学会副理事长

张琪玉　2005. 8. 6

写完于2005年8月6日，上海. 存手稿。

参考文献

一、著作类

[1]刘湘生. 汉语主题词表的理论和使用[M]. 北京：书目文献出版社，1980.

[2]张琪玉. 情报检索语言[M]. 武汉：武汉大学出版社，1983.

[3]马克思. 中共中央马克思恩格斯列宁斯大林著作编译局译《资本论》(根据作者修订的法文版第1卷翻译)[M]. 北京：中国社会科学出版社，1983.

[4]中国图书馆图书分类法编辑委员会，武汉大学图书馆学系. 中国图书馆图书分类法(第二版)索引[M]. 北京：书目文献出版社，1984.

[5]张琪玉.《情报检索语言》学习辅导[M]. 武汉：《湖北高校图书馆》杂志社，1985.

[6]刘湘生. 主题法的理论与标引[M]. 北京：书目文献出版社，1985.

[7]塞克德瓦. 冒号分类法理论与实践[M]. 吴人珊，译. 北京：书目文献出版社，1985.

[8]刘湘生.《汉语主题词表》的理论和使用[M]. 北京：书目文献出版社，1986.

[9]张琪玉. 情报语言学基础学习指导书[M]. 武汉：武汉大学出

版社，1987.
[10]张琪玉. 情报语言学基础问题选讲[M]. 武汉：武汉大学出版社，1987.
[11]张琪玉. 情报语言学基础[M]. 武汉：武汉大学出版社，1987.
[12]张琪玉. 张琪玉选集[M]. 成都：成都东方图书馆学研究所，1988.
[13]丘峰. 情报检索与主题词表[M]. 北京：书目文献出版社，1988.
[14]丘峰. 丘峰论文选[M]. 成都：成都东方图书馆学研究所，1988.
[15]侯汉清. 侯汉清选集[M]. 成都：成都东方图书馆学研究所，1988.
[16]中国科学技术情报学会. 情报工作和情报科学发展战2000年的中国研究[M]. 北京：科学技术文献出版社，1988.
[17]邓绍兴. 档案检索[M]. 北京：档案出版社，1988.
[18]王崇德. 图书情报学方法论[M]. 北京：科学技术文献出版社，1988.
[19]张琪玉. 档案检索教学大纲[M]. 上海：空军政治学院图书档案系，1989.
[20]张琪玉. 情报检索语言论文选[M]. 北京：书目文献出版社，1990.
[21]陈树年. 中国图书馆图书分类法的理论与使用[M]. 西安：陕西科学技术出版社，1990.
[22]冯惠玲，李宪. 档案检索的原理与方法[M]. 合肥：中国科学技术出版社，1990.
[23]中国图书馆图书分类法编辑委员会. 中国图书馆图书分类法第3版[M]. 北京：书目文献出版社，1990.
[24]侯汉清. 主题法导论[M]. 北京：北京大学出版社，1991.
[25]侯汉清，王荣授. 图书馆分类工作手册[M]. 北京：中国科学技术出版社，1992.
[26]兰开斯特 F. W. 情报检索词汇控制[M]. 侯汉清，等译. 上

海：同济大学出版社，1992.
[27]侯汉清. 当代分类法主题法索引法研究[M]. 北京：书目文献出版社，1993.
[28]张琪玉，张正强，高文生. 档案检索[M]. 北京：书目文献出版社，1993.
[29]中国大百科全书总编辑委员会. 中国大百科全书　图书馆学·情报学·档案学[M]. 北京：中国大百科全书出版社，1993.
[30]刘湘生，张琪玉. 文献分类岗位培训教程[M]. 北京：华艺出版社，1993.
[31]张琪玉. 档案检索[M]. 北京：书目文献出版社，1993.
[32]张琪玉，刘湘生，侯汉清. 中国分类主题词表教程[M]. 北京：华艺出版社，1994.
[33]戴维民. 情报检索语言综论[M]. 北京：军事谊文出版社，1994.
[34]马张华，陈树年. 信息工作手册[M]. 中国农业科技出版社，1995.
[35]叶千军. 阮岗纳赞理论及其应用研究[M]. 上海：同济大学出版社，1995.
[36]曾蕾. 联机环境中的情报检索语言[M]. 北京：书目文献出版社，1996.
[37]张琪玉. 情报语言学基础[M]. 增订二版. 武汉：武汉大学出版社，1997.
[38]陈树年.《中国分类主题词表》标引手册 上[M]. 北京：北京图书馆出版社，1998.
[39]陈树年.《中国分类主题词表》标引手册 下[M]. 北京：北京图书馆出版社，1998.
[40]张琪玉. 张琪玉情报语言学文集[M]. 北京：北京图书馆出版社，1999.
[41]马张华. 侯汉清. 文献分类法主题法导论[M]. 北京：北京图书馆出版社，1999.
[42]中国图书馆分类法编辑委员会. 中国图书馆分类法[M]. 4 版.

北京：北京图书馆出版社，1999.
[43]刘湘生. 中国图书馆分类法第 4 版系列讲座[M]. 北京：北京图书馆出版社，1999.
[44]张琪玉. 情报语言学词典[M]. 北京：北京图书馆出版社，2000.
[45]曹树金. 罗春荣. 信息组织的分类法与主题法[M]. 北京：北京图书馆出版社，2000.
[46]刘湘生. 汪东波. 文献标引工作[M]. 北京：北京图书馆出版社，2001.
[47]戴维民. 20 世纪图书馆学情报学[M]. 北京：北京图书馆出版社，2002.
[48]黄如花. 网络信息的检索与利用[M]. 武汉：武汉大学出版社，2002.
[49]俞君立. 中国文献分类法百年发展与展望[M]. 武汉：武汉大学出版社，2002.
[50]黄如花. 网络信息组织：模式与评价[M]. 北京：北京图书馆出版社，2003.
[51]张琪玉. 情报检索语言实用教程[M]. 武汉：武汉大学出版社，2004.
[52]国家图书馆《中国图书馆分类法》编辑委员会. 中国分类主题词表第 1 卷分类号-主题词对应表 1[M]. 北京：北京图书馆出版社，2005.
[53]国家图书馆《中国图书馆分类法》编辑委员会. 中国分类主题词表第 1 卷分类号-主题词对应表 2[M]. 北京：北京图书馆出版社，2005.

[54]国家图书馆《中国图书馆分类法》编辑委员会. 中国分类主题词表第 2 卷主题词-分类号对应表 1[M]. 北京：北京图书馆出版社，2005.
[55]国家图书馆《中国图书馆分类法》编辑委员会. 中国分类主题词表第 2 卷主题词-分类号对应表 2[M]. 北京：北京图书馆出版社，2005.

[56]国家图书馆《中国图书馆分类法》编辑委员会. 中国分类主题词表第2卷主题词-分类号对应表3[M]. 北京：北京图书馆出版社，2005.
[57]国家图书馆《中国图书馆分类法》编辑委员会. 中国分类主题词表第2卷主题词-分类号对应表4[M]. 北京：北京图书馆出版社，2005.
[58]张琪玉. 图书内容索引编制法写作和编辑参考手册[M]. 北京：化学工业出版社，2006.
[59]司莉. KOS在网络信息组织中的应用与发展[M]. 武汉：武汉大学出版社，2007.
[60]马张华. 信息组织 第3版[M]. 北京：清华大学出版社，2008.
[61]戴维民. 语义网信息组织技术与方法[M]. 上海：学林出版社，2008.
[62]张琪玉. 张琪玉索引学文集[M]. 北京：北京图书馆出版社，2009.
[63]薛春香. 网络环境中知识组织系统构建与应用研究[M]. 南京：东南大学出版社，2009.
[64]章成志，白振田. 文本自动标引与自动分类研究[M]. 南京：东南大学出版社，2009.
[65]曹树金. 情报检索语言与信息组织探微[M]. 北京：国家图书馆出版社，2010.
[66]中国科学技术情报学会和中国国防科技信息学会. 中国情报学百科全书[M]. 北京：中国大百科全书出版社，2010.
[67]科恩. 国际政治经济学：学科思想史[M]. 杨毅，钟飞腾，译. 上海：上海人民出版社，2010.
[68]国家图书馆《中国图书馆分类法》编辑委员会. 中国图书馆分类法(第5版)[M]. 北京：国家图书馆出版社，2010.
[69]司莉. 信息组织原理与方法[M]. 武汉：武汉大学出版社，2011.
[70]曾建勋. 知识链接及其服务研究[M]. 北京：科学技术文献出

版社，2012.
[71]库恩. 科学革命的结构[M]. 第4版. 金吾伦，胡新和，译. 北京：北京大学出版社，2012.
[72]章成志. 多语言领域本体学习研究[M]. 南京：南京大学出版社，2012.
[73]章成志. 主题聚类及其应用研究[M]. 北京：国家图书馆出版社，2013.
[74]卜书庆，刘华梅. 中国图书馆分类法第五版与第四版增删改类目对照表[M]. 北京：北京图书馆，2013.
[75]张琪玉. 张琪玉文集 上[M]. 北京：国家图书馆出版社，2014.
[76]张琪玉. 张琪玉文集 下[M]. 北京：国家图书馆出版社，2014.
[77]卜书庆. 知识组织系统构建与知识服务研究[M]. 北京：国家图书馆出版社，2014.
[78]俞君立，陈树年. 文献分类学[M]. 武汉：武汉大学出版社，2015.
[79]南京政治学院军事信息管理系. 张琪玉情报语言学思想研讨会论文集[M]. 北京：国家图书馆出版社，2016.
[80]陈树年，汪东波，卜书庆等. 中华人民共和国国家标准文献分类标引规则(GB/T 32153-2015)[S]. 北京：中国标准出版社，2016.
[81]曾建勋. 文献情报的焦虑[M]. 北京：科学技术文献出版社，2017.
[82]黄如花. 数字信息资源开放存取[M]. 武汉：武汉大学出版社，2017.
[83]曾建勋.《汉语主题词表》构建研究[M]. 北京：科学技术文献出版社，2020.
[84]司莉. 基于内容的多语言信息组织与检索[M]. 武汉：武汉大学出版社，2020.

二、论文类

[1]张琪玉. 当文化的花朵开遍祖国的时候——我热爱祖国图书馆事业[J]. 沙滩年青人, 1952.
[2]张琪玉. 目录的特征——谈谈充分发挥书目检索工具的作用[J]. 图书馆, 1964(4).
[3]丘峰. 主题法与分类法[J]. 图书馆, 1976(1).
[4]白国应. 论分类法与主题法的关系[J]. 图书馆建设, 1980(3).
[5]侯汉清. 分类法与主题法结合的成功尝试——分面叙词表[J]. 图书情报工作, 1980(6).
[6]侯汉清. 分类法的发展趋势简论[J]. 情报科学, 1981(1).
[7]张琪玉. 情报检索语言大纲[J]. 图书馆学刊, 1981(3).
[8]张琪玉. 情报检索语言大纲(续完)[J]. 图书馆学刊, 1981(4).
[9]张琪玉. 体系分类法中"集中与分散"的矛盾[J]. 图书馆杂志, 1982(1).
[10]张琪玉. 体系分类法中的交替法[J]. 图书情报知识, 1982(2).
[11]曾蕾. 我国三十二年来检索语言文献的初步调查与简要分析[J]. 图书情报知识, 1982(2).
[12]白国应. 世界图书分类学大事记(现代部分)[J]. 山东图书馆季刊, 1982(3).
[13]白国应. 世界图书分类学大事记(现代部分)(续)[J]. 山东图书馆季刊, 1982(4).
[14]陈树年. 关于《汉语主题词表》的两个问题——范畴索引及主题词排列[J]. 图书馆学研究, 1982(5).
[15]丘峰. 关于提高检索效率的途径与措施[J]. 图书情报工作, 1982(6).
[16]邓珞华. 用关系矩阵显示概念之间的关系——试将关系矩阵应用于情报分析与检索语言中[J]. 情报学报, 1983(1).
[17]刘湘生. 主题法与分类法的相互联系[J]. 国家图书馆学刊,

1983(1).
[18]王知津. 受控标引与非控标引评述[J]. 情报学报，1983(2).
[19]曾蕾. 检索语言兼容化的趋势[J]. 图书情报知识，1983(4).
[20]张琪玉. 论情报检索语言的研究、创制与普及[J]. 图书情报知识，1983(4).
[21]侯汉清. 也谈分类法和主题法的异同[J]. 情报科学，1983(5).
[22]丘峰. 文献工作标准化概况[J]. 图书情报知识，1984(1).
[23]张琪玉. 情报检索语言方法综述[J]. 图书情报知识，1984(2).
[24]曹树金. 试论综合性叙词表与专业性叙词表的并存和兼容问题[J]. 情报科学，1984(2).
[25]俞兵. 模糊情报检索语言及其实现[J]. 情报学报，1984(2).
[26]曾蕾. 我国情报检索现代化中对叙词语言的应用[J]. 图书情报知识，1984(4).
[27]张琪玉. 文献主题的构成因素及层次[J]. 图书情报知识，1985(1).
[28]丘峰. 情报检索语言的组织与展示[J]. 图书情报工作，1985(1).
[29]张琪玉. 情报检索语言中语词标识的功能与局限——关于主题法性能的几点分析[J]. 湖北高校图书馆，1985(1).
[30]张琪玉. 文献主题的构成因素及层次[J]. 图书情报知识，1985(1).
[31]张琪玉，曾蕾. 体系分类法中的模糊现象及其消除方法[J]. 图书情报知识，1985(2).
[32]丘峰. 关于编制词族的若干问题[J]. 情报科学，1985(2).
[33]张琪玉. 关于《中图法》增加组配成分的可能性和方法的探索[J]. 国家图书馆学刊，1985(3)
[34]隋少梅. 试论引文索引的情报功能[J]. 情报学报，1985(4).
[35]张欣毅. 分面分析和检索语言[J]. 情报科学，1985(6).
[36]叶千军. 情报检索语言中的分面分析理论与实践[J]. 图书馆

学通讯，1986.
[37]康娜. 浅议情报检索语言的结构与功能[J]. 图书馆，1986(1).
[38]戴维民. 论情报检索语言的文献保证原则[J]. 情报业务研究，1986(2).
[39]汪东波. 规范语言与自然语言情报检索研究[J]. 图书情报知识，1986(3).
[40]封庆阳. 试论分类主题一体化的现实道路——关于《中图法》的类目与《汉语主题词表》的叙词对应规范问题的探讨[J]. 北京图书馆通讯，1986(4).
[41]丘峰. 我国情报检索语言大事年表[J]. 大学图书馆通讯，1986(4).
[42]曾蕾. 叙词语言是当代情报检索语言的主流[J]. 情报科学，1986(4).
[43]邓顺国. 分类法主题法一体化问题的探讨以及《中国图书馆图书分类法》类目与《汉语主题词表》主题词对应试验[J]. 图书情报知识，1986(4).
[44]叶千军. 文献主题规律和分面分析理论及其应用研究[J]. 图书情报知识，1987(1).
[45]陈树年. 论分类主题一体化[J]. 北京图书馆通讯，1988(1).
[46]钟家瑞. 论文献检索中的受控语言与自然语言[J]. 情报业务研究，1988(1).
[47]马玉群. 语言学与情报检索语言[J]. 情报理论与实践，1988(1).
[48]金铭. 一个人与一门学科——记张琪玉教授[J]. 黑龙江图书馆，1988(1).
[49]侯汉清. 分类主题一体化词表的进展(下)[J]. 国家图书馆学刊，1988(1).
[50]曾蕾. 建立我国统一的叙词语言体系[J]. 情报学报，1987(1).
[51]邱五芳. 试论情报语言学的研究方法[J]. 图书情报知识，

1987(2).
[52]刘湘生，邓顺国.《中国分类主题词表》编制的理论与实例分析[J].图书情报知识，1987(3).
[53]刘湘生.分类主题一体化是我国情报检索语言的发展方向[J].国家图书馆学刊，1987(4).
[54]侯汉清.分类主题一体化词表的进展(上)[J].北京图书馆通讯，1987(4).
[55]戴维民.情报检索语言的组配及其句法语义控制[J].北京图书馆通讯，1987(4).
[56]曹树金.关于情报检索语言检索效率的思考[J].情报科学，1987(5).
[57]戴维民.我国分类主题一体化研究进展(综述)[J].大学图书馆学报，1987(6).
[58]戴维民.论我国情报检索语言研究道路[J].情报学报，1988(2).
[59]戴维民.情报检索语言句法结构简论[J].江苏图书馆学报，1988(2).
[60]曾蕾.关于近年来国内外情报检索语言研究方向与方法的比较研究[J].图书情报知识，1988(3).
[61]丘峰.图书情报领域的开拓者[J].情报科学，1988(3).
[62]李国秋.情报检索语言中的过程研究[J].图书情报知识，1988(4).
[63]胡小菁.情报检索语言的语言学研究层次[J].情报学刊，1988(6).
[64]商树青，周源.情报语言学研究中的逻辑方法初探[J].情报学刊，1988(6).
[65]曹树金.文献主题分析与标引的核心技巧和规则研究[J].图书情报知识，1989(1).
[66]丘峰.中国情报检索语言建设四十年(1949—1989)[J].图书馆学通讯，1989(2).
[67]戴维民，侯汉清.叙词表传统模式的突破——《教育分面叙词

表》的编制理论与技术[J]. 图书馆学通讯，1989(2).
[68]丘峰. 中国情报检索语言建设四十年(1949—1989)[J]. 图书馆学通讯，1989(2).
[69]罗春荣. 主题检索语言的术语学基础[J]. 图书情报知识，1989(3).
[70]张琪玉. 情报检索语言的国家特点、时代特点和自然语言特点[J]. 图书馆理论与实践，1989(4).
[71]白国应. 中国四十年来编制图书分类法的基本经验[J]. 图书与情报，1989(4).
[72]张琪玉. 关于文献分类标准化的设想和建议[J]. 图书情报论坛，1990(1).
[73]曾建勋. 论我国情报研究的困境与出路[J]. 情报理论与实践，1990(3).
[74]王松林. 记在学术研究领域不断开拓进取的张琪玉教授[J]. 图书馆工作与研究，1991(4).
[75]张琪玉. 情报检索语言在档案工作领域应用的进展[J]. 文献工作研究，1991(6).
[76]张琪玉. 工具书功能索引——关于编制"工具书之工具书"的设想[J]. 图书馆杂志，1992(2).
[77]张琪玉. 体系分类法的准则和惯例[J]. 晋图学刊，1992(4).
[78]张琪玉. 汉语检索词词素轮排索引编制法探索[J]. 图书与情报，1992(4).
[79]张琪玉. 关于索引学研究和索引工作开展的设想与建议[J]. 江苏图书馆学报，1993(1).
[80]张琪玉. 分类标记原理与方法概述[J]. 图书馆，1993(1).
[81]张琪玉. 体系分类法的准则和惯例(续)[J]. 晋图学刊，1993(1).
[82]张琪玉. 汉语关键词法探讨[J]. 图书馆论坛，1993(1).
[83]张琪玉. 关于索引学研究和索引工作开展的设想与建议[J]. 江苏图书馆学报，1993(1).
[84]张琪玉. 张琪玉自传[J]. 晋图学刊，1993(2).

[85]张琪玉. 试论隐含主题[J]. 图书馆理论与实践，1993(2).
[86]戴维民. 索引的历史发展与未来趋向[J]. 图书馆理论与实践，1993(3).
[87]曾蕾. 索引工作自动化：计算机辅助标引及索引编制[J]. 情报学报，1993(3).
[88]白国应.《中国图书馆图书分类法》的成就、经验、问题、教训与展望[J]. 图书情报论坛，1993(3).
[89]范并思. 论图书馆学学科前沿的转移[J]. 图书馆，1993(4).
[90]张琪玉. 人-机结合的题内关键词索引可回避汉语分词难题[J]. 图书馆杂志，1993(4).
[91]张琪玉. 论后控制词表[J]. 图书情报工作，1994(1).
[92]曾蕾. 联网环境中情报检索语言的发展趋势与中国未来情报检索语言的研究与发展路向[J]. 情报学报，1994(5).
[93]侯汉青，赵燕群，戴维民. 汉语主题词表编制的新模式和新技术——《教育主题词表》编制技术概述[J]. 大学图书馆学报，1994(5).
[94]张琪玉. 主题标引过程对主题目录结构和功能的影响[J]. 情报理论与实践，1994(5).
[95]张琪玉. 论索引项[J]. 图书馆杂志，1994(5).
[96]张琪玉. 情报检索语言原理的一致和方法的差异[J]. 图书馆建设，1994(6).
[97]张琪玉. 检索语言讲座(二)第 2 讲 检索效率及其影响因素[J]. 情报理论与实践，1995(2).
[98]白国应. 中国文献分类学研究的方向、重点及热点[J]. 大学图书馆学报，1995(2).
[99]白国应. 走向 21 世纪的中国文献分类学[J]. 中国图书馆学报，1995(3).
[100]卢明世. 我所了解的张琪玉[J]. 图书馆建设，1995(4).
[101]张琪玉. 检索语言讲座(四) 第 4 讲 分类法与分类表[J]. 情报理论与实践，1995(4).
[102]张琪玉. 检索语言讲座(五)第五讲 主题法与词表[J]. 情报

理论与实践，1995(5)
[103]张琪玉. 论自由标引[J]. 图书馆学刊，1995(5).
[104]张琪玉. 分类法主题法一体化自动标引系统的基本原理和方法[J]. 图书馆论坛，1995(6).
[105]张琪玉. 自然语言与人工语言对应转换——情报检索语言走向自动化之路[J]. 中国图书馆学报，1996(1).
[106]张琪玉. 主题标引的原理和方法(一)[J]. 图书馆学刊，1996(1).
[107]张琪玉. 主题标引的原理与方法(二)[J]. 图书馆学刊，1996(2).
[108]张琪玉. 检索语言讲座(九)第九讲自然语言在情报检索中的应用[J]. 情报理论与实践，1996(3).
[109]张琪玉. 推广文献索引计算机编制法是促进我国索引事业发展的一项重要措施[J]. 图书与情报，1996(4).
[110]吴建中，张琪玉. 情报检索语言的发展趋势——关于图书馆未来的对话之九[J]. 图书馆杂志，1996(4).
[111]张琪玉. 情报检索语言中聚类的原理和方法[J]. 北京图书馆馆刊，1997(1).
[112]张琪玉. 字面成族原理与应用[J]. 高校文献信息学刊，1997(3).
[113]张琪玉. 学科-事物概念组配型检索语言——关于情报检索语言的遐想与求索[J]. 图书馆杂志，1997(2).
[114]张琪玉. 自然语言检索中各种因素对检索效率的影响[J]. 情报理论与实践，1997(5).
[115]张琪玉. 叙词表的分面化改造[J]. 图书馆论坛，1997(6).
[116]张琪玉. 汉语题内关键词索引的一种编制方法[J]. 图书馆理论与实践，1998(1).
[117]张琪玉. 缺乏抽词词典是自动抽词标引难以普及的主要原因[J]. 图书与情报，1998(2).
[118]侯汉清. 建立以《中国分类主题词表》为核心的检索语言兼容体系[J]. 北京图书馆馆刊，1998(4).

[119]张琪玉. 汉语题内关键词索引的另一种编制方法[J]. 图书馆理论与实践, 1998(4).

[120]曹树金, 罗春荣, 汪东波. 开创情报语言学的新天地——论张琪玉教授对情报语言学的新贡献[J]. 中国图书馆学报, 1999(5).

[121]张琪玉. 积极为自然语言与情报检索语言的结合创制条件——建议大量编制自然语言词表(上)[J]. 图书馆杂志, 1999(9).

[122]张琪玉. 积极为自然语言与情报检索语言的结合创制条件——建议大量编制自然语言词表(下)[J]. 图书馆杂志, 1999(10).

[123]张琪玉. 汉语题内关键词索引的第三种编制方法[J]. 图书馆杂志, 1999(11).

[124]张琪玉. 关于我国网络信息检索工具开发与改进的思考[J]. 图书馆杂志, 2000.

[125]张琪玉. 告别手工索引时代——一名中国索引学会会员的思考[J]. 情报资料工作, 2000(1).

[126]田书格. 一部经典之作的由来——评张琪玉教授的《情报语言学基础》[J]. 图书情报工作, 2000(9).

[127]张琪玉. 网络信息检索工具增强关键词检索功能的措施[J]. 图书馆杂志, 2001(1).

[128]张欣毅, 张京生. 走向自然语言与情报检索语言结合之路——与我国著名情报语言学家张琪玉教授的通讯访谈[J]. 图书馆理论与实践, 2001(2).

[129]马张华. 分类搜索引擎类目体系研究[J]. 图书情报工作, 2001(2).

[130]张琪玉. 网络信息检索用语言的发展趋势[J]. 图书馆杂志, 2001(3).

[131]张琪玉. 基于自由标引的索引体系和分类体系[J]. 图书馆学刊, 2001(6).

[132]俞君立, 吴礼志. 1999—2000 年我国文献分类研究进展[J].

图书馆杂志，2001(8).
[133]夏有根，颜务林，王静儿. 我国情报语言学的开拓与发展之路——《张琪玉情报语言学文集》简介[J]. 图书情报工作，2001(11).
[134]张琪玉. 现代的索引就是数据库[J]. 图书馆杂志，2001(12).
[135]俞君立. 文献分类学的研究对象、内容和任务新论[J]. 图书馆杂志，2001(12).
[136]张琪玉. 网络信息检索工具的竞争力要素——网络信息检索工具发展的方向与提高竞争力的途径(连载一)[J]. 江苏图书馆学报，2002(2).
[137]张琪玉. 自动抽词与自动分词[J]. 图书馆杂志，2002(3).
[138]张琪玉. 网络信息检索工具开发的方针和策略——网络信息检索工具发展的方向与提高竞争力的途径(连载二)[J]. 江苏图书馆学报，2002(3).
[139]张琪玉. 情报语言漫笔(C)因特网上的大众分类法[J]. 图书馆理论与实践，2002(3).
[140]黄如花，张春蕾. 网络信息检索的发展趋势[J]. 图书情报知识，2002(4).
[141]张琪玉. 网络信息检索工具的分类体系——网络信息检索工具发展的方向与提高竞争力的途径(连载三)[J]. 江苏图书馆学报，2002(4).
[142]张琪玉. 索引和数据库的选题与设计[J]. 图书馆学刊，2002(5).
[143]张琪玉. 网络信息检索工具的热门类目[J]. 图书馆杂志，2002(8).
[144]张琪玉. 因特网大众分类法的本质属性[J]. 图书馆杂志，2002(11).
[145]张琪玉. 情报语言漫笔(G)对未来分类法的憧憬[J]. 图书馆理论与实践，2003(1).
[146]张琪玉. 情报语言漫笔(H)自然语言接口的对应词表[J]. 图

书馆理论与实践，2003(2).
[147]张琪玉. 振兴索引学术研究，根本在于拓宽研究领域[J]. 中国索引，2003(2).
[148]张琪玉. 索引：面向21世纪[J]. 中国索引，2003(2).
[149]张琪玉. 情报语言漫笔(H)“分类表词表编制规则→文献标引规则→文献检索规则”是一种演变过程[J]. 图书馆理论与实践，2003(2).
[150]张琪玉. 知识诚可贵 索引价亦高——简论索引的功用[J]. 中国索引，2003(3).
[151]黄如花. 网络信息组织的发展趋势[J]. 中国图书馆学报，2003(4).
[152]张琪玉. 情报语言以及图书情报之杂思偶想录(2)[J]. 江西图书馆学刊，2003(4).
[153]张琪玉. 文献标引是需要智慧的近乎艺术创造的处理过程[J]. 图书馆杂志，2004(3).
[154]余晖. 20世纪20—30年代我国的索引运动：回顾与启示[J]. 中国索引，2004(3).
[155]张琪玉. 图书索引软件的功能要求与编制难题[J]. 中国索引，2004(3).
[156]张琪玉. 全文检索系统的检索性能[J]. 江西图书馆学刊，2004(3).
[157]张琪玉. 关于自然语言检索问题[J]. 图书馆论坛，2004(6).
[158]张琪玉. 因特网大众分类法 —— 一种独创的分类法[J]. 江西图书馆学刊，2005(1).
[159]张琪玉. 寻找更佳结合模式是情报检索语言创新的主流[J]. 图书馆杂志，2005(2).
[160]侯汉清，薛春香. 用于中文信息自动分类的《中图法》知识库的构建[J]. 中国图书馆学报，2005(5).
[161]张琪玉. 因特网大众分类法若干问题的探讨[J]. 图书馆论坛，2005(6).
[162]戴维民，田春虎. 从情报检索语言到本体——信息组织的新

变革[J]. 图书情报工作，2005(7).
[163]卜书庆，汪东波. 网络时代《中国分类主题词表》的发展与应用[J]. 图书情报工作，2005(7).
[164]张琪玉. 中国索引事业：当前格局与问题[J]. 图书馆杂志，2006(1).
[165]张琪玉. 期刊索引配置方案的选择[J]. 中国索引，2007(1).
[166]张琪玉. 论索引的两大基本类型[J]. 图书馆理论与实践，2006(5).
[167]马张华，陈文广，金海燕等. 基于控制词集的中文信息动态自动聚类研究[J]. 大学图书馆学报，2006(6).
[168]张琪玉. 在武汉大学开创情报语言学教学和研究的回忆[J]. 图书馆论坛，2006(6).
[169]马张华. 论中文信息动态自动聚类的特点和方法体系[J]. 中国图书馆学报，2006(6).
[170]章成志，苏新宁，邓三鸿. 语义网环境下的信息资源整合模式[J]. 情报科学，2006(9).
[171]章成志. 自动标引研究的回顾与展望[J]. 现代图书情报技术，2007.
[172]司莉，徐丽晓，陈红艳. 知识组织系统在我国数字图书馆中的应用及界面研究[J]. 情报科学，2007(3).
[173]章成志，苏新宁. 面向信息检索的词汇知识发现[J]. 现代图书情报技术，2007(1).
[174]张琪玉. 关于图书内容累积索引数据库的设想[J]. 中国索引，2007(4).
[175]张琪玉. 全文检索与索引[J]. 图书馆杂志，2007(11).
[176]秦长江，侯汉清. 知识图谱：信息管理与知识管理的新领域[J]. 大学图书馆学报，2009(1).
[177]白国应，张琪玉文献分类思想的发展——从文献分类法到情报检索语言[J]. 重庆图情研究，2009(1).
[178]陈湘. 浅析张琪玉的“检索效率”理论[J]. 情报探索，2009(5).

[179]曹树金，姚瑶. 中国当代索引学的精髓——张琪玉教授的索引学思想研究[J]. 图书馆论坛，2009(6).

[180]张琪玉. 情报语言学的若干研究心得和收获——张琪玉学术思想自述[J]. 图书情报工作，2009(20).

[181]范炜，邹庆. 词表资源关联化[J]. 情报理论与实践，2010(5).

[182]韩淑举. 学为人师 行为世范——访南京政治学院上海分院军事信息管理系教授张琪玉先生[J]. 山东图书馆学刊，2010(5).

[183]王崇良，韩爱萍. 张琪玉文献分类学思想研究[J]. 图书馆杂志，2010(10).

[184]卜书庆，贺玲勇，宗玥等. 分类主题一体化的知识组织系统研发述要——兼论《中图法》第五版编辑维护系统[J]. 国家图书馆学刊，2011(4).

[185]曾建勋，常春，吴雯娜等. 网络环境下新型《汉语主题词表》的构建[J]. 中国图书馆学报，2011(4).

[186]王崇良，韩爱萍. 张琪玉情报语言学思想研究[J]. 图书馆，2011(4).

[187]欧石燕. 基于 SOA 架构的术语注册和服务系统设计与应用[J]. 中国图书馆学报，2011(9).

[188]邱均平，李艳红. 国内外内容索引研究进展与趋势分析[J]. 中国索引，2012(4).

[189]王军，卜书庆. 网络环境下知识组织规范研究与设计[J]. 中国图书馆学报，2012(4).

[190]刘华. 叙词表国际标准的修订及其对基于知识组织的术语服务的影响[J]. 图书情报工作，2012(11).

[191]范炜. 受控词表的术语服务研究[J]. 图书情报工作，2012(14).

[192]张琪玉. 索引事业繁荣的标志[J]. 中国索引，2013(4).

[193]薛春香，侯汉清. 叙词表词汇控制机制变革的探讨[J]. 图书馆杂志，2013(11).

[194]戴维民，刘轶. 我国网络舆情信息工作现状及对策思考[J]. 图书情报工作，2014(1).
[195]张正强. 论张琪玉教授开创的情报语言学在中国文件/档案领域中的应用[J]. 信息管理，2014(4).
[196]薛春香，何琳，侯汉清. 基于《中图法》知识库的自动分类相关问题探析[J]. 图书馆建设，2015(6).
[197]曾蕾. 超越时空的思想智慧和理念——有感于张琪玉教授创建情报语言学学科领域之巨大意义[J]. 图书馆杂志，2014(9).
[198]黄如花，李白杨，夏立新. 试论张琪玉先生情报语言学研究的特点[J]. 数字图书馆论坛，2014(9).
[199]张琪玉. 我的情报语言学研究[J]. 图书馆杂志，2014(9).
[200]赵建国，周健. 军用信息检索语言易用性研究[J]. 数字图书馆论坛，2014(10).
[201]曹树金，马翠嫦. 信息聚合概念的构成与聚合模式研究[J]. 中国图书馆学报，2016(3).
[202]张琪玉.《图书馆杂志》越办越好[J]. 图书馆杂志，2017(2).
[203]曹树金，李洁娜，王志红. 面向网络信息资源聚合搜索的细粒度聚合单元元数据研究[J]. 中国图书馆学报，2017(4).
[204]王崇良，余朝晖. 张琪玉"检索效率"思想研究[J]. 荆楚学刊，2018(2).
[205]王崇良，余朝晖. 张琪玉学术思想分期及其研究特点[J]. 图书馆，2019(6).
[206]李博闻，章成志. 我国情报学研究方法体系构建研究的转向突破[J]. 情报理论与实践，2020(6).
[207]王崇良，余朝晖. 张琪玉情报语言学学科建设思想研究[J]. 图书馆杂志，2021(3).
[208]王崇良，余朝晖. 张琪玉索引学思想研究[J]. 图书馆，2021(3).